透过地理看历史

李不白 著

THREE KINGDOMS

三 国 篇

HISTORY IN A WAY OF GEOGRAPHY

人民日报出版社
北京

图书在版编目（CIP）数据

透过地理看历史. 三国篇 / 李不白著. —北京：人民日报
出版社，2024. 11. — ISBN 978-7-5115-8525-7

I . K209

中国国家版本馆 CIP 数据核字第 20248ZC756 号

审图号：GS（2024）4230 号

书　　名：透过地理看历史：三国篇
　　　　　TOUGUO DILI KAN LISHI：SANGUO PIAN
作　　者：李不白

出 版 人：刘华新
选题策划：鹿柴文化
责任编辑：张炜煜　霍佳仪
特约编辑：战崇坤
封面设计：宋　涛

出版发行：人民日报出版社
社　　址：北京金台西路 2 号
邮政编码：100733
发行热线：（010）65369512　65369527　65363531　65369846
邮购热线：（010）65369530　65363527
编辑热线：（010）65369514
网　　址：www.peopledailypress.com
经　　销：新华书店
印　　刷：三河市华润印刷有限公司
法律顾问：北京科宇律师事务所 010-83622312

开　　本：710mm×1000mm　　1/16
字　　数：267 千字
印　　张：17
版　　次：2025 年 1 月第 1 版
印　　次：2025 年 1 月第 1 次印刷

书　　号：ISBN 978-7-5115-8525-7
定　　价：58.00 元

序

透过地理看历史，原本是我个人看书的一个偏好。我从小喜欢文学，在上中学的时候，开始写一些类似武侠的小说。为了写小说，我不得不去了解一些历史，由此喜欢上了历史。而读历史最大的困惑就是没有地图作为古今参考对比，那时还没有互联网，普通的书店里也没有历史地图卖。不巧的是，大学时我稀里糊涂地读了地图学专业。之所以说稀里糊涂，是因为在我们那个年代，能考上大学就是幸运，很少有人挑专业，通常是专业来挑我们。地图学专业在当时很冷门，整个亚洲也只有我们学校（武汉测绘科技大学，后并入武汉大学）有这个专业（军队系统除外）。地图学是地理学的一个分支和延伸，同时引入了很多技术类的课程。比如，我们的专业课程首先就包括了自然地理、经济地理、地貌学等地理学的基础课程，然后是与数学关系密切的地图投影课程等，同时还包括工程测量、航空测量、遥感等相关的课程，最后还有与计算机相关的编程课程。笼统来说，就是先学明白地图是怎么来的、干什么用的，然后学会怎么用地图表达想要表达的东西。贯彻始终的是绘制地图的技能练习，核心课程是地图学、地图编制、地图整饰、地图印制等。因此，这是一门纯工科的专业，但在我们学校，制图系又是最偏文科的，因为它与地理最接近，又涉及色彩表达等感性的东西。我们班里就有因为擅长绘画被招进来的，因为当时地图学专业还是手工绘图，电脑的应用刚起步，我们也刚刚听说有GPS这个东西。

在学校时，即使作为学地图的学生，其实我们也很难看到一些实用性的地图，平时用作训练的是那种带等高线的局部墨线地图，示例作用大，并不具有实际意义。我还记得当时我把手上一本《三国演义》看了很多很多遍之后，曾在学校周围的书店里到处找三国地图，结果自然是扫兴而归。那时我就疑惑，难道没人跟我一样，想知道那些战争发生在哪里？为什么发生在那里？

参加工作后，我大部分时间在从事地图出版工作。地图出版是一项技术活儿，其复杂程度远超一般文字图书出版，而审校地图又是一项极其枯燥的工作。

做过编辑的人都知道，普通文字的审稿是线性的，也就是一个字接一个字地看，而地图里的每一个注记和符号都和四面八方的要素有关联，看地图稿子不仅要眼观六路，同时还要考虑后期的印制、套色等工艺是否能实现，其复杂程度可想而知。值得庆幸的是，在这将近二十年的工作生涯中，我接触了很多地图，而同时我对历史的爱好并没有衰减，在审稿的过程中，我常常对着一些地名出神，回想着在这个地方曾经发生过的历史大事，风起云涌之间，它们又是如何变成现在这个样子的，这大概是我在枯燥的审图工作中最快乐的事。

前几年，我又回到了人民交通出版社。这是我毕业时就职的单位，我曾在那里工作了十二年，一生中最美好的时光都是在那里度过的，有很多老朋友，互相之间都很了解。在同事的鼓动下，我开始结合专业写点儿历史文化方面的东西，当时的计划是先做音频，再出书。结果音频出来后，听者寥寥，令我信心大挫。大家也说我这个太小众了，应该多讲点儿历史故事，这样让人容易接受些。但我想讲历史故事的人太多了，不缺我一个，我还是想和别人有所不同。最终我坚持把音频做完，出书的事则搁浅了。这倒不是说出版社说话不算数，主要是当时还只有文字，没有地图，就算出版也是不完整的。虽然出版社有绘制地图的专业人员，但那几个绘图员大多是我当年带出来的，我很清楚他们所画的还不是我想要的地图，所以也就没有强求了。

一年后，当我再度离开出版社，出书的事也就被我淡忘了。后来一次偶然的机会，我下定决心自己来制图，绘出我一直想要、但市面上没有的地图。经过将近一年的时间，我心目中的那个地图逐渐浮出水面，我的内心激动不已，我迫切需要将它们展示给大家，小众也没关系，我相信喜欢的人会明白它们的价值，于是我开始找人出版，这就是《透过地理看历史》。

出版的过程并不顺利，我一再听到的反馈就是"小众"，小众意味着风险，谁都不愿意赔钱。后来我也想通了，的确，这本书是给那些有一定历史基础的人看的，如果读者本身不了解历史，可能看得一头雾水。于是我觉得有必要再写一些，以同样的主题，只是不再以地理为轴心讲历史，而是以时间线来讲一段完整的历史进程，这样无论有没有历史基础都可以看明白。其中我第一个想到的就是三国时期，可以说，正是因为三国这段风云变幻的历史，我才感觉讲历史离不开地理。

《透过地理看历史》出版后，几乎所有人都没有想到它会那么受欢迎，首印很快脱销。我也很意外，看来和我同好的人大有人在。当然，我知道，很多读者一开始是冲着里面的地图去买的。而实际上，我在这本书的地图上所花的时间已经远远超过文字。我有一位认识了二十多年的老朋友，其父母也是从事地图工作的，号称"地图世家"，他对地图的审美极其严苛，一般的地图都入不了他的法眼。书出版之后，我给他寄了两本，什么也没说。过了几天，没见动静，我最终没忍住，打电话过去，小心翼翼地问他的看法，没想到他对此书大加赞赏。这让我十分意外。因为我心里清楚，书中的地图，主要是给普通读者看的，为了让不懂地图的人都能看明白，我绘图时尽量做减法，因此采取了不少"精简"处理，所以一开始我是不敢给他这样的专业人士看的。比如河流，一般来说，历史地图中的河流应当采用古今对照模式，但我把它简化了，主体采用今天的河流，只是把对历史有影响且变化大的河流单独标出来，如黄河、漳河等。否则，以我个人的力量，工作量太大了，几乎是不可能完成的任务。就算是完成了，多半是给普通读者增添判读上的障碍，所以不如不要。还有地名，一般同级别的城市应该采用相同的取舍方式，我也同样做了"个性化处理"，只标一些对历史有影响的地名，其他的能舍则舍，因为行文中没有提到，普通读者一般也不需要了解。还有一些地名，因为对历史发展有重大影响，即使级别再低我也把它们标上，因为读者很需要知道它们在哪里。在以往给单位制图的时候，受制于各方面的因素，我们的地图总是画得密密麻麻，就连专业人员看起来都头疼，更别说普通人了。这次给自己制图，少了很多约束，在遵从一般制图规范的前提下，我可以尽情按自己的喜好来。而事实证明，专业人员和普通人的审美，并没有什么两样。

和《透过地理看历史》一样，《透过地理看历史：三国篇》也是从地理的视角来解读历史，并通过地形图直观展现宏观历史的发展脉络。说地形图其实并不准确，这种地图有个专业的名称叫晕渲图，如果再叠加上分层设色就叫作地貌晕渲图：晕渲反映的是山体走势，分层设色反映的是高程。真正的地形图是带有等高线的，那种地图通常属于机密，普通读者判读起来也有难度，还是晕渲图看起来更直观易懂。在学校里的时候，老师曾经给我们演示过晕渲图的手工画法，并说大家了解一下就行，不要求掌握。这种手艺现在几乎失传，因为它太费时间，且地图幅面大，一旦画错就很难修改，所以极少有人愿意学这个。好在后来有了电脑模拟算法，使得晕渲图的应用又多了起来。电脑绘制的晕渲图客观、准确，但在比例尺较小的时候，立体感不强，也不能人为地突出某些重点。

在《透过地理看历史》刚出版的时候，这本《透过地理看历史：三国篇》已经写了三分之一。和上一次不同的是，《透过地理看历史》是先有文字后有图，而且时间跨度大，所以图文贴合难以尽如人意；而《透过地理看历史：三国篇》是边写文字边绘图，其贴合度大大提高，更方便读者查阅。

除了三国，我想我还会写一些其他的历史时期，具体写哪些看情形而定，总之不会按朝代顺序写，更不会无休止地写，而是挑一些有代表性的时期，把事情讲明白就可以了。作为一个地图学专业的学生，同时又是一个文史迷，我想我如果能以自己的专业所学，为文史爱好者贡献一份力，让地图呈现自身的魅力，为更多的人服务，也算是不负我所学的专业吧。

《透过地理看历史》出版后，许多读者通过网络指出了书中的一些错误，在此表示感谢。由于本人水平有限，本书的疏漏之处恐难尽免，还请广大读者批评指正！

李不白

2020 年 4 月 22 日于北京

出版说明

　　《透过地理看历史：三国篇》成书于五年前。五年前，我手上的地图数据十分有限，许多设计也无暇精益求精。地图编制需要基于一定的地图数据，而数据积累是一个逐步完善的过程。所以在五年后的今天，我回头再看以前的地图，有太多的不满意。借着这次改版的机会，除了修订必要的文字外，我将书中的地图全部重新绘制了，新旧地图对比，进步是显而易见的。

　　另外，本书首版时，因篇幅的关系，序言未曾刊出。借此再版之际，一并刊出。这个序言虽然比较长，但回答了许多读者关心的问题，今天看来，反而比当时更有意义。

李不白

2025 年 1 月 21 日于北京

目 录

Contents

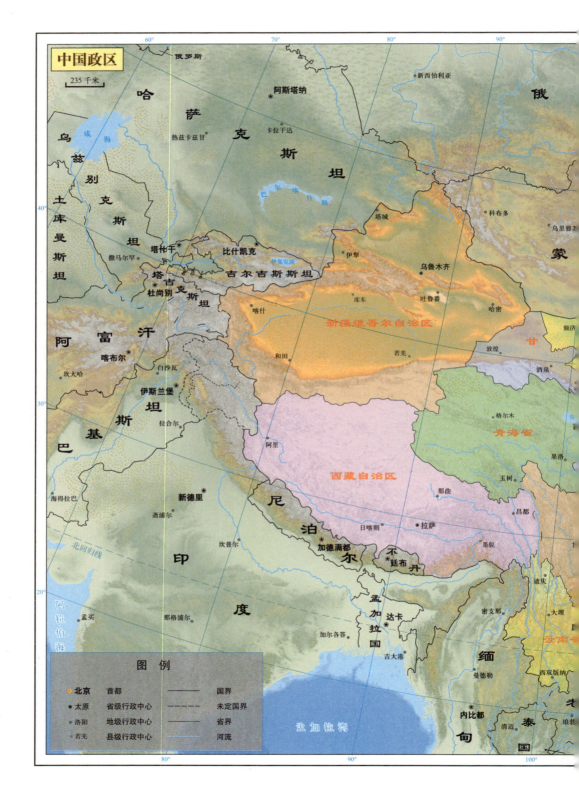

中国政区

235千米

哈
萨
克
斯
坦

乌
兹
别
克
斯
坦

土
库
曼
斯
坦

咸海

阿斯塔纳

俄罗斯

新西伯利亚

俄

蒙

热兹卡兹甘

卡拉干达

巴尔喀什湖

塔城

科布多

乌里雅

撒马尔罕

塔什干

比什凯克

伊塞克湖

吉尔吉斯斯坦

伊犁

乌鲁木齐

吐鲁番

哈密

塔
吉
克
斯
坦

杜尚别

库车

新疆维吾尔自治区

额济

甘

阿
富
汗

喀布尔

坎大哈

白沙瓦

喀什

和田

若羌

敦煌

酒泉

伊斯兰堡

拉合尔

格尔木

青海省

巴
基
斯
坦

海得拉巴

新德里

斋浦尔

阿里

西藏自治区

果洛

玉树

那曲

昌都

坎普尔

尼
泊
尔

日喀则

拉萨

墨脱

加德满都

不

廷布

丹

迪庆

北回归线

印

度

那格浦尔

孟买

加尔各答

孟
加
拉
国

达卡

密支那

大理

西双版纳

云南省

阿
拉
伯
海

吉大港

内比都

缅

曼德勒

清迈

老

图例

北京	首都	——	国界
太原	省级行政中心	- - -	未定国界
洛阳	地级行政中心	——	省界
若羌	县级行政中心	～～	河流

孟加拉湾

甸

泰
国

80°   90°   100°

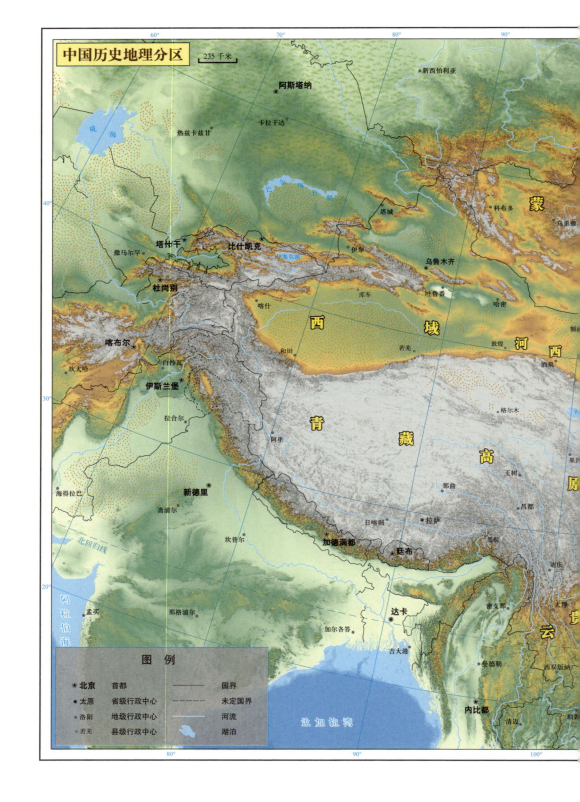

中国历史地理分区

235千米

阿斯塔纳

新西伯利亚

卡拉干达

热兹卡兹甘

咸海

巴尔喀什湖

塔城

科布多

蒙

乌里雅

撒马尔罕

塔什干

比什凯克

伊塞克湖

伊犁

乌鲁木齐

吐鲁番

哈密

额济

杜尚别

库车

喀布尔

喀什

西　域

河　西

敦煌

若羌

坎大哈

白沙瓦

和田

酒泉

伊斯兰堡

拉合尔

阿里

青

藏

高

原

格尔木

玉树

果

新德里

斋浦尔

那曲

昌都

迪庆

海得拉巴

坎普尔

日喀则

拉萨

墨脱

密支那

大理

北回归线

加德满都

廷布

阿
拉
伯
海

孟买

那格浦尔

达卡

云

曼德勒

西双版纳

加尔各答

吉大港

内比都

清迈

孟加拉湾

图例

⊛ **北京**	首都	——	国界
★ **太原**	省级行政中心	- - -	未定国界
◎ 洛阳	地级行政中心		河流
○ 若羌	县级行政中心		湖泊

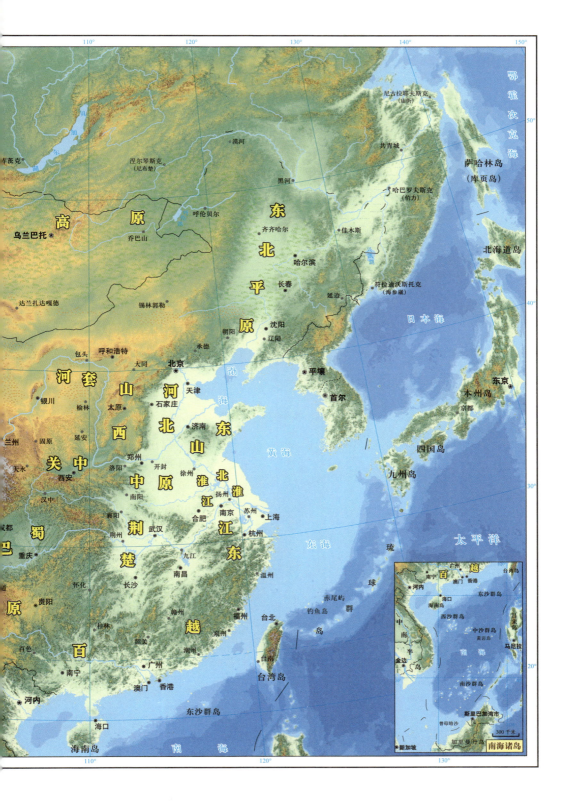

鄂
雅
次
克
海

尼古拉耶夫斯克
(庙街)

萨哈林岛
(库页岛)

共青城

哈巴罗夫斯克
(伯力)

北海道岛

漠河

涅尔琴斯克
(尼布楚)

黑河

高   原

库茨克
湖

乌兰巴托

乔巴山

呼伦贝尔

齐齐哈尔

哈尔滨

佳木斯

符拉迪沃斯托克
(海参崴)

日本海

东京

达兰扎达嘎德

锡林郭勒

长春

延边

本州岛

京都

东
北
平
原

朝阳

沈阳

辽阳

平壤

河套

包头

呼和浩特

大同

承德

北京

天津

首尔

银川

山

河北

石家庄

四国岛

榆林

太原

济南

山

东

九州岛

兰州

固原

延安

西

郑州

开封

徐州

黄海

天水

关中

洛阳

中

南阳

北

淮

琉

汉中

襄阳

荆州

南京

淮江

扬州

苏州

上海

成都

蜀

巴

重庆

荆楚

武汉

九江

合肥

南京

杭州

球

东海

太平洋

江东

怀化

贵阳

长沙

南昌

温州

群

赤尾屿

钓鱼岛

岛

原

桂林

百

韶关

福州

泉州

台北

柳州

百色

越

潮州

广州

台南

南宁

澳门

香港

台湾岛

河内

海口

东沙群岛

海南岛

南   海

三国疆域图(262年)

235千米

咸海

阿斯塔纳
列
伊
热兹卡兹甘
卡拉干达
坚 昆
新西伯利亚

康
居
乌孙
匈
呼
得
鲜
塔什干
大宛
比什凯克
伊犁
东且弥
乌鲁木齐
撒马尔罕
赤谷
姑墨
龟兹
库车
吐鲁番
高昌
哈密

大
杜尚别
疏勒
喀什
西域长史府
海头
凉
敦煌郡
敦煌
酒泉郡
酒泉

喀布尔
弗楼沙
莎车
且末
鄯善
若羌

（贵
白沙瓦
坎大哈
于阗
和田
精绝
且志

月
伊斯兰堡
拉合尔
葱茈羌
阿里
青海湖
格尔木

霜）
海得拉巴
新德里
斋浦尔
象
雄
那曲
玉树
昌都

氏
北回归线
坎普尔
日喀则
拉萨
发 羌
墨脱

天
加德满都
廷布
盘越国
迪庆
大理

兰
孟买
那格浦尔
达卡
密支那
永昌郡

加尔各答
吉大港
曼德勒
西双版纳

剽
内比都
清迈

孟加拉湾

图 例

古 今

洛阳 都城　　★北京 首都
襄阳郡 主要城市及州驻地　●太原 省级行政中心
蜀汉 丁令 政权、部族　　◎洛阳 地级行政中心
河流　　　　　　　○若羌 县级行政中心
政权部族界　　　　国界
州界　　　　　　　河流

图 例

古

◉ **洛阳**   京城

◉ **襄阳**   主要城市

◉ 夏口   普通城市

◦ 隆中   重要地名

△ 虎牢关   关隘

• 风陵渡   渡口

济　水   河流

今

⊛ **北京**   首都

⊛ 郑州   省级行政中心

◉ 洛阳   地级行政中心

◦ 新郑   县级行政中心

———   国界

------   未定国界

洛　河   河流

第一章　前情提要和黄巾起义

先说一下大环境。

历史发展到东汉末年，出现了群雄割据的局面，群雄割据是因为围剿黄巾军产生的，而黄巾起义又与汉末的政治格局息息相关。

先秦时期，中原王朝的统治阶层主要由贵族组成。秦灭六国之后，贵族被彻底消灭，世袭制遭到瓦解，但国家还需要官员来管理，可官员从哪里来却是个问题，战国时期那种毛遂自荐的方式终归不是常态，在科举制还没有问世之前，汉朝发明了察举制，察就是考察，举就是推荐，其中最重要的一项就是举孝廉。

孝，即孝顺；廉，即廉正。汉武帝创立"举孝廉"制度的初衷是让地方推举孝顺廉正的人去做官，用这种方式来达到国家选拔人才的目的。但"举孝廉"考察的是一个人的品行，品行是无法量化的，也就无法保障公平，就像我们现在某些地方推行素质教育一样，实际为"找关系""走后门"开了方便之门。于是"举孝廉"成了一些世家大族培植自家势力的利器。当然，这里面也确实选拔出了一些人才，比如曹操就是通过举孝廉进入仕途的。

举孝廉还有一个副作用，就是一些人为了当官拼命作秀。作秀的主要内容是孝（因为还没当上官，所以谈不上廉），特别是父母的葬礼，成了各大"秀场"，于是乎厚葬成风，一些人就算平日节衣缩食，也要在父母的葬礼上大秀一场，因为这时围观的人多，一旦传开了，说某某很孝顺啦，把家里宝贝都给父母陪葬了，就可能被举孝廉的人知道，也就有可能被推荐去做官。后来的盗墓者最喜欢的就是汉墓，因为汉墓陪葬品多。这一风气直到曹操下令整治后才有所好转。

孝廉只是做一些基层官员，真正位高权重的人往往是一些外戚。所谓外戚，就是皇帝的外姓亲戚，如果某个妃子得宠，那么她的父亲或兄弟就有可能做大官，而且一般都是宰相级的人物。一旦外戚把控朝政，等到下一代皇帝（通常是宰相的外甥）登基，皇帝就会被架空，比如霍光专权；弄不好还有可能被篡位，比如王莽建立新朝。

有了历史的教训，皇帝当然也要想办法自保，于是东汉皇帝开始重用宦官，以与外戚抗衡。宦官没什么文化，不懂得管理国家，而且作为六根不全的人，通常心理比较扭曲，他们一旦掌权，就会弄得国家乌烟瘴气。但宦官是皇帝的家奴，依附主子而生，主子在他们心里的位置比谁都重要，而且宦官通常也没有什么政治野心，对皇帝来说，用他们最放心，贪点钱财真不算什么事。

于是我们看到，到了东汉末年，以何进为代表的外戚被杀，而以十常侍为代表的宦官把控了朝廷，也就不足为怪了。

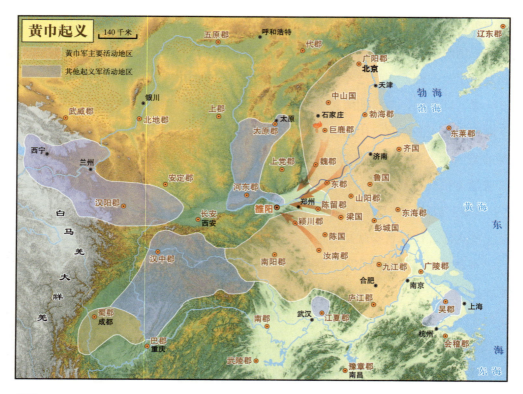

外戚和宦官轮番争斗，各种腐败问题层出不穷，官员们忙着结党营私，就没有人管老百姓的死活了，再加上汉灵帝中平元年（184年）天下大旱，农民颗粒无收，而朝廷一点儿税赋都不减，老百姓被逼得没有活路，于是就起来造反了。

领头的人叫张角，河北冀州巨鹿郡人，他和两个弟弟张宝、张梁创立了太平道，以太平道组织灾民，揭竿而起，头扎黄巾，打出"苍天已死，黄天当立，岁在甲子，天下大吉"的口号，所以称为黄巾起义。

太平道属于道教的一支。道教起源于战国，以老子的道家思想为理论根据，又加入了一些鬼神元素，最终成为一种宗教。

张角以太平道聚拢人心，纠集了几十万民众，对东汉的根基冲击很大。在现代的历史课本里，我们称之为"黄巾起义"，但是在《三国演义》里，我们经常看到"黄巾暴乱"这个词，这是因为书写者所站的立场不同，课本里把农民起义基本都定义为正义的，但对于当时的朝廷来说，这是暴乱无疑。以前我看《三国演义》时，也觉得这些黄巾军是一群乌合之众，没折腾几下就全挂了。可我们如果把它放到历史长河里看，就会发现这次起义意义重大。

先不说黄巾起义直接导致了东汉末年的乱世，单说这次农民起义，它是自秦朝陈胜、吴广大泽乡起义以来，中国历史上第三次农民起义（第二次是西汉末的绿林赤眉起义）。俗话说，事不过三，如果说陈胜、吴广的起义还有偶然性的话，那么黄巾起义直接坐实了中国底层人民的反抗精神。农民起义不同于军阀造反，军阀造反更多的是为了个人权力，而农民起义是不堪压迫之后的反击。这种大规模反抗的现象，并不是每个民族都具有的，相反的例子可以看看我们的邻居印度。

印度的地理位置可以说是得天独厚。印度次大陆深入印度洋，东西两侧是孟加拉湾和阿拉伯海，在大航海时代之前无疑是天然屏障；北部是平均海拔高达7000米的喜马拉雅山脉；东部为平均海拔2000米的若开山脉，整个东部都是少有人烟的热带原始森林；西北地区有兴都库什山脉阻隔，该山脉全长1600公里，平均海拔5000米以上；西部地区则有苏莱曼山脉，平均海拔在2000米左右。除了西北角有一个开伯尔山口外，印度次大陆是一个完全封闭的单元，这种地形非常有利于文明古国的孕育，古印度文明正是因此而生。而开伯尔山口最窄处只有

600米，在中国人眼里完全是一夫当关、万夫莫开，比万里长城容易防守得多。

但印度人显然没有这个意识，一次又一次的外族入侵正是从这个山口突破。最早是雅利安人，然后是波斯人、马其顿人、希腊人、塞种人、大月氏人、白匈奴人、突厥人、蒙古人，大大小小的入侵达300多次。印度的历史就是一部被征服的历史，所有的征服者都成为这里的统治者，而原先的土著却沦为最低等的种姓，他们不但没有反抗，反而认为这是应该的，把外来统治者强加给他们的宗教当作信仰，认为今生受苦是为了来世修福。如果是在中国，早就有人喊出："王侯将相宁有种乎！"所以一直到今天，印度的种姓制度依然强大，底层人不反抗，上层人当然不会主动放弃这种特权。

补充一点，这里所说的印度是地理概念上的印度，泛指整个印度次大陆，也叫南亚次大陆，或者印度半岛，并非单指今天印度这个国家。

正是因为中国人具有这种反抗精神，中国的任何一个王朝在统治期间，都不

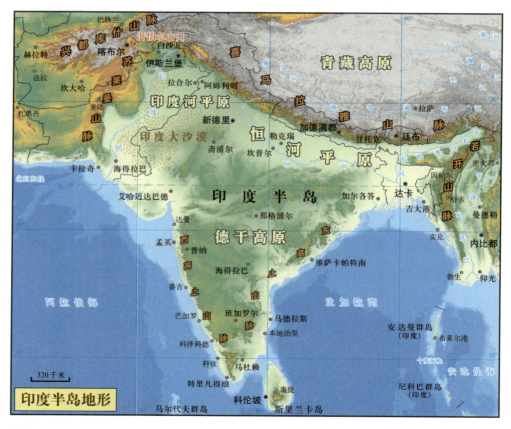

印度半岛地形

得不考虑民众的感受，如果做得太过，就有被推翻的危险。黄巾起义算是给后世的帝王敲响了警钟——不能太作威作福，要顾虑底层民众的感受。

黄巾起义冲击了东汉王朝的地方组织，中央政府派兵清剿，经常是顾此失彼，往往这里刚清剿完，那里又冒出来。于是中央采取了一项政策，改刺史为州牧，让各个地方自行派兵清剿。正是这一政策，最终导致了群雄割据的局面。

刺史，原本是中央派驻地方的监察官："刺"是检核问事的意思，即监察之职；"史"为"御史"之意。而州牧，却是一州之长，"牧"是管理的意思。改刺史为州牧，就是中央把军政大权下放到地方，这直接导致中央王权的衰落，地方政权的崛起。

本来，从秦始皇设郡县开始，汉朝一直秉承秦制，全国行政区划只有两级：郡和县。到这时（汉灵帝中平五年，188年）全国行政区划就变成了实打实的三级了：州、郡、县。虽然县下面还有乡，乡下面还有里，但乡和里都属于乡民自治机构，不归中央直接管辖。

当时，全国划分为十三个州：兖州、豫州、青州、徐州、荆州、扬州、冀州、益州、幽州、并州、凉州、交州，还有首都洛阳所在的司隶校尉部，后来也习惯称司州。三国时期，曹操从司隶校尉部剥离出关中，又从凉州里剥离陇右，二者合并为雍州。所以三国时期比东汉多了一个州。

各州的划分在战乱时期略有变动，但大体如图所示。

也正是从这个时候开始，各路英雄开始登场亮相。

东汉疆域图

235千米

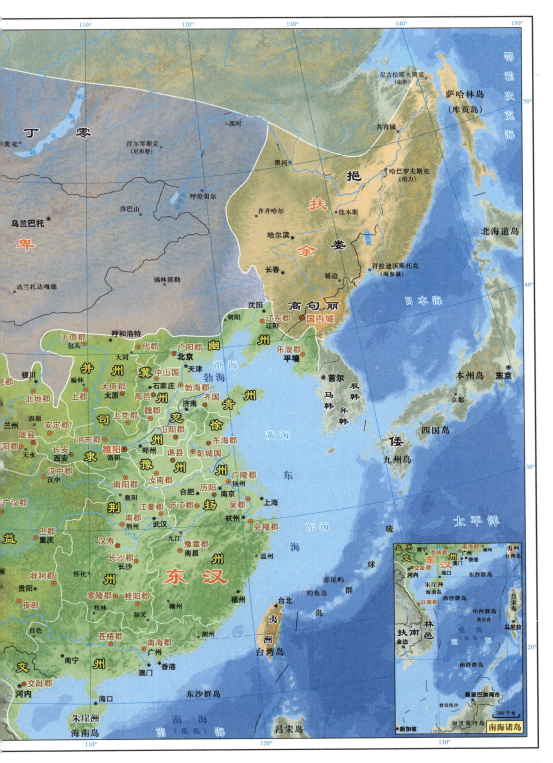

鄂
霍
次
克
海

丁零

扎克

乌兰巴托

卑

达兰扎达嘎德

尼古拉耶夫斯克
(庙街)

漠河

共青城

黑河

齐齐哈尔

哈尔滨

长春

呼伦贝尔

乔巴山

锡林郭勒

呼和浩特

五原郡
包头

代郡

大同

把

扶

余

哈巴罗夫斯克
(伯力)

佳木斯

延边

符拉迪沃斯托克
(海参崴)

沈阳

朝阳

辽东郡
辽阳

高句丽

国内城

萨哈林岛
(库页岛)

北海道岛

日本海

本州岛

东京

京都

首尔

马韩

辰韩
弁韩

倭

四国岛

九州岛

幽

州

乐浪郡
平壤

并
州

银川

榆林

上郡

北地郡

兰州

固原

陇县

阳郡
天水

汉中郡

汉中

广汉郡

益

巴郡
重庆

州

广汉郡

五原郡
包头

太原郡
太原

河东郡

司

隶

长安
西安

洛阳

雒阳

广阳郡
北京

天津

中山国

冀

石家庄

高邑

渤海郡

勃海

州

上党郡

山阳郡

郑州

兖

州

济南

齐国

青

州

东海郡

徐

谯县

彭城国

豫

州

州

汝南郡

汝南郡

襄阳

江夏郡

荆

州

南郡

荆州

武汉

广陵郡

合肥

历阳

扬

州

庐江郡

南京

吴郡

上海

扬州

杭州

会稽郡

温州

东

海

黄海

东海

太平洋

琉

球

赤尾屿

钓鱼岛群岛

荆

州

汉寿

长沙郡

长沙

怀化

零陵郡

贵阳

夜郎

百色

东

汉

九江

豫章郡

南昌

桂阳郡

桂林

韶关

赣州

福州

台北

台湾岛

夷

洲

牂牁郡

贵阳

交

南宁

州

苍梧郡

南海郡

广州

香港

澳门

海口

朱崖洲
海南岛

南（琼）海

东沙群岛

吕宋岛

交趾郡
河内

勃海

南

海

第二章 英雄也要问出身

"黄巾暴乱"对东汉政府来说是场灾难，但对有些人来说却是一个机遇，刘备就是其中之一。

刘备出生于涿县（涿郡治所，今河北涿州），这个时候只是一个平头百姓，靠织席贩履为生。但刘备的出身并不简单，史书记载他是中山靖王之后。也就是说，刘备的祖上也曾经阔过。

中山靖王刘胜，是汉景帝刘启的儿子，与汉武帝刘彻是同父异母的兄弟。景帝死前，把庶子刘胜封在春秋时中山国（建都于今河北定州）的故地，故称"中山王"。刘胜死后的谥号为靖，所以又称"中山靖王"。

靖，是安定的意思。从这个靖字可以看出，刘胜并没有什么野心，一生过得很平静。何止是平静，可以说，刘胜身在王位，一生也没什么建树，生活极其骄奢淫逸。我们知道满城汉墓（今河北保定市满城区）出土的最为震惊世界的东西就是两套金缕玉衣，这两套金缕玉衣正是穿在刘胜和他妻子身上的，其生活之奢靡可见一斑。

刘胜不参与宫斗，不安抚百姓，平时主要的乐趣就是喝酒和玩赏歌舞美女，寿命不长（五十三岁），却生了一百二十多个儿子，这其中有个儿子叫刘贞。

这个时候正是汉武帝大搞推恩令的时候。从周朝开始，贵族们一直奉行嫡长子继承制，汉武帝为了削弱诸侯王的势力，加强中央集权，就采用了推恩令的办法。具体做法是：原来只能由嫡长子继承的封国土地，现在其他的儿子也有份了，王爵仍由嫡长子继承，其他的儿子可以封侯。这样一来，本来占有大片土地的诸侯国就被肢解为一堆小国，不但无法与中央抗衡，而且那些原本没有资格封爵的次子、幼子，以及庶子们，还会对中央政府感激涕零，成为这一制度的坚定拥护者。

刘胜一百多个儿子，自然就把中山国给瓜分了。而刘贞，被封为陆城亭侯，封地就在涿县，于是刘贞一家就搬到了涿县。

亭侯，听起来很大，其实很小。我们比较熟悉的是先秦时的爵位等级，如公、侯、伯、子、男。刘贞的这个亭侯属于列侯的一种，和先秦时的侯爵已经不可同日而语。

先秦时的五等爵位都是有封地的，有自治权，而且可以世袭罔替。到了战国时，出现了封君（如战国四公子和商鞅），封君一般只享有封地的租税，并无治理封地的行政权和军事权。后来商鞅在秦国把这种形式发扬光大，按军功行赏，设置了二十级爵位：一公士，二上造，三簪袅，四不更，五大夫，六官大夫，七公大夫，八公乘，九五大夫，十左庶长，十一右庶长，十二左更，十三中更，十四右更，十五少上造，十六大上造，十七驷车庶长，十八大庶长，十九关内侯，二十彻侯。

这里面，只有关内侯和彻侯才能称为侯，而关内侯很多时候还只是个名义上的待遇，并没有实际的封地。因此，封侯通常指的是彻侯。

汉朝继承了这一套爵位制度，只是在侯上面加了一个王爵，世袭罔替。

到了汉武帝时期，为了避武帝的名讳（武帝名彻），彻侯改称为通侯（通、彻同义），也称列侯。

按封地大小来说，列侯分为三等：县侯、乡侯和亭侯。县侯可以立国，乡侯和亭侯都不能立国。

可以立国的意思是，可以在自己的封地里设置一套行政班子管理内政，其实也就是点家事。王爵立的国称为王国，侯爵立的国称为侯国。

先说王国，在汉武帝颁布推恩令后，各位王爷也只有获取封地租税的权力，行政权则由中央派官员来管理。这个官员就叫国相，和郡太守一个级别。我们可以看到在三国时期，北海国的国相孔融经常亮相，而北海国王毫无存在感，就是这个道理。其实这个时候的王爷们，如果在朝廷中没有担任职务的话，除了有钱，没有任何权力。这实际是把王国的权力降到了郡一级，权力在国相（等同于太守）手上，王爷们彻底被架空，也就没有反叛的条件了。所以我们在看三国时的地图时，不要一看到有个某某国就诧异，以为那里独立为国实力很强，其实它就相当于一个郡而已。

那么侯国呢？王国通常管理几个县，地位相当于郡，而侯国通常只有一个县，地位和县也就没什么区别了。侯国也一样，由中央派国相来治理，这个国相就相当于县令。

当然，王国也好，侯国也好，都有自己的家臣，只是这些家臣的职责是处理王侯们的家里事，不能参与国家的政事。包括乡侯和亭侯，也会有自己的家臣。

如前所述，汉朝的行政区划有州、郡、县，县下面还有乡和里。秦朝的时候，十户为里，十里为乡；到了汉朝，由于人口的增长，乡和里的范围都在变大；乡和里都是村民自治机构，中央派出的官员只到县一级。我们常说的"横行乡里"，指的是在当地作威作福，来源就在于此。但这里还有个亭，今天很少提到，原因就在于亭和乡、里有点不同。李白有句诗："何处是归程？长亭连短亭。"就和这个亭有关系。

秦朝时，五里一短亭，十里一长亭。汉朝也基本保持这个规矩，十里设一亭。这个亭不是我们常说的亭子，而是地方政府的派出机构，担负治安、抓捕盗贼等职能，同时也兼管旅客住宿的功能。刘邦就曾做过秦朝的泗水亭长。亭长不算官，只能算吏，所以他不是由中央任命，而是由地方政府雇用。

从这里可以看出，亭和乡、里并没有隶属关系，只是地方政府的一个派出机构，协助地方政府维持地方的治安。魏晋以后，亭的军事和行政功能消退，但供旅客住宿话别的功能还在，所以很多送别诗总会提到长亭和短亭。当然，这些地方自然少不了我们今天常说的亭子。

在列侯的三个等级中，亭侯的级别是最低的。比如曹操给关羽请封的"汉寿亭侯"，只是个亭侯，而吕布的爵位是温侯，温县是县级，所以温侯是个县侯，比关羽的爵位高。

理论上讲，亭侯可以享有一个亭的租税，按十里一亭来算，就是方圆十里内村民的租税都归他一个人所有，虽然级别低，但相对普通百姓而言，那也是豪门。之所以说理论上，是因为在三国乱世的时候，这种封侯更多是一种荣誉，受封者未必真能享受到封地的租税。比如关羽的汉寿亭侯，因为汉寿在荆州，当时还在刘表的势力之下，根本不在曹操的控制范围之内，关羽自然是领不到那里的租税的。

汉高祖刘邦曾在"白马之盟"中说："非刘氏而王者，天下共击之，若无功上所不置而侯者，天下共诛之。"（非皇族成员不得封王，没有军功不得封侯。）所以，对于外姓人来说，封侯就是一生能达到的顶点；即使是亭侯，普通人也是可望而不可即。李广就是个例子，打了一辈子仗，但因为没有军功，一直没有被封侯。所以王勃说："冯唐易老，李广难封。"

靠着血统，刘贞作为刘胜一百二十多个孩子当中的一个，能封个亭侯也不错，所以就高高兴兴地到封地（涿县陆城亭）去过自己的小日子了。可问题是，汉武帝对这些王侯还是不放心。

在《三国演义》和《三国志》中，有一段关于刘备祖上的相同描述：刘备为中山靖王刘胜之后，刘胜其中一个儿子刘贞，被封为涿县陆城亭侯，汉武帝时"坐酎[zhòu]金失侯"，因此这一代开始沦为白身，居住在涿县。

坐：因为；酎：反复多次酿造的醇酒；失侯：丢失了侯爵。"坐酎金失侯"的意思是，刘贞因为酎金的事把侯爵弄丢了。

酎金夺爵是汉武帝继推恩令之后打击王侯们的又一利器。

那还是汉文帝时期，在平定诸吕之乱之后，文帝一登基就规定，每年八月在首都长安祭奠高祖，在祖庙里祭祀的时候，需要献上酎酒作为祭品，祭祀结束之后，参加祭祀的人还要一起吃饭喝酒，喝的也是酎酒。这些酒都不是白来的，那么在每年祭祀的时候，就要求各位王侯按照自己封国的人口数量进献黄金助祭（实际就是买酒钱或者花钱雇人酿酒），标准是每千人四两，不足千人的四舍五入，送到长安由少府验收，这就是所谓的"酎金"。

因为祭祀汉高帝刘邦是当朝最重要的祭祀，所以汉文帝还有规定：如果诸王和列侯上交的"酎金"成色不足或者分量不够，则"王削县，侯免国"（诸侯王削减领地，列侯废除爵位）。

不过，文景时期很少真正严格执行这条规定，而汉武帝却很好地利用了这个大做文章。元鼎五年（前112年），汉武帝准备攻打南越，而诸侯几乎无人响应，这让汉武帝觉得诸侯们同他已经离心离德了，于是汉武帝便利用汉文帝定下的规矩，说列侯们进献的"酎金"要么成色不足，要么分量不足，以此为理由一口气废除了一百零六名列侯的爵位。不幸的是，刘贞就名列其中。

所以从刘贞开始，涿县刘家这一支就成了普通百姓，到刘备时，已过了将近二百八十年。

二百八十年了，刘备还时时拿中山靖王说事，你要说他没有野心，鬼都不信。按刘备的性格，平时话不多，但待人很宽厚。这样的人，城府深，志向也非旁人可知。刘备总在强调他汉室宗亲的身份，很可能是受刘秀的启发。刘秀也是布衣出身，往上可以追溯到长沙定王，祖上也是因为推恩令丢了爵位，如果不是汉室宗亲的身份，刘秀也不可能成为东汉的开国皇帝。刘秀让汉朝又延续了近二百年，刘备后来的目标也是要光复汉室。

刘备的祖父还被举过孝廉，算是官。刘备的父亲也在官府里任过职，但没有出身，只能算个吏。官和吏不同，官属于体制内的人，吏是给官打工的，所以吏的收入也就勉强糊口而已。可不幸的是，刘备又早年丧父，孤儿寡母没了生活来源，只能靠卖草席草鞋为生，已经沦落到了社会的最底层。刘备又不喜好读书，只喜欢结交朋友，这其中就包括关羽和张飞，如果不出意外的话，刘备这辈子大概也没什么出息了。但黄巾军给了刘备一次机会，黄巾军一来，幽州政府开始招募义兵，刘备就带着关羽和张飞参军了。

刘备不是以个人身份去参军当大头兵的，而是以义兵首领的身份带着一帮人参军的。招募义兵是需要钱的，而刘备这时候又是个穷光蛋，那么他人生的第一桶金从哪里来？史书记载恰好中山国有两个大商人张世平和苏双到北边来贩马，因战乱在涿县避风头，听说刘备要组织义军剿黄巾，就给了刘备一大笔钱和大量马匹，这样刘备才有资本组建一支自己的队伍。只能说，刘备遇到了贵人。

《三国演义》里说，"幽州太守刘焉"发榜到涿县，于是引出刘关张桃园三结义，而后从军的事。这句话有几个问题：其一，幽州的长官不叫太守，叫刺史或州牧，太守是郡一级的长官；其二，刘焉是刘璋的父亲，并不曾在幽州任过职，倒是当过冀州刺史，后来又当了益州牧，把位子传给了儿子。当然，《三国演义》是小说，主要目的是刻画人物形象和描写故事情节，并不用苛求史实，所以把刘焉安排在幽州也并无不妥，虚构桃园三结义的情节也没有错，但常识性的错误不应该犯，比如把州的长官称为太守，还有后文会提到的安喜县，说是"定州中山府安喜县"，实际上当时并没有"定州"，更没有"府"这一级行政机构，安喜县属于冀州中山国下辖的一个县。地理上的错误在《三国演义》里很多，但这并不妨碍它成为一部杰出的小说。很多人喜欢拿《三国志》里的史实来纠正《三国演义》里的错误，这实在是缘木求鱼，两者的受众不同，目的也不同。从个人角度来讲，我更喜欢《三国演义》一些，至少里面对军事、谋略、人物的描写，是《三国志》难以企及的。《三国志》的缺点是太简单，有些事情，我们不能因为它没有记载就认定没有发生。关于《三国演义》里的一些常识性错误，我们了解一下就行了，不必苛求，毕竟作者是明朝人，要如实写出汉朝的事，就强人所难了。至少在目前看来，还没有一本历史小说能像《三国演义》这么成功。

顺便再说一句，桃园结义的事在历史上到底有没有发生其实并不重要，重要的是，从后来发生的事来看，三人情同手足却是真的。他们可能是在酒桌上、在闲聊中，经常称兄道弟，也不足为怪。

好了，闲话少说。刘备投军后，就跟着邹靖去打黄巾军了。以刘备当时的身份，是见不到幽州刺史的，只能见到邹靖这样校尉一级的军官。

三人跟着邹靖，将黄巾军赶出了幽州，立了功，邹靖就向朝廷上表，给刘备请功，朝廷见刘备只是布衣出身，只给了个安喜县尉的职务。

尉，是管军事的长官。如朝廷的太尉，那是中央的最高级军事长官，与掌管行政的丞相平级。校尉也不错，像邹靖，就是州牧直属的军事长官。而县尉呢，当然是管县里的军事。一个小县其实没什么军事，大多时候也就是管管治安和抓捕盗贼，所以县尉也就相当于一个公安局局长。但无论如何，刘备终于从一介布衣跻身士族了，即便是在最底层。

刘备并没有嫌弃这个官职（也没资格嫌弃），就辞别邹靖，带着关、张二人去安喜县上任了。原来的那些部众，当然就遣散了，小小的县尉没钱养活那么多人，再说官府也不会允许他有那么多私人武装。

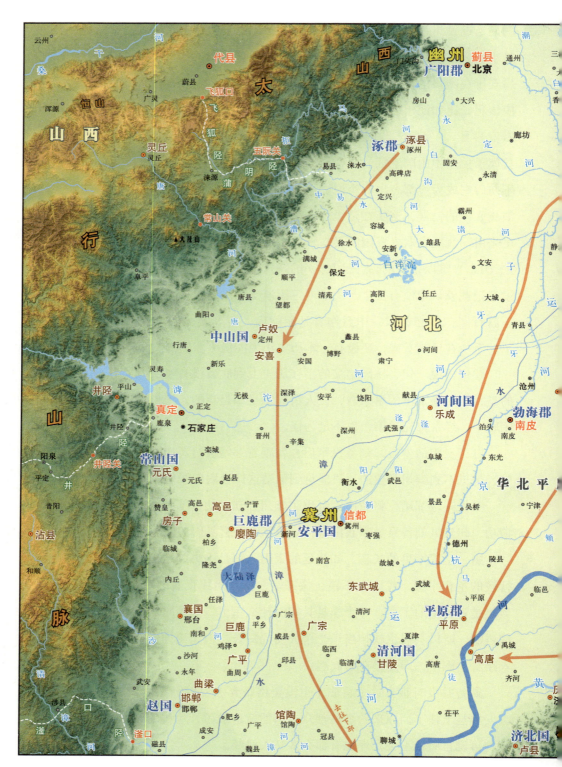

刘备早期活动范围

20千米

无终
蓟州
州河
沙河
令支
迁安
卢龙
秦皇岛
玉田
丰润
右北平郡
土垠
滦州
抚宁
昌黎
蓟运河
唐山
潮白新河
宁河
滦南
乐亭
运河
曹妃甸
滦河
塘沽
河
渤　海
渤　　海
弊河
海兴
河口
云河
东莱郡
无棣
沾化
垦利
黄县
龙口
厌次
阳信
利津
东营
艾山
招远
栖霞
惠民
滨州
莱西
莱阳
水河
千乘
博兴
广饶
淄河
小济河
被县
莱州
大泽山
乐安国
临济
高苑
桓台
清
寿光
昌邑
下密
胶东
平度
青州
齐国
临淄
临淄
北海国
剧县
潍坊
莱西
即墨
淄博
广县
青州
昌乐
来自下邳
高密
邹平
章丘
平寿
淳于
安丘
临朐
营陵
山　东
鲁　山
山
即墨
高密
河

015

安喜县其实是黄巾暴乱的重灾区。黄巾军从巨鹿起事，巨鹿郡就在中山国的南面，这里地处华北平原，四周一马平川，无险可守，所以黄巾军很快就席卷整个冀州，也波及了幽州边境。刘备能有这个差事，也是因为这里的很多官员被黄巾军给杀了，出现了职位空缺。朝廷把刘备安排在这里，其实并不是什么好差事。

后面的事，看过《三国演义》的都知道，刘备到安喜县没几个月，就出了"鞭打督邮"的事。

督邮是汉代各郡代表太守（这里应该是中山国相派下来的）督察下面县乡工作的官吏，职务包括传达一些政令。这一次，督邮传达的政令是朝廷要淘汰一些因军功而取得官职的人，这里面就包括刘备。朝廷的这一做法，无疑是卸磨杀驴。

至于鞭打督邮的事，《三国演义》里说是张飞打的，而《三国志》里说是刘备打的。从人物性格上来说，张飞打的似乎更合乎情理。不管是谁打的，这一打，刘备这个县尉无论如何是当不成了，他得另找出路。

第三章　十常侍之乱和董卓进京

趁刘备还在逃亡的路上，我们来说说朝廷中的事。

黄巾起义爆发的时候，正是汉灵帝刘宏在位。

汉灵帝十一岁登上皇位，死的时候也才三十三岁，可以说非常年轻。可这位年轻的皇帝对国家做的最大的事就是不做事，只图个人享乐。所谓享乐，当然离不开"酒色"二字。汉灵帝做的荒唐事很多，这里只说对国家有重要影响的两件：一是重用十常侍，二是卖官鬻爵。

先说卖官这件事，从光和元年（178年），至中平六年（189年），汉灵帝在西园开了一个官位交易所，公开张榜卖官前后长达十二年，这个"创举"也是前所未有。为了表示公平，汉灵帝将各种官职明码标价，令人惊讶的是，居然还可以砍价，如果暂时支付不起也可以上任后再付，不过要多付一倍的钱作为利息。许多官员升迁，也要按这个价码付钱，因为付不起钱，很多官员只好不升官了。

如何提拔官员是一个国家行政管理系统的根本，当时的察举制不管有多少缺点，但总归是一套完整的选拔制度，为汉帝国的正常运行打下了坚实的基础。而卖官鬻爵这种事情，虽然很多朝代都发生过，但多是应急之举，一般都是因为国库空虚，为解燃眉之急偶尔为之。但汉灵帝不是，他卖官的时间太长，已经把国家的根本搞烂了，而且他卖官得来的钱财都进了他个人的腰包，用于享乐，对充实国库毫无帮助。

汉灵帝变成这么一个昏庸的皇帝，当然和他身边的人脱不开关系，这些人就是皇宫里的宦官。宦官们为了讨皇帝欢心，百般殷勤，出各种馊主意哄皇帝开心。这些宦官里有十二个人最得宠，分别是：张让、赵忠、夏恽、郭胜、孙璋、毕岚、栗嵩、段珪、高望、张恭、韩悝、宋典。他们都任中常侍之职，所以习惯称"十常侍"。汉灵帝为了表示对十常侍的嘉奖，还给他们封了列侯。许多前方出生入死的将士都没有封侯，而这几个宦官，仅仅是靠拍马屁就得了侯爵，这让满朝的官员如何服气！

当然汉灵帝也不是只知道玩，他重用十常侍还有一个目的，那就是制衡外戚的专权。这个外戚就是何进，何进是朝廷的大将军。东汉的大将军原本在三公（太尉、司徒、司空）之下，汉和帝时期，窦宪出任大将军，权倾朝野，于是将大将军位列三公之上。后来这个制度就传承下来了，到东汉末年，大将军同样位列三公之上，而且和三公一样，可以自己开府。

何进是何皇后的哥哥，原本是个杀猪的，没什么文化。何皇后原本也只是个宫女，因为生下了皇子刘辩而得宠，后来被立为皇后。何进正是靠着妹妹的关系才当上了大将军。

但灵帝并不喜欢刘辩，他想把皇位传给王美人的儿子刘协。何皇后当然知道刘协是个威胁，怕王美人因此得宠，就毒死了她。这件事差点让灵帝把她皇后的身份给废了。在一帮宦官的帮助下，何皇后保住了自己的位子。同时为了刘协的安全，灵帝把他寄养在自己的母亲董太后那里。

临死之前，汉灵帝把想让刘协继位的事托付给了最宠信的宦官蹇硕。在《三国演义》里，蹇硕也是十常侍之一，其实不然，他虽然也是宦官，但地位比十常侍高得多。早在黄巾起义爆发的时候，灵帝就注意起了军事，为了分何进的兵权，设立了"西园八校尉"，统管新编禁军，这其中就包括中军校尉袁绍和典军校尉曹操，而上军校尉正是蹇硕，八校尉由他统管，就连何进也受其节制。

但蹇硕对何进一直很忌惮，想除掉他。灵帝死后，蹇硕让人召何进入宫议事。何进得到消息，知道是个阴谋，于是托病不入。蹇硕阴谋失败，只好立刘辩为帝，史称少帝。

刘辩继位时只有十七岁，年纪太小，管不了事，实际大权就掌握在何进兄妹手中。蹇硕还想着如何除掉何进，无奈势单力薄，就和十常侍合谋。十常侍里的郭胜和何氏兄妹有旧情，就把蹇硕给告发了。何进正愁找不到理由，于是借此机会除掉了蹇硕。

此后，西园八校尉自然就归了何进，也就是说，袁绍和曹操都成了何进的手下。作为正常人，西园八校尉当然不愿意在宦官手下当差，尤其是袁绍，他立即鼓动何进趁机把十常侍一网打尽。

祸乱朝纲的十常侍才是一切祸患的源头，何进也想进一步除掉十常侍，然而十常侍这时候已经投靠了何太后（之前的何皇后，何进的妹妹），何进一时下不了手。何进虽然是个杀猪的，但在杀人方面还是心慈手软。其实这个时候，蹇硕已死，宦官手里没有兵权，何进不该有什么顾虑。也许正是因为这样，何进并没有感觉到十常侍对自己的威胁。

袁绍多次劝何进尽快除掉十常侍，何进总是去请示何太后，何太后不同意，何进就派兵在洛阳附近制造混乱，而且让他们大张旗鼓地喊着要杀宦官，想以此来胁迫何太后同意他除掉宦官。

要么杀，要么和，事情闹到这种地步，就是傻子也知道先下手为强。于是十常侍把何进骗进宫杀了。

何进一死，袁绍和他的兄弟袁术就带兵杀入后宫，杀了两千多名宦官，但张让等人趁乱劫持皇帝刘辩逃往了邙山。

我们常说，洛阳附近三面环山，一面临河，其实在它的北面，也就是黄河的南岸，还有一片高地，就是邙山，也称北邙山。唐代诗人王建有诗云："北邙山头少闲土，尽是洛阳人旧墓。"也就是说，北邙山基本就是一片坟地，我们今天知道的就有秦相吕不韦、汉光武帝刘秀、西晋司马氏、南朝陈后主、南唐李后主，以及唐朝诗人杜甫、大书法家颜真卿等，这些名人的墓葬都在这一带。其实如果仔细观察一下就会发现，历代帝王将相的陵墓绝大多数不在深山或者平原，而是在山脉与平原的交接处。深山里雨水多，容易冲刷墓地，而平原地区容易积水，两者相交的地方不容易积水，在遇到雨水后又能迅速排干，十分有利于棺椁的保存，因此成为墓葬的首选之地。像北京的明十三陵，还有前文提到的满城汉墓，都是选择这种地形。所谓风水，大抵如此。北邙山是崤山的支脉，海拔只有300米，四周开阔，本身又带有一定的倾斜度，类似于山脉和平原的交接地带，而且它离洛阳很近，自然成了历代帝王将相丧葬的首选之地。

张让等人挟持少帝逃往邙山，当然不是去求祖宗保佑的。邙山以北的黄河岸边有个渡口叫孟津，从这里可以渡过黄河前往河北，暂时逃离洛阳的混乱局面，想办法东山再起。孟津曾称为盟津，是周武王讨伐商纣王时与八百诸侯会盟的地方，故名，也是洛阳地区北渡黄河最近的渡口。

被张让等人一同挟持的还有皇子刘协。刘协最初被封为渤海王，后改封为陈留王。陈留王比少帝还小八岁，只有九岁。

何进在死前还做了一件事：私召董卓领兵进京，目的是逼何太后同意他杀宦官。当然这里面也有袁绍的主意，而曹操是反对的，曹操觉得这是引狼入室，但曹操的地位没有袁绍高，何进不听。这时的袁绍，已经被何进提拔为司隶校尉。

董卓觊觎洛阳不是一天两天了。在灵帝还没死的时候，董卓因为在陇右、关中平叛时立了一些功，被任命为并州（治所晋阳，今山西太原）牧。但董卓并不愿意去，走到河东郡（治所安邑）就不走了。河东郡并不属于并州，而是属于司

隶校尉部，从河东郡出发，只要翻过中条山，就可以顺山路到达洛阳。董卓停留在这里，其目的不言而喻。

灵帝刚死，何进和袁绍就合谋召董卓进京。董卓立即动身，从安邑南下，翻过中条山，然后由茅津渡南渡黄河，沿崤函古道望东而来。这条路，其实就是春秋时晋国假途灭虢的那条路，也是秦国东出函谷的路。

董卓渡过黄河之后，何进有点后悔（也许是他想起了曹操的话），就派谏议大夫种劭去阻止。种劭在渑池（今河南渑池西）遇到了董卓，但董卓哪里肯轻易放弃这次机会，不听种劭的话，继续前进，最后驻扎在洛阳城西三十里外的夕阳亭。

这是第一次，何太后迫于压力，答应罢免宦官。第二次，董卓还没到洛阳，何进就死了。

董卓一打听，知道张让等人劫持皇帝上了北邙山，于是赶紧领兵向北。

在北邙山上，董卓救下少帝和陈留王，张让自杀。回京的路上，董卓看到少帝吓得惊慌失措，而陈留王能对答如流，又听说陈留王是董太后带大的，自我感觉和董太后是同族，心中窃喜，就有了立陈留王为君的想法。

其实这些都是次要原因，最根本的原因还是少帝是何进的外甥，何进虽死，但他的旧部在朝廷中的势力还很大，而且少帝的母亲何太后还在，何进都难以控制他这个妹妹，更何况外人！董卓要的，无非是一个好被他操控的皇帝，同时打击何进的旧部，以达到他专权的目的。

董卓想擅行废立，作为何进部下的袁绍第一个不同意，董卓便威胁袁绍，袁绍出逃，去了冀州勃海郡。

另一个看不惯董卓胡作非为的人——曹操，也出逃去了陈留国。

不久之后，董卓废少帝为弘农王，立陈留王刘协为帝，这就是汉献帝。然后，董卓以何太后杀死了董太后为罪名，毒死了何太后。至此，东汉王朝已经名存实亡。

当然，仅仅换个皇帝还不能达到董卓专权的目的。董卓先把洛阳附近原来何进任命的官员换成了自己人；然后对外面的一些封疆大吏加官晋爵，以示拉拢，比如封幽州牧刘虞为大司马；甚至对那些不肯与自己合作的人，比如袁绍，也加为勃海太守，封邟乡侯，以示和解；董卓还加封了一些名士去地方当官，以增加自己的声望，比如孔融、韩馥、刘岱等。但这些都没有用，董卓的罪恶不是小恩小惠可以化解的，那些受他恩惠的人日后也大多成了他的反对者，比如韩馥。

对于弘农王刘辩，等风声稍过，董卓就命李儒毒死了他，以绝后患，更让那些反抗自己的人断了念想。

至此，董卓权倾朝野，外界反抗的声音也一浪高过一浪。当董卓在洛阳大开杀戒、铲除异己的时候，关外反抗董卓的势力也逐渐形成，最终在袁绍的带领下，各路兵马浩浩荡荡开往洛阳。

第四章 诸侯伐董

在《三国演义》中，袁绍领着十八路诸侯齐聚虎牢关，于是有了"温酒斩华雄""三英战吕布"等精彩篇章。不过令人遗憾的是，历史上刘备并没有参与讨董联盟，当时公孙瓒还在忙着和刘虞争夺幽州的控制权，无暇顾及董卓的事，刘备投靠在公孙瓒名下，自然也就没有机会参与到这场声势浩大的讨董事业中。

《三国演义》里除了虎牢关，还提到了汜水关，这其实是同一个关口在不同时期的叫法。这里最早是春秋时郑国的制邑，汉朝时称虎牢关或成皋关（属附近成皋县），到隋唐时改称汜水关。总之，从洛阳盆地往东，在嵩山与黄河的交会处，有一条狭窄的通道与中原相连，在这里设一关口，就可以防止来自关东的诸侯来袭。这个关，就是虎牢关，它是洛阳的东大门，一旦关口有失，洛阳就无险可守。

我们知道洛阳一带是个盆地，敌人要进攻洛阳的话，除了虎牢关，还有没有其他的突破口呢？

首先是西边，从洛阳一直往西，过崤函古道，过了潼关就是关中。董卓本来就是西凉人，年轻时结交了很多羌人朋友。桓帝末年，董卓被征召为羽林郎，开始为朝廷效力，后来在讨伐汉阳郡（天水郡）羌人的过程中，建有奇功。不得不说，董卓打仗很勇猛。再后来，黄巾起义爆发，董卓的表现很差，差点被朝廷处死。幸运的是，同年冬天，凉州叛乱，以韩遂为代表的西凉军阀进犯三辅（也称三秦，即关中），朝廷派出六路人马，五路人马铩羽而归，只有董卓一路大获全胜。于是朝廷给他加官晋爵。正是在关中平定韩遂等人的叛乱中，董卓凭借军功取得了并州牧的职位。可以说，从关中到陇右，是董卓的发家之地，不乏故旧亲信。而且，早在反董联盟形成之初，董卓就把驻守长安的盖勋和皇甫嵩调到了洛阳，换上了自己的亲信。所以从关中这个方向，不会有人来打董卓。

那么同样是西边，如果从函谷关的北面，也就是山西这里，会不会有人打董卓的主意呢？这就更不会，董卓做过并州牧，又在河东郡经营日久，这里也早就换成了他的人。

综上，洛阳的西边，对董卓来说是最安全的。

再说北边，其实很简单，就是黄河。黄河是天堑，在汉代，军队渡河很容易被"半渡而击之"。不过好在反董联盟来的时候是冬天，黄河结冰了。如果防守方有准备的话，也有办法破解这个问题，那就是凿冰。把冰凿开了，敌人就不能借冰面过河了，而且浮冰可以阻止敌人行船。所以，北边的黄河，对董卓来说也好防守，袁绍方面如果强行渡河，会付出极大的代价。

洛阳的南边，地形略复杂。先看洛河，洛阳之所以称为洛阳，就是因为洛河。山南水北谓之阳，洛阳正是因为位于洛河之北而得名。但我们看地图，会发现今天的洛阳位于洛河以南，这是因为洛阳的位置原本就有两处：西周时周公所建的洛邑包含了王城和成周两座城，王城在今王城公园一带，成周在今白马寺以东，都在洛河之北，故名；春秋时平王东迁，定都王城，战国时一度迁都到成周；从秦开始，洛阳的治所设在成周，原王城设河南县；隋唐时，洛阳的治所又回到王城，此后基本没变，成周逐渐消失在历史的长河中；到了现代，城市发展太快，原洛河以北的古城容量有限，于是洛阳开始向洛河以南发展；2005年，洛阳市政府迁到洛河以南，河北部分成了老城区，于是我们看到今天的洛阳位置与故址有了变化，实际是城市扩张造成的错觉，历史传承关系并没有变。

洛河往上，是秦岭的腹地，所以这里很安全，不会给敌人提供进攻的通道。洛河最大的支流伊河，往上，似乎可以连接关东。不过，我们如果仔细看的话，会发现伊河在进入洛阳盆地前，经过一段峡谷，这个峡谷正好是熊耳山和嵩山的连接点。这个连接点有个专门的名字，叫伊阙，也就是伊水之门的意思。伊阙还有个名字，叫龙门。这个名字其实我们并不陌生，后来的北魏和唐朝在这里开凿了很多石窟，称为龙门石窟。之所以叫龙门，就是因为这个地方太狭窄了，可以说是一夫当关，万夫莫开。关东的军队，要从这里攻打洛阳，先要翻过伏牛山和箕山之间的山路，然后来到狭窄的龙门，最关键的，龙门之间只有水路，没有陆路，要想从这里过去，其难度可想而知。

但是嵩山呢，我们可以看到，从伊阙到虎牢关，嵩山连绵起伏，其实中间有好几个缺口。不过早在黄巾起义爆发之初，朝廷就在这里设置了各个关口，如伊阙关、大谷关、轘辕关等。

所以，对董卓来说，南面也不用操太多心。

而对于反董联盟来说，大家都从东边来，要想攻打洛阳，虎牢关是最好的突破口。

但各怀心思的反董联盟，并没有聚集在虎牢关。

我们先来看看来的都有哪些人。

反董联盟名单上的人有：后将军袁术、冀州牧韩馥、豫州刺史孔伷、兖州牧刘岱、河内太守王匡、勃海太守袁绍、东郡太守桥瑁、广陵太守张超（张邈之弟）、山阳太守袁遗、陈留太守张邈、济北相鲍信。

你可能会奇怪，这里面没有刘备也就算了，怎么连曹操也没有？别急，后文会解释。

众人推袁绍为盟主，是因为袁绍家是望族，也就是所谓的"四世三公，门多故吏"。袁绍的高祖袁安在汉章帝时为司徒，曾祖袁敞在汉安帝时为司空，祖父袁汤在汉桓帝时为太尉，父亲袁逢在汉灵帝时为司空、叔父袁隗在汉灵帝时为司徒，四代（高祖、曾祖、祖父、父）中均出现过担任三公（司徒、司空、太尉）职位的人物，所以称袁绍的家世为"四世三公"。"门多故吏"不用说了，这样的家族，其关系网非一般人能比。

袁术是袁绍的弟弟，但袁术是嫡子，袁绍是庶出，所以在袁家，袁术的地位

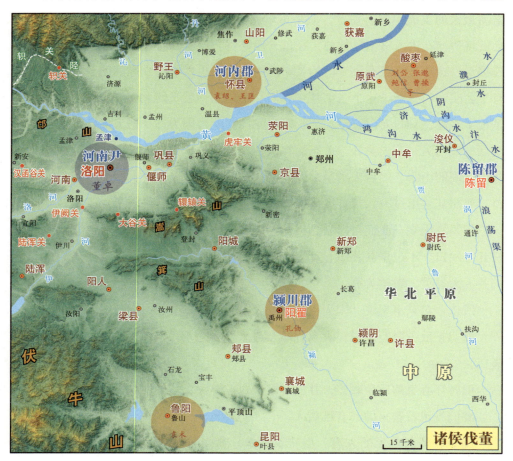

比袁绍高。袁绍的声望有很大一部分是靠扫除宦官和反抗董卓赢得的，家族背景更多的是起背书作用。

韩馥是董卓任命的冀州牧，袁绍的勃海郡就在冀州，董卓的本意是让韩馥去好好看管袁绍，不过随着反董形势的高涨，韩馥也只好加入反董阵营。

鲍信原本是何进的手下，和曹操的关系非常好。何进派他去泰山募兵，等他招了千余兵马回来的时候，何进已经死了。董卓进了洛阳后，鲍信劝袁绍杀董卓，袁绍不敢，鲍信很失望，就又回泰山了。这次有人号召讨董，他自然参加。另两人，桥瑁、王匡也曾经是何进的手下，和袁绍、曹操都是同僚。

其他的人不多说了，单说陈留太守张邈。可能有人会觉得奇怪，陈留不是陈留王的封国吗？那它的长官应该是国相才对呀！其实，在刘协（汉献帝）被封为陈留王之前，这里是陈留郡，它的长官自然是太守；刘协被封为陈留王之后，实际并没有去封地就封，而张邈的年纪很大，且一直在任上，所以职务还是太守。张邈与袁绍、曹操都很熟。

前文说过，曹操从洛阳跑出来之后去了陈留国。到了陈留国之后，正是受到张邈的资助，曹操才有了一支五千人的队伍。相比其他上万人的队伍，曹操的这一支是最小的。因为曹操没有自己的地盘，而且他是董卓下令追捕的通缉犯，只能打张邈的旗号，所以反董联盟的名单里并没有他。

各州郡起兵后，袁绍自号"车骑将军"，和河内太守王匡屯兵于河内郡，冀州牧韩馥没有出兵，留在邺城给他们补给粮草；豫州刺史孔伷屯颍川；兖州刺史刘岱、陈留太守张邈、广陵太守张超、东郡太守桥瑁、山阳太守袁遗、济北相鲍信以及无名无号的曹操屯兵酸枣；后将军袁术屯驻鲁阳（今河南鲁山）。

袁绍自号车骑将军是含有深意的，东汉的军职，大将军之下就是车骑将军，自从大将军何进死后，大将军没有了，那当然车骑将军就是老大了。而且，他和王匡屯兵河内，与洛阳隔河相望，其实也是在观望，渡河是不用急的，先看看其他人的行动再说。韩馥也是留了一手，不参战，只出粮，万一联军失败，他可以说是形势所迫。孔伷驻颍川，实际上也是在观望。

袁术屯鲁阳，也是有自己的算盘，他想另立山头，不想居于袁绍之下——嗯，对，嫡子是看不起庶子的。在大家族里，庶子比用人强不了多少，参见贾宝玉和贾环的地位差距，你要让贾宝玉去给贾环当手下，他宁可去死。袁术也一样，不想给袁绍当手下。

真有诚意打仗的是屯兵于酸枣的这些人，尤其是没被众人放在眼里的曹操。

酸枣（今河南延津西南）属于陈留国的一个县，也是陈留国中离虎牢关最近的一个县，而且和虎牢关都在黄河南岸，从这里出发一路向西，可以直扑虎牢关，可以说，酸枣是讨董的最前线。这里需要注意的是，三国时期的黄河在过了成皋之后，与现在的黄河走向比，更靠北一些。在历史上，黄河经常改道，现在的黄河下游，实际是夺取了济水的部分河道之后形成的。所以我们看到的酸枣县在今天的黄河北岸。

如果从地图上看，联军的军队已经把董卓围了半圈了。董卓如果不赶紧跑，那就是死路一条。

董卓也着实吓得够呛，就挟持汉献帝迁都长安，然后一把火烧了洛阳城，不仅挖开汉室皇陵盗窃珍宝，还纵兵劫掠附近的百姓，昔日繁华的洛阳城转眼之间化为焦土。

不过董卓仍然亲自驻防在洛阳，联军势大，他不敢掉以轻心。曹操认为时机已到，应该趁机攻取洛阳。联军都害怕董卓的西凉军，没人出兵，于是曹操带着自己的兵直扑虎牢关。到了荥阳，曹操与董卓的大将徐荣交锋，结果寡不敌众，死伤大半，曹操自己也中了一箭，幸亏被曹洪所救，才捡回一条性命。

回到酸枣，曹操建议立即分兵武关，围困董卓。从这里可以看出，曹操非常具有战略眼光。长安所在的关中，与中原相通的道路主要有两条，一条是经函谷入洛阳，另一条就是出武关入南阳。董卓在长安和洛阳之间机动，仍占据着天下的中心，如果诸侯分兵进驻武关，董卓迫于压力，不得不加强关中的防守，势必会削弱洛阳的兵力，这时诸侯就可以趁机攻占洛阳，一旦拿下洛阳，董卓就被围困在关中，顶多算个割据一方的诸侯，难以挟天子号令天下。

但是其他人显然不具备这种战略眼光，也没有这么长远的打算，只想保存自己的实力，于是按兵不动，整天在酸枣喝酒。等酸枣囤积的粮食吃完，大家也就散了，各自回家抢地盘去。

时任长沙太守的孙坚其实也参加了讨董。

孙坚本是富春（今浙江杭州市富阳区）人，孙家世代在吴地做官。黄巾起义爆发的时候，孙坚在淮、泗一带招募了一千精兵，跟随朱儁南征北战，屡建战功。在讨伐西凉叛军的时候，孙坚就和董卓有些过节。到了中平四年（187年），长沙人区星反叛，朝廷任孙坚为长沙太守，率众平叛，因其又立奇功，封乌程侯。当听说关东诸侯纷纷起兵讨伐董卓后，远在长沙的孙坚也立即起兵。

只不过，孙坚晚来了一步，没喝上酸枣联军的酒。晚来一步的原因一是路途远，二是他在路上干了两件事。

哪两件事？一是逼死了荆州刺史王睿，二是杀掉了南阳太守张咨。王睿死后，刘表才被董卓任命为荆州刺史。杀王睿是因为旧仇，杀张咨是因为要粮草对方不给，自从杀了张咨之后，孙坚走到哪里都能得到粮草。

孙坚到了鲁阳，投奔了袁术。袁术为了拉拢孙坚，表奏孙坚为豫州刺史（此时孔伷已死）。从这之后，孙坚实际上把豫州当作自己的地盘了。

一番休整加上招兵买马之后，孙坚就准备攻打洛阳了。不过与袁绍他们不同的是，孙坚没打算从虎牢关进攻，而是选择了洛阳南面的大谷关和轘辕关。

孙坚之所以这么选择，是因为他面临的情况和袁绍不同。

第一，虎牢关以东除了袁绍的势力外，还有董卓的势力，而孙坚投靠的是袁术，袁术和袁绍并不一条心，所以袁绍不会帮他。事实上，孙坚刚到鲁阳的时候，董卓就派东郡太守胡轸突袭了孙坚一把，只是无功而返。如果选择虎牢关作为突破口，孙坚很可能会腹背受敌。

第二，这里离阳城很近，阳城是豫州刺史的治所，实际是孙坚的大本营，而阳城离鲁阳也不远，可以和袁术互相接应。更重要的是，袁术控制着南阳郡，南阳盆地是个产粮区，孙坚需要他的粮草支援。

听说孙坚攻打轘辕关，董卓立即命令徐荣回守轘辕关。和曹操的命运一样，孙坚也败在徐荣手下，侥幸逃脱。

孙坚大败之后，收拾残兵败将，进驻阳人城，试图东山再起。董卓听说孙坚占领了阳人，就派胡轸和吕布带兵追杀。孙坚反击，胡轸战败，部将华雄被斩，孙坚一时名声大振。在《三国演义》里，罗贯中把斩华雄的英名给了关羽。

袁术担心孙坚风头太劲难以控制，便断了孙坚的粮草。孙坚星夜赶往鲁阳，陈清事实，表忠心。袁术心有惭愧，马上下令给孙坚调拨粮草。

董卓也对孙坚的勇猛感到害怕，以高官厚禄为诱饵，想和孙坚和解。孙坚断然拒绝，麾军北上，进兵大谷关。

于是董卓亲自迎战，结果遭到重创，留下吕布掩护，自己转守新安和陕县。谁知吕布也不是孙坚的对手，于是孙坚破关，占领洛阳。此时洛阳城已是一片废墟，方圆百里看不到人烟。孙坚唏嘘不已，对董卓更是恨之入骨。

孙坚一面休整部队，一面分兵攻击函谷关（汉函谷关，今新安县东，非秦函谷关）、新安（今河南渑池东）的董卓守军。为了防止孙坚再来进击，董卓分兵遣将，在新安、华阴、安邑（今山西夏县）等地派人留守，自己退往长安。孙坚修复被董卓挖掘的汉室陵墓后，引兵回到鲁阳。

令人意外的是，在洛阳城的废墟里，孙坚得到了传国玉玺。

孙坚被袁术表为豫州刺史之后，也想以豫州为根据地建立自己的基业，毕竟长沙太偏远。可就在他辛辛苦苦地攻打洛阳的时候，袁绍却改派周昂为豫州刺

孙坚进击洛阳

史，并占领了孙坚作为豫州刺史治所的阳城。

为什么会出现两个豫州刺史？谁是正统？这正是汉室名存实亡的体现。我们注意一下措辞，袁术是表奏，袁绍是改派。表奏的意思是上表给天子，由天子任命，当然这时的天子被董卓操控，董卓是不会搭理袁术的，但至少袁术还是走了这个流程。而袁绍呢，是自己任命，在他眼里，董卓控制的这个朝廷已经不管用了，他袁绍可以自己做主。这是个开头，日后大家都开始效仿。

孙坚听说阳城被占后，十分气愤，率兵攻打周昂，周昂败走。在这次攻打周昂的过程中，袁术派公孙越协助孙坚，结果公孙越在战斗中中箭身亡。公孙越是公孙瓒的弟弟，既然周昂是袁绍的小弟，而公孙越又是死在周昂的手上，公孙瓒当然就把这笔账算在袁绍头上了，于是两人结了仇。

至于袁术和袁绍兄弟反目，起因是袁绍想立汉室宗亲幽州牧刘虞为帝，希望得到袁术的支持。袁术可不管那一套，只想自己当皇帝，如果立个成年的刘氏当皇帝，这事就彻底没希望了，于是找了个借口反对——这是第一次闹矛盾。第二次，正是因为这个豫州刺史的事，两人彻底翻脸。袁术大骂袁绍是家奴，但没办法，群雄大多数还是依附袁绍，为了和袁绍争霸，袁术和公孙瓒、陶谦结盟。袁绍当然不能坐视，于是联合荆州刺史刘表，准备南北夹击袁术。袁术便派孙坚攻打刘表。

刘表驻守在襄阳。孙坚自南阳而下，直奔襄阳。刘表派黄祖在樊城和邓县之间阻击，黄祖很快被击溃。孙坚势如破竹，渡汉水，围襄阳，刘表坚守不出。黄祖调集兵马后又来挑战，结果又败，逃入襄阳城南的岘山。孙坚追击，却不料遭了埋伏，中箭身亡，一代将星就此陨落！

纵观整个讨董过程，孙坚是最勇猛，也是最有成就的一位将领，可惜的是英年早逝，不然的话，孙氏一族可能不只是偏安于江左。

伐董之后，关东群雄基本形成了两大阵营，一方以袁绍为首，另一方以袁术为首，开始逐鹿中原。

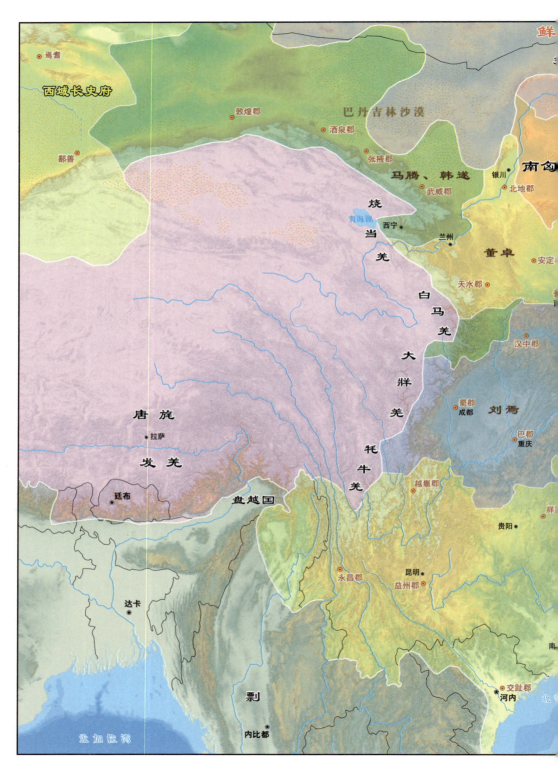

鲜

西域长史府

焉耆

鄯善

巴丹吉林沙漠

敦煌郡

酒泉郡

张掖郡

马腾、韩遂

银川

北地郡

南匈

武威郡

董卓

烧当羌

青海湖

西宁

兰州

安定

天水郡

白马羌

汉中郡

大牂羌

蜀郡

成都

刘焉

巴郡

重庆

唐旄

拉萨

牦牛羌

越嶲郡

发羌

廷布

盘越国

贵阳

牂

永昌郡

昆明

益州郡

南

达卡

剽

交趾郡

河内

北

内比都

孟加拉湾

鲜卑

卑

扶余

挹娄

高句丽

沈阳

辽东郡

丸都

公孙度

乐浪郡

平壤

刘虞、公孙瓒

广阳郡

北京

右北平郡

天津

渤海

日本海

呼和浩特

代郡

雁门郡

黑山军

石家庄

中山国

太原郡

太原

袁绍军

巨鹿郡

勃海郡

黄巾

渤海

东莱郡

北海国 孔融

济南

首尔

辰韩

马韩

弁韩

本州岛

九州岛

倭

白波军

上党郡

张杨

东郡

洛阳

郑州

曹操

颍川郡

袁术

南阳郡

魏郡

鲁国

山阳郡

刘岱

东海郡

彭城国

陶谦

汝南郡

九江郡

合肥

广陵郡

黄海

东

海

陈温

刘表

南郡

武汉

江夏郡

南京

吴郡

上海

太湖

杭州

会稽郡

武陵郡

洞庭湖

鄱阳湖

豫章郡

南昌

东海

海

长沙郡

长沙

琉

球

桂阳郡

福州

赤尾屿

钓鱼岛

群

岛

苍梧郡

南海郡

广州

香港

台北

夷

洲

台湾岛

澳门

东沙群岛

太平洋

海口

州

南 海

(涨海)

南

125千米

第五章 群雄逐鹿

再说刘备从安喜县逃亡之后，就一路往南去了，路上遇到了毌[guàn]丘毅。毌丘毅是何进派往丹阳募兵的大将（当时何进还没死），于是刘备便和毌丘毅同往丹阳。

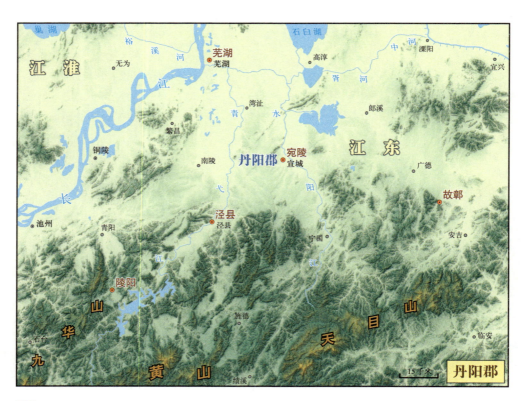

丹阳兵战斗力极强，在后文的故事中会经常提到，陶谦能守住四战之地的徐州，有丹阳兵的功劳，孙策下江东开创基业，也有丹阳兵的功劳。在之前诸侯讨董的时候，大家都害怕董卓的西凉兵，是因为凉州产马，又经常和附近的羌人、匈奴人打仗，所以西凉铁骑的战斗力非常强。而丹阳兵是步兵，为什么丹阳兵的战斗力也这么强？这同样和地理位置有关。

丹阳郡的治所在宛陵（今安徽宣城），虽地处江南，但附近被九华山、黄山、天目山环绕。在春秋时期，吴越是这里的主角。吴国和越国都是华夏化的越人国，不同的是，越国里的越人比例更大些。吴国占据的是江南的平原地区，越国占据的是杭州湾南岸、今绍兴一带狭长的平原地带。但在南部的山区里，还有大量的越人。这些越人，有一部分归属越国，但大量的越人仍处于原始部落状态。这些越人在平原地区不是华夏文明的对手，但在山地却所向披靡，慢慢地，他们逐步向附近的山地扩散，往北就到了九华山一带。所以实际上，从九华山到黄山，再到天目山，都是越人的天下。秦始皇征服百越之后，这些越人名义上已归属中原王朝，但仍保持着原有的生活习性：好武，耐苦，擅长山地作战。到了汉朝，江东已经被视为中原王朝的"熟地"，但其中越人的比例仍然很高，一直到东晋时期汉人"衣冠南渡"后，汉人才在这里占据绝对优势。

因此，所谓的丹阳兵，其实是山越兵，据说他们使用的武器也与汉人不同，不是刀剑，而是吴钩。李贺有诗云："男儿何不带吴钩，收取关山五十州。"吴钩是一种弯刀，与中原的刀剑不同，状如钩，为春秋时吴国士兵所常用。

这里还有个问题，刘备鞭打督邮，算是得罪了朝廷，怎么还能和朝廷的人同行，不怕被抓吗？这正是外戚和十常侍的矛盾造成的。督邮裁撤剿灭黄巾有功的人，恰恰是受十常侍的指使，而毌丘毅是何进的人，当然不会理十常侍那一套，所以刘备才得以和毌丘毅同行。

刘备跟着毌丘毅到了下邳，遇到了盗贼。在和盗贼作战的过程中，刘备立了功，于是被毌丘毅表举为下密县丞。这样刘备前面鞭打督邮的罪责也就洗干净了。县丞是县令的副手，相当于副县长。下密（今山东昌邑东）属北海国，北海国相是孔融。但不知道什么原因，刘备没干几天就辞职了。

不久，刘备又被任命为高唐县尉，然后又升职为高唐县令，总算当了回一把手。可惜的是，黄巾军很快打入高唐。刘备再次逃亡，这一次，他投奔了公孙瓒，公孙瓒表他为别部司马。

公孙瓒和刘备是老同学，当刘备还在涿郡的时候，他的叔父看他将来会有出息，就资助他去读书，老师是大学问家卢植。而公孙瓒呢，本来是贵族出身，但因为是庶出，地位低，只能在涿郡当个小吏。不过，公孙瓒人长得帅，被郡太守看上了，郡太守招他为女婿，还出钱让他去跟卢植读书。就这样，两人成了同学。

当刘备还在涿郡卖草鞋的时候，公孙瓒有老丈人的提拔，加上自己又会打仗，就已经封了列侯。按现在的说法，和这位同学相比，刘备已经输在了起跑线上。只是，许多人之所以痴迷三国，正因为它是一个人才辈出的时代。在孝廉制稳固的汉朝，寒门士子想要出人头地比登天还难，但在三国时期，特别是后来曹操推行唯才是举的政策后，诸侯纷纷效仿，于是一大批没有背景、没有名望的人才井喷式涌现。像刘、关、张这样草根出身的人，也只有在这种情况下，才有可能开创一番事业。

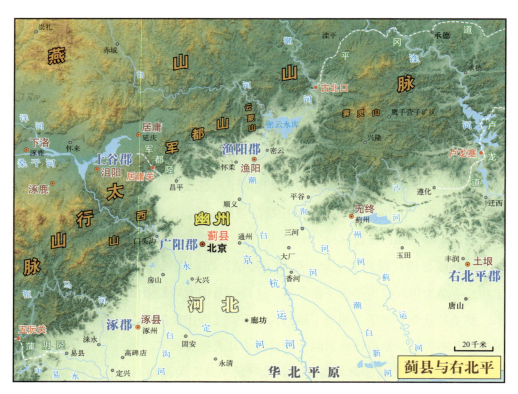

蓟县与右北平

公孙瓒的主要功绩是抗击乌桓。今天的北京是全中国最热门的地方，但在汉代，这里还是一片苦寒之地。相对于中原，这里不仅气候冷，而且靠近北方边境，经常会受到游牧民族的侵扰。乌桓是东胡的一支，和鲜卑同族，原本聚集在大兴安岭，因受到匈奴的打压而分裂。当匈奴人被汉朝打压下去后，鲜卑人很快占领了大漠南北。而乌桓，因为靠近汉人，长期和汉人打交道，已经汉化得很厉害了。公孙瓒长期和乌桓人作战，勇猛果敢，下手狠毒，乌桓人闻风丧胆。公孙瓒喜欢白马，手下养了一支精兵，这些精兵擅骑射，又骑着清一色的白马，称为"白马义从"。赵云正是白马义从的一员，所以我们看到影视剧里的赵云，总是银枪、银甲、白袍、白马的潇洒模样，这正是白马义从的标配。赵云是常山国（今河北石家庄）人，是被当地人推荐加入白马义从的。

刘虞到幽州任州牧之后，和公孙瓒的做法完全相反，对游牧民族使用怀柔政策，公孙瓒很看不惯，又担心刘虞抢了自己的功劳，处处使坏，刘虞就上奏朝廷，参了公孙瓒一本，朝廷让公孙瓒只带两万人马，屯驻右北平郡（今河北唐山北）抗击乌桓。自此两人明争暗斗，将幽州的华北部分一分为二：刘虞占据西边，以广阳郡（三国时改为燕国，治蓟县）为中心；公孙瓒占据东边，以右北平为中心。

这里有一个很有意思的变化，幽州的治所是蓟县，也就是今天的北京，北京在失去首都地位的时候，就叫北平，来源正是这个右北平郡，而原来右北平下辖的无终县（也是曾经的治所）却继承了蓟县（蓟州）的名字。这正是权力的转移造成城市名称随之迁移的例子，相同的例子还有武昌，原本在鄂州，随着权力的西移就到了武汉。另外还有一种情况就是，权力的下移造成同一名称管辖范围的缩小，三国时期很多州郡名就变成了今天的城市名，比如长沙郡，比如汉中郡，当然还有徐州、扬州等。

事实上，幽州在辽东还有一片土地，因为那里地处偏远，几乎没人理会，辽东太守公孙度就趁机自立。公孙度虽然也姓公孙，但和公孙瓒没有关系，他是地道的辽东人，也是辽东的"土皇帝"。

幽州被瓜分，冀州同样在"洗牌"。袁绍讨伐董卓虽然一无所获，但手下已经聚集了大队的人马。袁绍回到勃海郡之后，韩馥担心袁绍坐大，于是故意减少军需供应，企图饿散、饿垮袁绍的军队。袁绍感觉处处受制于人，就惦记上了韩馥冀州牧的位子。

第二年（191年），韩馥部将麹义反叛，韩馥讨伐不利。袁绍觉得时机成熟，便派使者与麹义结交，先分解韩馥的势力。

同时，袁绍邀公孙瓒南下，共同夺取冀州。这时公孙瓒和袁绍的关系还很好，就同意了。只一战，韩馥就吓破了胆。然后袁绍派人去邺城游说韩馥，让韩馥把冀州牧的位子让给袁绍，这样就不用怕公孙瓒了。韩馥听完这个建议，居然答应了！袁绍不费一兵一卒就得了冀州，包括韩馥手下的一帮谋士，如沮授、田丰、审配等，也都归了袁绍。

公孙瓒因为弟弟的死，和袁绍翻脸，亲率主力从北方攻打袁绍，又任命严纲为冀州刺史、田楷为青州刺史、单经为兖州（治所昌邑，在今山东金乡县西北）刺史，从南方牵制袁绍。刘备就被派往青州，协助田楷。赵云也跟着去了，做了刘备的骑兵队长。

在青州，刘备因多次立功被升为平原县令，后来又升为平原国相（平原郡此

青州和兖州

时改置为平原国）。

刘备在平原治理有方，爱民如子，深受百姓爱戴。据说有一个叫刘平的人，不知道为什么跟刘备结了仇，便派了一名刺客来杀刘备。刘备当时不知道对方是刺客，好心款待，礼让有加。刺客忍不住了，告诉刘备实情后就走了——对，他没好意思下手。

忽然有一天，北海相孔融被黄巾军给围了，太史慈杀出重围来向刘备求救。

孔融是孔子的二十世孙，四岁能让梨，十岁时能言善辩，人见人夸，有人不服道："小时了了，大未必佳。"他回道："想君小时，必当了了。"而此时，孔融早已是天下皆知的名士。

刘备一时受宠若惊，说："孔北海居然知道世上还有我刘备这么个人！"欣然前往。刘备这时候才知道，自己在江湖上已经有些名气了。

刘备在平原待了三年，这大概是他离开涿郡后待的时间最长的地方。三年中，天下又发生了许多事，其中有两件大事。

第一件，就是万恶的董卓终于死了。

董卓死于吕布之手。吕布原本是骑都尉丁原的手下，丁原也是被何进召到洛阳来杀宦官的，结果何进一死，董卓掌权。董卓利诱吕布杀死丁原，吞并了丁原的军队，又和吕布结为父子。董卓被孙坚打败后，从洛阳退到长安，知道自己作恶太多，时时担心有人刺杀他，就让吕布做了他的贴身侍卫。不过，董卓生性多疑，脾气又暴躁，经常为一些小事发脾气，有一回还向吕布扔出手戟，差点要了吕布的命。吕布本来就是好色之徒，和董卓的一个婢女（貂蝉的原型）有染，又担心东窗事发，所以整天提心吊胆。吕布和司徒王允的关系比较好，就把心中的苦闷向王允倾诉了一番，恰巧王允正在谋划怎么除掉董卓，便说服吕布入伙。

后面的事，和演义里一样，吕布杀死了董卓，大快人心，长安城里举城欢庆。就这样，王允和吕布掌控了长安的大局。

正当大家觉得局势在变好的时候，陕县董卓的两个旧部李傕 [jué] 和郭汜 [sì]，本来想把部队解散后回家种田，结果被人一煽动，西行攻入长安。长安陷落，王允战败被杀。吕布带着百来名骑兵杀出武关，到了南阳，也就是袁术的地盘。

吕布想投奔袁术，袁术却看不惯他自以为是的样子，很客气地拒绝了。于是吕布又投奔袁绍。在袁绍手下，吕布屡建战功，一有功，他又开始忘乎所以，说袁绍给他的军队太少，要求增加军队。袁绍觉得吕布很不安分，想除掉他。吕布感到大难临头，就逃到河内郡，和流落在此的张杨联合，暂时落脚。

第二件，曹操崛起了。

讨董联盟解散后，曹操趁机占领了东郡（治所濮阳），于是袁绍表其为东郡太守。曹操也算有了自己的一亩三分地。

初平三年（192年），青州的黄巾军突然壮大，连破兖州数个郡县，还阵斩了兖州刺史刘岱。兖州无主，鲍信就推举曹操任兖州牧。有了兖州，曹操才算真正成为一方诸侯。于是曹操和鲍信联兵一处攻打黄巾军，鲍信不幸战死，曹操痛心不已。

青州黄巾军声势浩大，人数有三十万之多。曹操化悲痛为力量，设奇伏，日夜攻打，最终黄巾军抵挡不住，率众投降；另加黄巾军的家眷老小，共有百万之众。曹操从三十万青壮里挑选了三万精兵，名为"青州兵"，令其余的人屯田，老少都有安置。和其他军阀不同，曹操没有杀降，而且对他们都有妥善安置，让这三万精壮没有后顾之忧，能忠心耿耿地跟随他南征北战。正是这些青州兵，为曹操的霸业之路打下了基础。

这时候的曹操还属于袁绍阵营里的一部分，所以他的主要任务就是打击袁术阵营里的人，比如北边的刘备、南边的袁术、东边的陶谦，当然也包括无处不在的黄巾军。

最后，还有一件不算太大的事，就是公孙瓒把刘虞给杀了，幽州除辽东外全都归了公孙瓒。

补充一点，各州郡的治所会经常变动，特别是州治。原因就是在战乱时期，统治者需要根据战争形势调整州郡政府的驻地。另外还有一个原因，不同的势力经常会在同一个州设置自己的代理人（刺史或州牧），于是就会出现两个州治。

此外，为什么黄巾军到处都是，"野火烧不尽，春风吹又生"？这是因为黄巾军本来就是由流民组成的，战争会造成新的流民，当一场大战过后，那些流离失所的人为了活下去，最好的归宿就是加入黄巾军。如果所有的人都像曹操这样对流民妥善安置，黄巾军也就自然消亡了。

第六章　陶谦让徐州

这一年（193年）的秋天，曹操的父亲来投奔自己的儿子，结果在从琅邪（董卓之乱时避祸琅邪国）到泰山郡的路上，被徐州牧陶谦派人给杀了。

死了亲爹的曹操像疯了一样攻入徐州，沿途烧杀抢掠，鸡犬不留。陶谦退守郯县（今山东郯城北，此时郯县是徐州的治所），曹操围城。徐州形势岌岌可危，碰巧曹操军队的粮草快用完了，只得退兵回兖州，陶谦逃过一劫。

第二年夏天，曹操又来打徐州，兵锋已到东海郡（治所郯县）。陶谦知道自己挡不住曹操的青州兵，忙向青州刺史田楷求救。于是田楷派刘备前往徐州。

刘备虽然手下有关羽、张飞两员大将（赵云因为兄长去世回家了），战斗力不弱，可也实在没什么家当：自己有一千多步兵，还有一支杂牌骑兵，人数也不多。到了徐州之后，陶谦一下子给了他四千丹阳兵，刘备顿时实力大增。陶谦的慷慨让刘备感觉自己在公孙瓒那里白混了这么多年，于是从这个时候开始，刘备不再跟随公孙瓒，而是改跟陶谦了。这大概就是所谓的"良禽择木而栖"。

有刘备来对付曹操，陶谦心里也踏实了很多。

正当曹操对徐州志在必得的时候，不料后院起火。

原来曹操两次攻打徐州，所到之处寸草不留，东郡的守备陈宫对曹操的行为十分不满，就和陈留太守张邈、张邈之弟张超等人一同反了曹操。

张邈原本是曹操的恩主，曹操讨伐董卓的时候还打着张邈的旗号，不过今非昔比，现在曹操是兖州牧，陈留属于兖州，所以陈留太守张邈反而成了曹操这个兖州牧的属下。

不过这几个人还不是曹操的对手。陈宫想到了一个人，那就是吕布，如果请他来当兖州牧，对付曹操应该不成问题。

这时的吕布正在河内伺机而动，眼见天上突然掉下个大馅饼砸在自己脑袋上，毫不犹豫地答应了。

仿佛一夜之间，曹操几年的心血都付诸东流。当时曹操只剩下三个县：鄄城（今山东鄄城北）、范县（今山东梁山西北）、东阿（今山东阳谷东）。如果天长日久，在吕布的威逼之下，难保这三个县不生变故。所以曹操赶紧从徐州撤了兵，回击兖州。

陶谦听说曹操退兵了，总算松了一口气，表刘备为豫州刺史，让他屯小沛（即沛县，大沛指沛国），以防曹操再犯。

自从曹操当上兖州牧后，他就把治所迁到了鄄丘（今鄄城东北）。等他回到兖州，发现鄄丘也被人占了，一打听，吕布屯驻在濮阳（东郡治所，今河南濮阳

南），便领兵围攻濮阳。双方僵持百余天，忽然蝗灾大起，只好停战，曹操退还鄄城。小小的鄄城养不起那么多兵，曹操彻底断粮了。正在走投无路之际，袁绍派人来了，说可以去投靠他，还让曹操全家都搬到邺城去。曹操也不傻，知道去了就是当人质，但眼前实在是无路可走，如果不是程昱拦着，他也就答应了。

兴平二年（195年），陶谦病重。临死之前，他对别驾麋竺说："非刘备不能使徐州安定。"

陶谦为什么会想到把徐州让给刘备？

第一，当然是刘备名声好。这个不是《三国演义》里吹的，历史上刘备确实很讲信义，从他在平原时的所作所为就可以看出一二。陶谦得罪了曹操，可以说惹了天大的祸事，而刘备不但来帮忙，还改换门庭投奔到他的门下，这在旁人看来无异于自取其祸，但刘备没想这些，他想帮人帮到底。从这件事，陶谦看到了刘备满满的诚意。

第二，刘备不仅有美名，还有实力。自从剿黄巾以来，刘备虽然也吃过败

徐州的战略位置

仗，但总的来说，胜的多，输的少。也就是说，他如果领了徐州，在面对曹操强力进攻时，是有可能守住的。曹操在徐州大开杀戒，最遭殃的还是百姓，如果刘备能守住徐州，那就是徐州百姓之福。陶谦心里还有徐州百姓这笔账。

第三，如果不给刘备，就只能传给自己的儿子。这个时候还没有传位给儿子的先例，大家都是用互相保举的方式来培植自己的势力，毕竟天子还在，传位给儿子就是目无朝廷。这种事陶谦还做不来，在各地军阀都心怀鬼胎的大环境里，作为老人，陶谦还是忠于汉朝的。

第四，也是最重要的，徐州是个四战之地，四周的军阀都虎视眈眈，没有一定能力的人是守不住的。陶谦原本有个盟友袁术，但袁术自从孙坚死后实力大降，最终在曹操的打压下，在南阳也站不住脚，就跑到了寿春。袁术在寿春，不但没能帮陶谦什么忙，反而打起了徐州的主意，这让陶谦越发感到徐州的形势岌岌可危，需要一个有能力的人来接班。

当然，历史上陶谦并没有三让徐州，他说完这句话不久后就死了。陶谦一死，糜竺就请刘备领徐州。只因幸福来得太突然，刘备一下子不敢接受。后来在陈登、孔融的劝说下他才接受，并把治所迁到下邳。

下邳曾经是楚王韩信的封地，刘备把治所迁到这里主要有两点考虑：这里离曹操更近，离寿春的袁术也不远，可以更好地防止这两股势力的侵蚀；另外，下邳境内有泗水流过，沿泗水北上可以到达彭城（今江苏徐州）和沛县，往南可以到达淮河，水路是最便捷的运粮运兵通道，无论是抵抗曹操的进攻，还是防止袁术的蚕食，下邳都是最好的选择。

和下邳地理条件相似的还有彭城，刘备没有选择在彭城安家，一是彭城地处徐州和兖州的交界处，离曹操太近，没有缓冲；另一个，离袁术太远，调兵调粮所花费的时间太长。袁术就像一只躲在黑暗里的老狐狸一样，时刻盯着徐州，一有变动便伺机而出，刘备也不敢掉以轻心。

无论如何，徐州终归是个四战之地，四周又无险可守，刘备要想守住徐州，依然是困难重重。

其实曹操这个时候是无暇顾及徐州的，在围攻濮阳失败之后，曹操痛定思痛，第二年整军再战。这一打，连连得胜，收回了定陶、廪丘等城池，平定了兖州。吕布走投无路，于是逃往徐州投靠刘备，刘备把吕布安排在小沛（沛县）。兖州又回到了曹操手里。

曹操收回兖州后，下一步自然是继续打徐州了，眼看到嘴的肉不能就这么飞了。虽然徐州易主，刘备和他也没有杀父之仇，但徐州的战略地位曹操是很清楚的，只要拿下徐州，北上可以平定山东，南下可以吃掉江淮，这块地比兖州要好很多。

但恰巧在这个时候又发生了一件事，打乱了曹操的计划。原本掌控长安的李傕、郭汜发生了矛盾，两人开始火并，长安城里乱成一片、死伤无数，汉献帝趁机逃了出来，下诏让各位诸侯勤王。

曹操一看这是个天大的机会，立即领兵西去，先把献帝接到了洛阳。但洛阳已经是一片废墟，皇帝和文武百官住在这里很不方便，曹操于是趁机把都城迁到了许昌，从此以后，就可以挟天子以令诸侯了。

曹操一去，刘备总算松了一口气。袁术一看曹操把重心放到许昌了，暂时不会和自己抢徐州，便派兵进犯徐州。刘备赶忙南下迎敌，双方在盱眙、淮阴相持。谁知这个时候，袁术答应给吕布二十万斛大米，让吕布从后方攻打刘备。见利忘义的吕布趁机南下，偷袭了下邳，刘备一时腹背受敌，走投无路，又疲惫不堪，只好向吕布求和。吕布怨恨袁术答应的二十万斛大米没有兑现，就答应了刘备的求和，把他安排在小沛。

但袁术不想放过刘备，命大将纪灵带了三万人马来打刘备。刘备无兵无粮，向吕布求救。吕布并不是多喜欢刘备，他只是担心一旦袁术占领小沛，自己就被袁术包围在中间，很容易腹背受敌。于是吕布只带了千余人赶往小沛，用"辕门射戟"的方式让双方罢兵。

自从从孙坚手里得到传国玉玺之后，袁术想当皇帝的愿望一天比一天强烈。到这个时候，他也不再遮遮掩掩了，把这个想法直接告诉吕布，想让儿子娶吕布的女儿为妻，并马上接过去完婚。吕布觉得女儿将来能当皇后，他就是国丈，感觉很不错，就答应了。但沛国（不是沛县，治所相县）相陈珪担心一旦吕布和袁术联合，徐州和扬州连成一片，各路诸侯的均势就会被打破，于国于民不利，便对吕布说，袁术想自立为帝，是倒行逆施，而曹操奉迎天子，征讨八方，你要投靠的话也得投靠曹操，名正言顺，如果跟着袁术，就会成为众矢之的。吕布觉得有理，又想起自己刚从长安逃出时被袁术拒绝的事，连忙出城把女儿追了回来，还杀了迎亲的使者。

袁术知道后大怒，派了几万步骑分七路杀奔徐州而来。当时吕布手下只有三千多兵马，眼看必败无疑。好在有足智多谋的陈珪在，吕布才转危为安，大败袁术，一直把袁术的军队赶到了淮河南岸。

这时的刘备，正在小沛招兵买马，纠集了几万人。吕布担心刘备要抢自己的徐州，先发制人。刘备不敌，又是大败，跑到了许昌，投奔曹操。曹操表刘备为豫州牧，和之前被人推举的徐州牧不同，这个豫州牧是得到朝廷承认的。虽然朝廷实际上已经被曹操把持，但好歹得到了官方认可，从此大家都称刘备为"刘豫州"。而曹操这时已经是位列三公的司空，外加车骑将军之职。

曹操还给了刘备军队和粮草，让刘备回沛县收拢旧部。

自从把天子接到许昌之后，曹操的人生之路就像开了挂一样顺风顺水。

曹操不是不知道吕布反复无常，也不是不想打徐州，但在攻打徐州之前，曹操要先解决身后的隐患，这个隐患就是盘踞在南阳的张绣。

张绣是张济的侄子，张济原是董卓的部下，和李傕、郭汜一样，张济和张绣也是在董卓死后杀入长安城为其报仇的。当李傕、郭汜火并之后，长安城也成了一片废墟，军粮更是奇缺，于是张济和张绣带着兵马逃出了关中，出武关，进入南阳。南阳在袁术走后，实际上已被刘表控制。张济在攻打穰城的时候中箭而亡。张绣接管了叔叔的部队，不想与刘表为敌，收兵退出了穰城。刘表感觉不该这么对待穷途末路之人，就收留了张绣，让他守宛城。

张绣和刘表的关系，其实有些类似于这时刘备和曹操的关系，面子上大家都是汉臣，替朝廷效力，有一定的自主权，并非严格的从属关系。

建安二年（197年），曹操南征，部队到达淯水（今白河），张绣率众投降。

本来一切顺风顺水，但曹操犯了一个错误，他看中了张济的遗孀邹氏，招呼都没打一声就把她收在身边了。张绣很生气，觉得曹操太不把他当回事。曹操还亲自接见了胡车儿（看名字像个胡人），赏了他礼物。这胡车儿是张绣的亲信，非常勇猛，曹操也许是爱才之举，但在张绣看来，这分明是要让胡车儿伺机除掉他，那还不如先下手为强，于是反了。

张绣这次反叛给曹操造成了重大损失：长子曹昂、侄子曹安民被杀，猛将典韦战死。

第二年，曹操再讨张绣，但这个时候袁绍已经从北方腾出手来，把目光转向南方，曹操突然感到北方强大的压力，不得不半途而废。一直到建安四年（199年），张绣在贾诩的建议下，再次投降曹操。这一次，曹操以礼相待，并让儿子曹均娶了张绣的女儿。张绣这才真心相投，在后来的官渡之战和北征乌桓过程中都立下了汗马功劳。

曹操为什么对张绣不计前嫌，难道他忘了丧子之痛吗？当然不是，曹操死前还念叨起这个儿子。如果曹昂没有死的话，后来继承魏王的人也轮不到曹丕。别说曹昂了，就是典韦的死，也让曹操痛心不已。问题也不是张绣有多么优秀，而是南阳这块地方对曹操太重要了。大概你也看出来了，前文两次提到从长安出逃的人，一个是吕布，另一个是张济，他们都是先到南阳，为什么不走别的路，偏

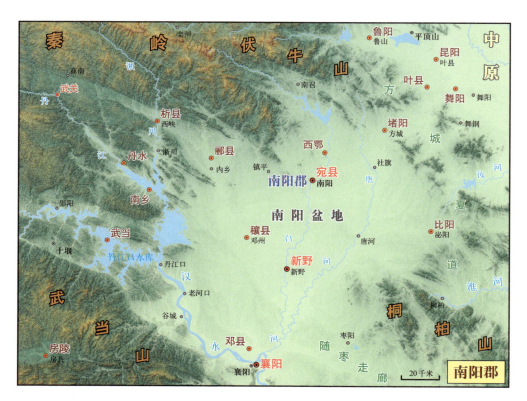

南阳郡

偏都来南阳？因为从长安出逃，往中原这个方向走的话，只有两条路：一条是出潼关、走函谷、经洛阳、出虎牢，不仅路途远，而且要经过重重关卡，很容易被劫杀；而走南阳呢，只有一个武关，南阳又是一个大盆地，到了这里基本就安全了，既可以北上中原，也可以南下荆襄。所以对曹操来说，拿下南阳，就等于拿下了关中的南大门；从南阳还可以直叩襄阳，为日后打荆州留作准备；而且，南阳离许昌太近，如果南阳在敌人手上，许昌的安全难以保障。

当然，这里还有一个重要的原因，就是北方袁绍已经占据了整个河北，马上就要剑指中原，曹操如果在张绣身上耗费太多的精力，很容易被袁绍钻空子。曹操现在最大的敌人，就是北方的袁绍。

第七章 官渡之战

曹操和袁绍原本是同盟关系，但自从曹操把献帝迎到许昌之后，袁绍发现曹操已经成了他的竞争对手。

当初，献帝刚从长安逃亡的时候，袁绍手下的谋士曾劝过他，让他把献帝接到邺城，这样就可以挟天子以令诸侯。袁绍没有采纳，结果让曹操抢了先。曹操与董卓的做法不同，董卓为所欲为，完全不把天子放在眼里，所以像袁绍这样的一方诸侯完全可以不理会；曹操虽然实际掌握大权，但在礼法上，处处把献帝摆在前面，这样各路诸侯就不得不从，否则就是与朝廷为敌。

曹操靠着手上有献帝这张王牌，占领了河南的大片领土，甚至关中的势力也纷纷前来归附。这是袁绍始料未及的，他后悔不迭，于是想让曹操把首都迁到鄄城，这样离他近，比较好控制。曹操不但一口回绝，还借皇帝的口下诏书责备袁绍，说他地广兵多，不但不出兵勤王，反而只知道扩充自己的地盘。袁绍气得够呛，骂曹操忘恩负义。这时的曹操，东有徐州吕布、西有南阳张绣、南有淮南袁术，各方皆虎视眈眈，他怕袁绍真的跟自己撕破脸，便派孔融持天子符节出使邺城，拜袁绍为大将军，兼管冀州、青州、幽州、并州四个州。袁绍心里这才好受点。

事实上，此时袁绍已经拿下了冀州、青州、并州，但幽州还在公孙瓒手里。

在曹操还没有完全拿下河南的情况下，袁绍已经坐拥三州，毫无疑问是天下最大的势力，曹操不怕才怪。

拿下冀州的事情我们已经了解，就是从韩馥手上得来的。青州，大体位于黄河的下游和山东的北部。青州是黄巾起义爆发的重灾区，朝廷的势力在这里缺席，最早看上这里的是公孙瓒，派了田楷和刘备去青州抢占地盘。袁绍当然也不肯示弱，最后派了长子袁谭来争青州。田楷在临淄，袁谭在平原（此时刘备已去了徐州），再加上朝廷任命的北海相孔融，三股势力中，田楷最强，袁谭最弱。但几年之后，形势逆转，袁谭击败田楷，又攻打北海国，孔融出逃。至此，袁谭彻底占据了青州。

并州原本有一支驻军，就是丁原的部队。丁原进京被吕布杀死后，董卓吞并了丁原的部队，并州实际上成了无主之地，加上这里本来就居住着很多匈奴人（汉朝收服的南匈奴人），所以这里成了黄巾军和黑山军的天堂。黑山军也是农民军的一支，发源于太行山南端的黑山，正好位于冀州、并州和司隶校尉部的交界处，处于三不管地带，所以很快就发展壮大，逐步向中山、常山、赵郡、上党、河内等地蔓延。中山、常山都属于冀州，袁绍当然不能容忍他们的存在，所以实际上袁绍是在剿除黑山军的过程中，逐步向并州渗透，并最终占据了并州。

有了青、冀、并三州，袁绍就可以合三州之力对付幽州的公孙瓒。无论从人才、钱粮、兵力哪方面来说，公孙瓒都没有胜算。而且公孙瓒也没什么政治头脑，如果这时候他赶紧结好曹操，让曹操从后方牵制袁绍，他也不至于陷入孤军奋战的地步。所以到了建安四年（199年）的时候，袁绍毫无悬念地拿下了幽州，公孙瓒见大势已去，自杀身亡。

当其他诸侯还在为一州一郡争得头破血流的时候，袁绍已经拥有了四州，而且得到了朝廷的认可，如果不出意外，天下恐怕就是袁氏的了。袁术正是看到了这一点，忙给这位曾经的仇人、他不认可的兄弟写了一封信。袁术在两年前称帝，结果弄得众叛亲离，又被曹操连连攻击，内外交困，走投无路。他给袁绍写信的意思，无非是想让袁绍称帝，他愿意把"帝号"让给袁绍。袁绍接到信后不敢声张，但心中窃喜，并表示愿意接收袁术。

袁绍在河北，袁术在淮南，中间还隔着徐州和青州。所以袁术要去找袁绍，就得先过徐州，再到青州，也就是袁谭的地盘，最后辗转冀州。曹操闻讯后，派刘备半路截杀。袁术就卡在徐州过不去，回淮南后没多久就吐血而死。

再来说刘备。自从投靠曹操后，刘备仍旧屯居小沛，但心里无时不惦记着被吕布霸占的徐州。建安三年（198年），刘备的军队夺取了吕布军队的黄金，吕布派高顺和张辽进攻刘备，曹操虽然派了夏侯惇援救，但刘备还是输了，弃城而逃。到梁国（治睢阳，今河南商丘市睢阳区）国界的时候，刘备碰到了曹操，于是两人合兵一处，围攻吕布。围城三个月，又决水淹城，吕布见大势已去，便下城投降。在刘备的劝说下，曹操杀死了吕布，其手下陈宫、高顺也被处死，张辽归顺。

吕布死后，曹操得到了徐州，刘备跟着到了许昌。

献帝自从到了许昌后，一直不甘心做傀儡皇帝，这一年（199年），他暗下衣带诏，让董贵人的父亲董承设法诛杀曹操。刘备起初并没有参加，后来和曹操"青梅煮酒论英雄"，感觉曹操容不下自己，便加入了董承的密谋。

恰好这时曹操派刘备去徐州拦截袁术，刘备趁机逃离了许昌。赶走袁术后，刘备进兵下邳，杀徐州刺史车胄，让关羽守下邳，自己屯小沛，与北方的袁绍联合，共敌曹操。

不久，衣带诏事发，董承被杀。曹操怒不可遏，决定亲征刘备。一场大战下来，关羽被擒，刘备逃往青州，先找到袁谭，又辗转投奔袁绍。袁绍听说刘备来投，出邺城二百里相迎。正是在邺城，刘备又见到了阔别多年的赵云。当年在青州和田楷一起抵抗袁绍的时候，赵云因为兄长去世回了老家，刘备遗憾不已，却没想到在这里重逢。这是刘备在潦倒落魄的流亡生涯中唯一值得高兴的事。

这时的袁绍，正准备发动一场大战，一举消灭曹操。这场大战，因为发生在官渡，所以称为官渡之战。

官渡其实是位于鸿沟（三国时又称渠水，渠意为人工河）岸边的一个渡口。鸿沟是战国时期魏国开挖的一条运河。鸿沟以大梁（汉时称浚仪，今河南开封）为中心，西连荥阳北部的黄河，往南直达淮河（南段汉时称狼汤渠或浪荡渠，三国时称蒗荡渠），所以鸿沟是洛阳通往江淮的通道，当年刘邦和项羽曾在这里对峙，并划鸿沟为界。曹操之所以把主力屯兵这里，是因为官渡处于许昌的正北方，离许昌不到一百公里，袁绍要取许昌，必然经过官渡。

官渡之战的导火索是曹操占领河内郡。当曹操攻打徐州吕布的时候，河内的张杨本想去救吕布，结果被部下杨丑给杀了。杨丑想投奔曹操，结果被睦固给杀了。睦固原本是黑山军的一个首领，在攻打东郡时被曹操打败，就投奔了张杨。睦固和曹操有仇，就想去投奔袁绍，结果半路被曹操截杀，曹操就此占领河内。袁绍见曹操把势力扩张到了黄河以北，深感不妙，于是集合十万大军，外加一万骑兵，准备南渡黄河，直取许昌。

曹操的兵力总共不到两万，分成几处防守：刘延一千兵马守白马，于禁两千兵马守延津，其他各处人马也不过一两千，绝大部分人马都被部署在官渡，由曹操亲自领队。

当曹操正在部署对袁作战时，刘备反曹占领徐州，曹操立即领兵东征，当时

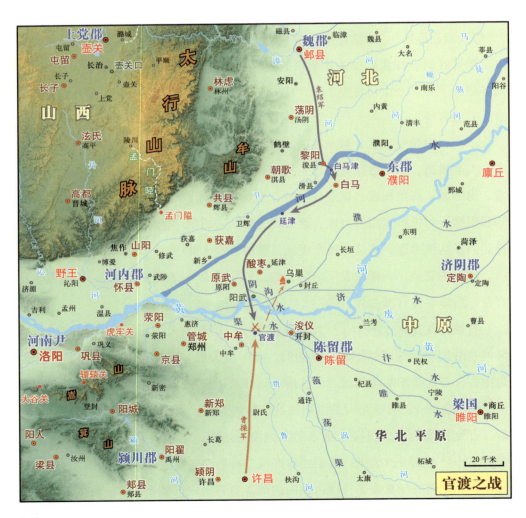

田丰建议袁绍趁机南下，袁绍却因为小儿子生病不肯出兵，错失良机，致使曹操打完刘备后，从容回防官渡。

建安五年（200年），官渡之战正式开始。

二月，袁绍进军黎阳，派颜良为先锋渡黄河，进攻黄河南岸的白马。颜良如果拿下白马城，就可以掩护主力从容渡河。守白马的东郡太守刘延势单力薄，很快被袁军围困。

曹操在各处设防的兵力都不多，能解白马之围的就只能是曹操自己了。四月，在谋士荀攸的建议下，曹操佯装从延津（黄河岸边的一个渡口）渡河袭击袁绍的后方。袁绍果然上当，分兵延津。此时曹操率轻骑，以张辽、关羽为先锋，迅速赶往白马。关羽于万军之中斩杀颜良，袁军溃败。

为了不让白马成为袁绍南下的据点，曹操把白马城中的百姓清撤一空，沿黄河向西撤退。袁绍率大军渡过黄河，派文丑和刘备追击曹操。当时曹操手下只有六百来人，而袁军有五六千人。情急之中，曹操让士兵解鞍放马，又沿路丢弃辎重，装出一副败逃的样子。袁军果然又上当，只顾哄抢财物，乱作一团。曹操立即令骑兵翻身上马，杀了个回马枪，袁军大败，文丑也死于乱军之中（注意，不是关羽杀的）。

袁绍连失颜良、文丑两员名将，袁军士气大挫。

但袁绍在兵力上仍占优势，曹操不敢轻举妄动，仍老老实实地回防官渡。

到了七月，袁绍进军阳武。八月，袁军主力接近官渡，依沙堆立营，从东往西长达数十里，曹操也立营与袁军对峙。

看到这里我们不免有个疑问，既然从河北到中原都是一马平川的平原，袁绍就不能绕过去直接打许昌吗？为什么要在官渡这里和曹操纠缠？这就涉及古代战争一个很重要的问题：粮道。在现代战争中，后勤补给可以靠空运、空投，古代却没有这个条件。这样一来，在战争中保障粮道的安全，就是一场旷日持久的战争取得胜利的关键。袁绍固然可以绕过官渡去打许昌，可许昌毕竟是都城，城防不会太差，如果不能一鼓而下，运输粮草的补给线很容易被曹操切断，没有粮食军队就会哗变，这仗就没法打了。在当时，对士子来说，到底该投靠袁绍还是曹操，都会在心里盘算一下：谁最有前途？谁能让自己施展才华？谁能帮自己实现人生的抱负？但对普通士兵来说，当兵就是为了混口饭吃，跟谁打仗都一样，也不存在谁正义谁不正义，更没有什么民族大义的问题，如果连饭都没得吃了，那就投降敌方好了。但袁绍犯了一个致命的错误，他把粮草囤积在离前线过近的乌巢，这让足智多谋的曹操钻了空子。

另外一个原因，袁绍要的不仅仅是许昌，更想消灭曹操的有生力量。在连年混战的中原地区，曹操只要还保有一支军队，迟早都会东山再起。作为多年的同僚，以及这么多年的盟友，袁绍对曹操的能力还是很清楚的。

双方在官渡相持了三个月，偶有交兵，互有损伤。曹操毕竟实力不济，很快缺兵少粮，眼看坚持不住了，就写信给荀彧，想退守许昌。荀彧说曹操以一当十，坚守了半年，已经是个奇迹，再坚持下去，奇迹还会发生。

也正是在这期间，汝南刘辟叛曹归袁。袁绍一听，这是天大的好事，汝南郡位于许昌以南，有了汝南，就可以令曹操腹背受敌。袁绍担心刘辟能力有限，就派刘备到汝南去帮他，从南方袭击许昌。关羽听说这件事后，便向曹操辞行，往

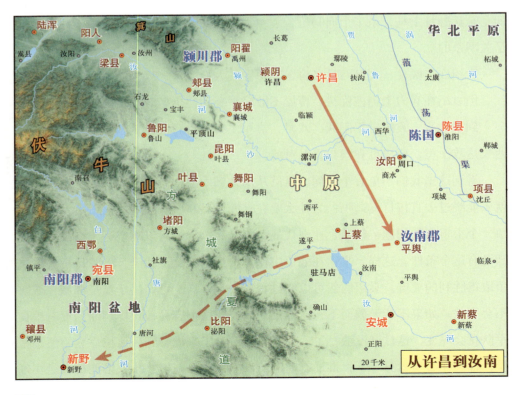

从许昌到汝南

汝南投奔刘备去了。

在《三国演义》里，这一段非常精彩，"关公约三事""千里走单骑""过五关斩六将"把关羽的高大形象一下子树立起来了。这些事在历史上到底有没有发生，其实我们看看地图就明白了。土山约三事大概是有的，要不曹操也不会放关羽走。千里走单骑也可信，只不过从许昌到汝南直线距离四百里，绕远一点大概五百里，说一千里，夸张点，问题也不大。

至于过五关斩六将，我们先看看过的是哪五关、斩的是哪六将：过东岭关时杀孔秀，过洛阳城时杀韩福、孟坦，过汜水关时杀卞喜，过荥阳时杀太守王植，过滑州黄河渡口时杀秦琪。

东岭关在许昌的西北，即今白沙水库所在位置。按照这个线路，关羽出了许昌之后往西走，过东岭关，然后沿着当年孙坚攻打洛阳的路线去了洛阳，到洛阳转了一圈后又从虎牢关（汜水关）回到关东，这时才想起来袁绍是在河北，然后

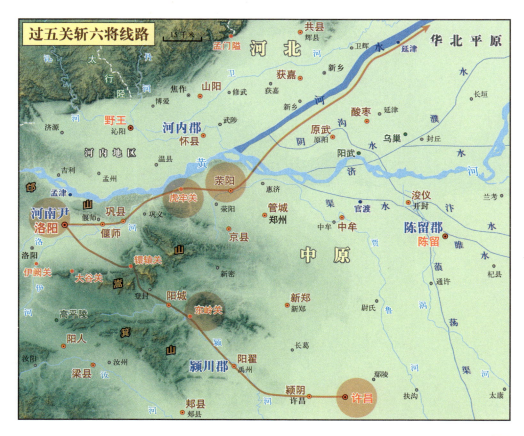

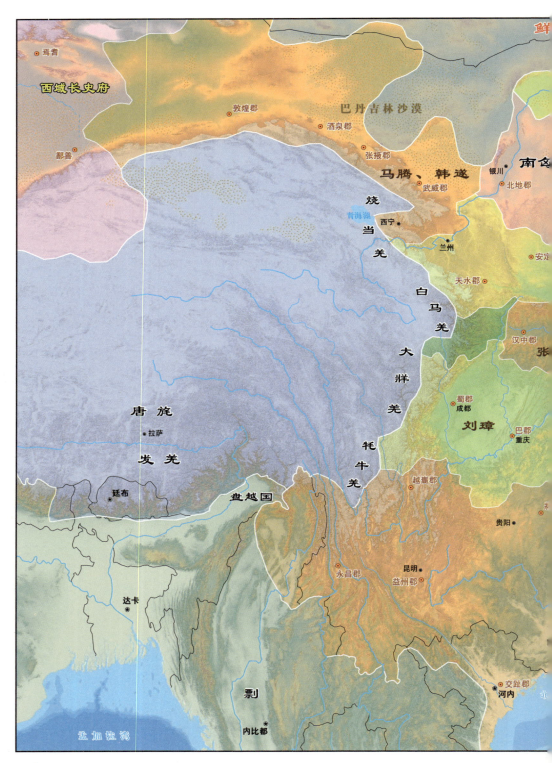

鲜

西域长史府

焉耆

鄯善

敦煌郡

巴丹吉林沙漠

酒泉郡

张掖郡

马腾、韩遂

银川

南匈

北地郡

武威郡

烧
当
羌

青海湖

西宁

兰州

安定

天水郡

白
马
羌

汉中郡

张

唐旄

拉萨

大
祥
羌

蜀郡
成都

刘璋

巴郡
重庆

发羌

牦
牛
羌

越巂郡

廷布

盘越国

贵阳

永昌郡

昆明

益州郡

达卡

骠

内比都

交趾郡

河内

孟加拉湾

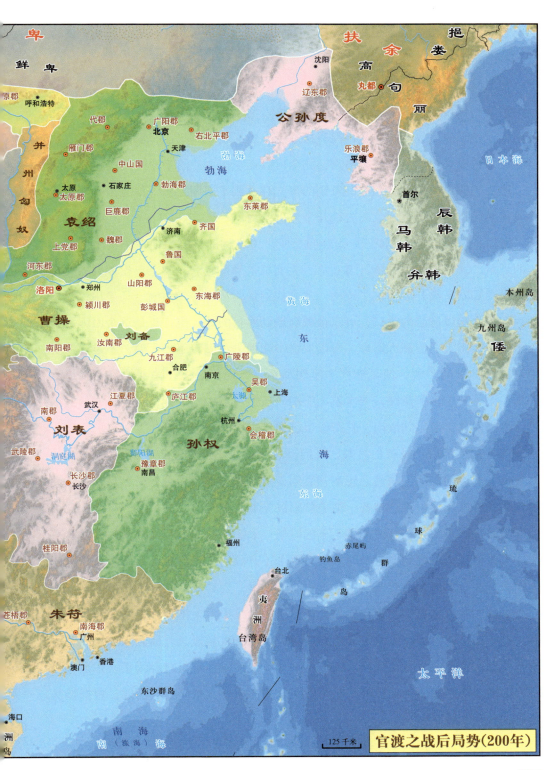

鲜卑

原郡 呼和浩特

并 匈 州 奴

代郡 广阳郡 右北平郡

雁门郡 北京 天津

中山国 渤海

太原 石家庄 勃海郡

太原郡

巨鹿郡 济南 齐国 东莱郡

上党郡 魏郡 鲁国

袁绍

河东郡 山阳郡 东海郡

洛阳 郑州

曹操 颍川郡 刘备 彭城国

南阳郡 汝南郡 九江郡 广陵郡

合肥 吴郡

江夏郡 南京 上海

南郡 武汉 庐江郡 太湖

刘表 杭州

武陵郡 洞庭湖 孙权 会稽郡

鄱阳湖

长沙郡 豫章郡 东

长沙 南昌

桂阳郡 海

东海

福州

朱符 台北

苍梧郡 南海郡 夷

广州 洲

香港 台湾岛

澳门

东沙群岛

海口 南 海

洲 南（涨海）海

扶 余 挹娄

沈阳 高 句

辽东郡 丸都 丽

公孙度

乐浪郡 平壤 日本海

首尔 辰韩

马韩

弁韩

本州岛

黄海 九州岛

倭

琉

球

赤尾屿 群

钓鱼岛 岛

太 平 洋

125千米 **官渡之战后局势（200年）**

057

也不急着渡河，一直沿黄河往东走，快到白马了，才从滑州（汉朝无滑州，当指宋元时滑州，即今滑县）这里北渡黄河。

这里有几个问题，我们可以探讨一下。

第一，假设关羽并不知道刘备去了汝南，而去袁绍处寻找，那么他既然是光明正大地走平原，完全可以从许昌直接北上，没必要绕到洛阳；就算他要绕开官渡前线，也没必要翻山越岭去洛阳，完全可以走东边大片的平原地区。

第二，假设关羽到洛阳可能有别的事，那么到了洛阳之后，他完全可以从孟津渡黄河，也没必要跑到荥阳去杀几个人再渡河。

所以，"过五关斩六将"毫无疑问是罗贯中虚构的，只是他在虚构中用了真实的地名，才让人真假难辨。事实上，关羽杀了颜良之后，不会自投罗网去找袁绍，而会等刘备离开袁绍去了汝南，才去找刘备。从许昌到汝南一马平川，根本不存在什么难以逾越的关口，可以很顺利地到达目的地。也许正是这个原因，实在不利于突出关羽的高大形象，所以罗贯中让他去洛阳转了一大圈。不过以罗贯中对地理知识的了解，他可能根本没想那么多，他只是想在关羽的路上制造点麻烦，至于关羽走哪条路，根本就无所谓。按照罗贯中的设计，关羽从许昌到洛阳，再到河北，最后到汝南，其路程早已超过千里。

刘备到汝南后，被曹仁打败，又回到袁绍处。不过经过这么长时间的接触，刘备也看出袁绍的脾气秉性，想离开袁绍，就以联合刘表为由，带着兵又去汝南了。这次曹操派蔡阳攻打刘备，结果蔡阳被关羽杀了。

当曹操和袁绍正在官渡相持不下的时候，袁绍手下的谋士许攸突然来投奔曹操。大概曹操也没想到，这个时候还有哪个不开眼的来投奔自己，于是光着脚就跑出帐外迎接。许攸向曹操献出一计：偷袭乌巢，烧其粮草。

袁绍的粮草辎重都囤积在乌巢，派淳于琼带了上万人把守。曹操亲自带兵偷袭，抄小路过去，围攻放火。袁绍知道后，一面派人救援，一面派张郃、高览去攻打曹操在官渡的大本营。两人久攻不下，听说曹操在乌巢已经得手，知道大势已去，就投降了。两人一投降，袁绍的军队立即崩溃，仓皇退回河北。曹操趁势掩杀，大获全胜。

这一仗，袁绍损失了七八万人，从此一蹶不振。

第八章 平定江东

当曹操和袁绍在北方对峙的时候，其实还有一个人在南方虎视眈眈，这个人就是江东的孙策。

孙策是孙坚的长子。当孙坚在外南征北战的时候，孙策及家人都留在寿春（今安徽寿县）。孙策从小就有一个好朋友——舒县（今安徽庐江西南）人周瑜。当孙坚北上讨伐董卓的时候，周瑜就劝孙策把家搬到了舒县。孙坚死的时候，孙策才十七岁，把父亲葬在曲阿（今江苏丹阳）后，孙策一家人又迁到了江都（今江苏扬州南）。

初平四年（193年），结束守孝的孙策到寿春找袁术，想要回父亲的旧部为袁术效力，同时也为父亲报仇。

袁术察觉孙策不是凡人，担心他拥兵自立，就让孙策去找丹阳太守吴景。吴景是孙策的舅舅，孙策靠着舅舅招募到了几百人。就凭这几百人，孙策把泾县附近为患多年的山贼打跑了。

第二年，孙策带着这几百人再次来到寿春找袁术，还是想要回父亲的旧部。袁术抠抠搜搜，从孙坚几千旧部中挑了一千来人给孙策。袁术的为人，有野心没气量，本来答应让孙策做九江郡（治所阴陵，今安徽定远西北）太守，最后却把太守之位给了自己的亲信，让孙策很失望。这种事情还不是偶尔为之，而是一而再地发生。有一次，袁术准备攻打徐州（这时的徐州还在陶谦的手上，陶谦本是袁术的盟友），就向庐江（治所舒县）太守陆康要三万斛军粮。唐朝之前，一斛就是一石[dàn]，一石等于十斗，十斗就是一百二十斤，三万斛就是三百六十万斤，也就是一千八百吨。这么大的数量，袁术就是狮子大开口，先不说陆康拿不拿得出来，就是拿出来了，也要倾家荡产，所以结果只能是拒绝。袁术就命孙策去攻打庐江郡，承诺事成之后让他做庐江太守，还说自己以前用错了人，很后悔。孙策信了，拼命拿下庐江郡，结果袁术还是任命自己的亲信为庐江太守，把孙策晾在一边。

袁术的家底本来在汝阳（汝南袁氏），后来凭借孙坚的协助占据南阳。在曹操的一再打压后，袁术先后丢了南阳、汝阳，跑到了寿春。寿春本是扬州的治所，袁术在这里胡作非为，朝廷当然不能坐视。这时的汉献帝虽然被李傕、郭汜胁持，但比在董卓手下好多了，手上好歹有点权力。兴平元年（194年），汉献帝派刘繇[yáo]担任扬州刺史，与袁术抗衡。刘繇是兖州刺史刘岱的弟弟，他到达扬州后第一件事就是要挑一个办公的地方。挑来挑去，最后选了长江南岸的曲阿。吴景和孙贲，一个是孙策的舅父，一个是孙策的堂兄，他们在刘繇这次南渡

孙策早期活动范围   20千米

长江的过程中帮了忙，按理说应该受到重用。但刘繇心里清楚，他们并不是朝廷命官，而是袁术任命的人，再加上这次孙策攻打庐江，刘繇担心有一天他们会来打自己，就想把他们赶出江南。两人在刘繇的武力逼迫下，只好北渡长江，退守历阳（今安徽和县）。

就这样，袁术在江北，刘繇在江南，双方对峙日久，时有交锋，你来我往僵持不下。

这时孙策就对袁术说，他们家世代在江东为官，对江东人多有恩义，他愿意到江东去招募士兵，大概能招到三万人，到时候他可以带着这三万人帮助袁术平定天下。听到"平定天下"，袁术当然是喜上眉梢，那正是他朝思暮想的事情，但他觉得江南地区有刘繇占据曲阿、王朗占据会稽，孙策很难有所作为。不过，也不好打消年轻人的积极性，再说万一成了呢，于是给了孙策一千来人马。

让袁术没想到的是，从寿春到历阳，不过三百多里的路程，却不断有人来投奔孙策，等到达历阳时，孙策手下已经有了五六千人。就凭着这五六千人，孙策

孙策收服江东南部

准备下江东。

兴平二年（195年），孙策从历阳渡江，打败了刘繇，刘繇逃往豫章郡。孙策又命朱治从钱唐（今浙江杭州）北上，拿下吴郡（今江苏苏州）。至此，刘繇的势力在江东绝迹。

袁术见状，生怕孙策坐大，忙把自己的堂弟袁胤派往丹阳任太守。

建安元年（196年），孙策进攻会稽。王朗败溃后投降，于是会稽平定。孙策自任会稽太守。这个王朗，正是《三国演义》里被诸葛亮骂死的王朗，不过历史上的王朗并不是气量狭小的老古董，而是一名经学家。

经学是中国特有的一门学问，经学家也只有中国才有。我们平时所熟知的哲学家、科学家、文学家、思想家等，都是引进西方概念后才有的，但在古代，这些人的重要性都不如经学家。秦始皇焚书坑儒之后，中国民间先秦时的文献除了医书之外无一存世，所幸的是秦朝只有十五年，先秦时的读书人大多还在，于是汉朝立国之后，开始靠着这些人的记忆整理先秦时的书籍。但记忆总是不完整的，而且有偏差，靠记忆整理出来的书籍总归不是原貌，这就需要有人去研究、去考证，这些人就是经学家。但是后来，随着一些先秦时期书简的出土，人们又发现，书简上所记录的文字与整理后的文章也有差别，书简也是当时人手抄的，同样存在误抄的情况，这又需要经学家去考证、辨析。可以说，正是因为经学家的存在，中国的文化才能一脉相承延续到现在。特别是汉朝，我们今天看到的先秦文献大多是汉朝的经学家整理出来的。另外还有一个问题，先秦时各国文字不一样，出土的文献或者个别人冒死私藏留传下来的书籍，与整理后的文献相比，个别字形不一样，再加上汉朝人背诵时的偏差，于是产生了两个版本的经典，先秦时留传下来的称为古文经典，汉朝人整理的称为今文经典，因此又衍生出古文经学派和今文经学派，这两个学派还经常产生矛盾。总之，经学就是研究经典的学问，经典原指先秦时诸子百家的思想著作，在汉武帝"罢黜百家，独尊儒术"之后，特指儒家经典。

孙策俘获王朗后，对其礼遇有加。

建安二年（197年），袁术僭越称帝。孙策写信劝阻，袁术不理，两人于是断交，不再往来。

正在这时，汉献帝的诏书到了，任命孙策为骑都尉，袭父爵乌程侯，兼任会稽太守，并命他与吕布、陈瑀等一起讨伐袁术。不用说，这是曹操的意思，借皇帝的口说出来而已。孙策觉得自己手下已经有了那么多的兵，骑都尉的职位太低，怎么也得是个将军呀！谁知御史立即答应了，让孙策权代明汉将军，就是暂时代理明汉将军的职务，等他回去请了圣旨再正式任命。

孙策很高兴，就按照诏书要求，开始整顿兵马，准备讨伐袁术。大军走到钱唐，孙策发现一个大阴谋，原来陈瑀想趁他北上的时候占领他的地盘，已经联络了江东的祖郎、焦已、严白虎等做内应。

陈瑀军驻守在徐州东部的海西（今江苏灌南东南）。孙策知道后大怒，派吕范、徐逸统兵直扑海西，大破陈瑀，俘获其将士、妻儿等共四千多人。陈瑀北上投奔袁绍。

建安三年（198年），孙策赶走了丹阳太守袁胤，仍让自己的舅舅担任此职。这个时候，原本在袁术帐下的周瑜和鲁肃纷纷弃暗投明，跟了孙策。孙策对周瑜格外礼遇，亲自迎接，给他又是送兵马，又是送乐队，还兴建府院。

然后，孙策开始往丹阳以西扩展，先进击陵阳（今安徽青阳南），擒获祖郎，又进击泾县（今安徽泾县），擒获太史慈。这两人都被孙策委以重任，特别是太史慈。

前文提到过，太史慈曾代表孔融向刘备搬过救兵。太史慈其实并不是孔融的手下，他年轻时因为讲义气得罪过人，避祸去了辽东。孔融听说了他的仗义之举后，派人照应他的母亲，给她送钱送礼。太史慈从辽东回来后，知道了这些事，心怀感激，恰巧这时黄巾军围困北海郡，太史慈就去北海帮忙，杀出重围请刘备出兵营救也是他报恩的一部分。

太史慈和扬州刺史刘繇是老乡，都是山东东莱人。刘繇到曲阿后，太史慈就以见老乡的名义去拜见他，归为刘繇帐下，但并不被重用，刘繇只是让他做点侦察的工作。孙策攻打曲阿的时候，太史慈就和他交过手，太史慈勇猛无畏的性格给孙策留下了很深的印象。刘繇兵败之后，太史慈护送他跑到豫章（今江西南昌），然后就躲进泾县附近的山中，自称丹阳太守（泾县属丹阳郡）。被孙策收服后，他才算遇到明主。刘繇到豫章后不久就死了，手下有一万多人没有去处，孙策命太史慈去招抚，大家都以为太史慈会一去不返，孙策却坚信太史慈的人品，太史慈果然如期而归。

这个时候，孙策已经基本收服江东，下一步，就是北进或西扩了。

建安四年（199年），孙策正要讨伐袁术，袁术却病死了。袁术一死，他原来的手下迫于曹操的压力，不敢再待在寿春，其中有两名将领，本来想投奔孙策，结果半路被刘勋截了。袁术的家人干脆带着一家老小全部投奔了刘勋。刘勋是庐江太守，这个职位原本应该是孙策的。当年孙策辛辛苦苦打了下来，袁术却把郡守的位置给了老部下刘勋，这口气，孙策一直没有咽下。

庐江郡的治所原本在舒县，刘勋接任后把大本营放到了皖县（今安徽潜山）。皖县既是吴楚的咽喉，同时也可以避开曹操的锋芒。这个地方，孙策自然也想要。

于是孙策给刘勋写了一封言辞谦恭的信，说自己实力有限，劝请刘勋去讨伐

上缭，而且也只有他有这个实力，并送上了丰厚的礼物。

刘勋本来就贪财，上缭据说是个有很多宝藏的地方，地方虽小，却长年割据一方，就是因为有钱。

上缭城对我们来说比较陌生，但提起海昏二字，应该是无人不晓。2011年江西省文物部门在这里发掘出海昏侯墓，轰动一时。海昏侯刘贺的一生更是充满戏剧性。刘贺的爷爷正是大名鼎鼎的汉武帝，奶奶是武帝的宠妃李夫人。父亲是第一代昌邑王刘髆。刘贺正是在昌邑（今山东巨野）出生。后元元年（前88年）正月，刘髆去世，刘贺就继承了昌邑王的爵位，那时候他只有五岁。元平元年（前74年），汉昭帝刘弗陵去世，权臣霍光拥立十九岁的刘贺为帝。但仅仅二十七天之后，刘贺就被霍光废为平民，幽禁于昌邑。可能是打击太大，几年之后，刘贺几乎成了废人。新皇帝见他对自己没有威胁了，就封他为海昏侯，食邑四千户。这样才有了海昏侯国。不过好景不长，不久又有人向皇帝参了一本，说海昏侯对现状不满，于是皇帝削了他三千户，只剩一千户。经这一打击，海昏侯刘贺不久就病死，年仅三十四岁。

上缭城正是位于海昏侯国内，也是刘贺后代的聚集地，到汉末已经发展到了上万户，人数多达十几万。在这里，他们有自己的军队，有独立的行政组织，可以说兵强马壮，钱粮充足。

让刘勋动心的，正是这里的钱粮。

看在钱的分上，刘勋就答应了。等他一走，孙策立即进攻皖城，一举攻破。刘勋还没打下上缭，老窝就被人端了，他走投无路，只好投奔了曹操。

孙策沿长江而上，一路打到黄祖屯兵的沙羡（今湖北江夏西）。杀父之仇，不共戴天。孙策率领周瑜、吕范、程普、孙权、韩当、黄盖等同时进攻黄祖。最后黄祖只身逃走，其妻妾子女共七人被俘，两万多部众被杀，跳水溺死的就有一万多人。这一仗，孙策还缴获了战船六千多艘，以及堆积如山的财物。

按说，离除掉杀父仇人仅有咫尺之遥，黄祖已经是命悬一线，如果孙策乘胜追击，黄祖的结果还真不好说。但是，孙策毕竟是孙策，没有被胜利冲昏头脑，虽然他此时已经占据了荆州的东部，但在荆州和江东之间，还盘踞着一股势力，此时他如果贸然攻入荆州的腹地，难保不被人切断后路。所以在大败黄祖之后，孙策立即回师向东。

这个地方正是鄱阳湖边上的豫章郡，治所在南昌。前文提到的海昏侯国就属于豫章郡。看地形我们知道，豫章郡所在的鄱阳湖一带与荆州和江东之间都有大山阻隔，南面更是有南岭作为屏障，沿湖的平原地带能产粮食，所以这里很容易形成割据势力。时任豫章太守的是名士华歆，和卢植是同门。

孙策带着人马到达南昌附近后，却没有立即攻城，他不想与华歆为敌，于是派人进城对华歆晓以利害。华歆也不想生灵涂炭，就投降了，孙策待之如上宾。另外还有一人，就是孙策之前的对手刘繇。刘繇逃到豫章后，不久病故。孙策命人把刘繇的灵柩送回其故里安葬，一同送回的还有刘繇的遗孤。

到这个时候，从荆州东部一直到江东，全部都在孙策的掌控之下。而曹操，面对袁绍的十万大军陈兵官渡，正焦头烂额，听说孙策已经在江东坐大，生怕孙策在他背后捅一刀子，赶紧拉拢：把弟弟的女儿许配给孙策的小弟孙匡，又为儿子曹彰迎娶孙贲的女儿，用礼征召孙策的弟弟孙权、孙翊，并令扬州刺史严象举荐孙权为茂才。

茂才即秀才，因避东汉光武帝刘秀的名讳改称茂才。秀才不是科举制后才有的称谓，而是在汉朝察举制时就有，是仅次于孝廉的一种察举科目。但是，孝廉为郡举，茂才为州举，因此茂才的数目远少于孝廉。被举为茂才的人大多是现任官吏，是朝廷对有特异才能、品行，或者有突出贡献的官吏进行褒奖的一种方式。由此可见，茂才比孝廉含金量高。

科举制之后，也经常把秀才称为茂才。但这个时候的秀才，比汉朝的秀才含金量低多了。

虽然曹操百般拉拢，但孙策心里自有算盘，这时曹操在官渡全力抵抗袁绍，许昌空虚，如果此时领一支劲旅突袭许昌，迎献帝南下，那将来挟天子以令诸侯的就是他孙策了。

孙策为什么这么不厚道？其实这无关人品，只关利益。和后来的孙权以守成为主不同，孙策更像他的父亲孙坚，是个开拓型的人物。在短短几年时间里，孙策就打下了江东作为基业，又吃掉了江西，还把触角伸到了荆州的东部。而后来的孙权，在几十年的政治生涯中，基本盘仍是孙策打下的江山，仅仅是在赤壁之战时，靠着和刘备的联盟，才吃掉荆州的两个郡，至于平定南方百越地区的交州，主要的作用是稳定后方，和诸葛亮平定南中的意义一样，从战略上讲并没有太大的贡献。

反过来说，曹操拉拢孙策也不过是权宜之计，一旦曹操缓过气来，孙策就是他的下一个目标。作为乱世枭雄，双方心里都清楚得很。

那么，还有一个问题，许昌离江东那么远，孙策图谋许昌，会不会只是一时头脑发热？

当然不是。从孙策打黄祖的事件中我们可以看出，孙策做事相当冷静，面对杀父仇人也没有被胜利冲昏头脑，面对攻打许昌、劫持天子这种大事，更不会是一时冲动。

下面我们来假设一下，孙策如果攻打许昌，会从哪里进攻呢？毕竟许昌和江东有千里之遥，千里奔袭可不是个好办法。

首先走荆州肯定是不行的。刘表镇守襄阳，作为死敌，肯定不会给孙策借

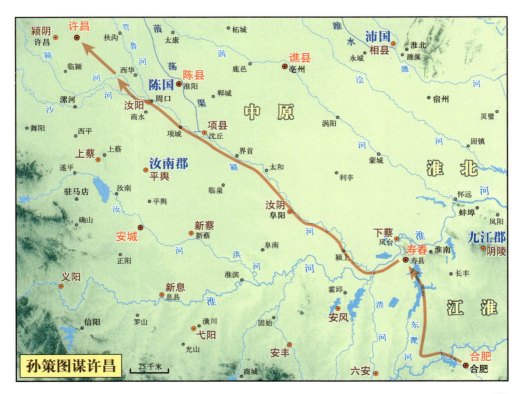

孙策图谋许昌

路。况且刘表也应该知道假途灭虢的故事。另外一个，即便刘表头脑发昏借了路，南阳还是曹操的势力，方城夏道如果有军队防守，要突破也极其困难。

所以，孙策只有一条路，其实这也是最便捷的路，那就是走江淮。首先从江东到江淮有很多水网，对于吴越之地的人来说水路再亲切不过，他们最擅长的就是在密密麻麻的江南水网里穿梭。其次，自从淮南的袁术死后，刘勋成了淮南最大的势力，在刘勋被孙策击败投奔曹操后，江淮一带虽然名义上归了曹操，实际上并没有什么强有力的势力。假如孙策真要行动，他可以沿水路轻松打到寿春，再以寿春为基地，先沿淮河向西，然后走颍河北上，最后直逼许昌。

可惜的是，正当孙策调兵遣将、秘密准备的时候，意外发生了。

原因是许贡。许贡原本是吴郡的太守，因暗中勾结曹操，为孙策所杀。但许贡生前养了不少门客，其中有三人不忘故主，千方百计想要手刃仇人。建安五年（200年）四月四日，孙策在丹徒（今江苏镇江东南）附近的山中打猎，被许贡的门客暗算，不久后去世，年仅二十六岁。这个时候，关羽刚刚在黄河岸边的白马斩杀了颜良，袁绍的大军还没有到达官渡。

孙策死后，弟弟孙权继位，统领江东。

第九章 统一河北

　　曹操取得官渡之战的胜利后，按理应该乘胜追击，立即进兵河北。但实际上并没有，他没有忘掉身后那个如影随形、挥之不去的刘备。

　　所以在官渡之战的第二年（201年），曹操亲征身在汝南的刘备。刘备其实早有打算，一看曹操来了，立马跑到荆州投奔刘表。曹操没有后顾之忧之后，才开始着手应付北方的事。

　　在官渡之战前一年（199年），曹操就命臧霸攻占了山东，巩固右翼。而关中，更是早在迎献帝到许昌之后（198年）就派人收服了。所以，在官渡之战后，曹操的势力已经横跨东西，从关中一直绵延到山东，地盘看起来很大，但曹操随时都会面临两线作战的境地。这个时候，曹操急需一个稳定的后方。好在江东的孙策已经死了，孙权年幼，一时还没有北上的意图；而刘表并没有图谋天下的志向。总的来说，南方还算安定，袁绍新败，人心涣散，如果不趁这个时候图谋北方，恐怕再也没有机会了。所以曹操的下一个目标，毫无疑问是北方，他只是在等待一个时机，毕竟袁绍家大业大。

　　袁绍的失败，可以说很大程度上败于内部的派系斗争。按理说，袁绍手下兵多将广，能人智士层出不穷，战前战后不断有人献言献策，可袁绍偏偏会在各种建议中选择最糟糕的那个方案，这也是个奇迹。从地理上讲，袁绍背靠燕山，右枕太行，又有青州、并州作为两翼，而曹操地处四战之地的中原，四周又都是大平原，无险可守，随时处于腹背受敌的境地，无论如何袁绍都不应该败。我们常说天时、地利、人和，天时和地利都在袁绍这边，可惜就是人不和。也许是之前袁绍太顺了，从西园八校尉开始，头顶着四世三公的招牌，他的霸业之路一直顺风顺水。反观曹操，在崛起之路上却是屡屡受挫。太顺的人一旦遭受打击，往往就是致命的，大概袁绍也想不明白自己为什么会败给曹操，因为这个心结解不开，在官渡之战两年后，他最终忧愤而死。

他死后，袁氏内部的派系斗争不但没有停止，反而愈演愈烈。

袁谭是袁绍的长子，按理应该继承袁绍的爵位，但审配等人却擅自拥立袁绍第三子袁尚为继承人，袁谭不服，但这时双方还没撕破脸，二袁还一同抵抗曹操。曹操的确想趁袁绍死后吞并河北，但在二袁还是一条心的情况下，很难讨到便宜，于是便在郭嘉的建议下，暂且退兵，等待二袁自相残杀。

果然，没有大敌当前，二袁的矛盾就激发出来了，开始火并。袁尚占据邺城，城高池深，袁谭不敌，退守南皮（勃海郡治所，今河北南皮北）。袁尚大举进攻，袁谭又退守平原。袁尚围城，袁谭形势岌岌可危，于是向曹操求救。

二袁争夺河北

曹操没有增援平原，而是派兵直接攻打邺城。这是典型的围魏救赵，袁尚一看，立即回救邺城，依滏水（今滏阳河）扎营。曹操这时也不急着攻城了，而是先派兵把袁尚包围。显然，曹操这是在围城打援。袁尚一看，糟糕！立即向曹操请降。曹操一想，自己既然接受了袁谭的投降，如何再接受他的敌人？就没答应。袁尚连夜出逃，袁军溃散，邺城的守军也没了斗志，最终被曹操攻破。

从这一年（204年）起，曹操就把自己的大本营迁到了邺城，只留下少量的官吏在许昌陪着献帝。

说到邺城，在中国几千年的历史中，它是一个特殊的存在。中国有许多有名的城市，特别是做过都城的，比如长安、洛阳、开封等，甚至离邺城不远的邯郸，在几千年的历史长河中，毁了建，建了毁，无论如何，都能一直传承至今，唯独邺城，至今已不复存在。个中原因，和它独特的地理位置有关。

我们如果把眼光放到整个河北大地，即从黄河以北到燕山、太行山以东的这片土地上，就会发现，在中国的古代史时期，这里除了邺城外，没有一个城市能统领整个河北。那时的北京还很弱小，而且位置偏北，是一片苦寒之地，只是作为边关重镇存在。而邺城，不仅能统领河北，而且离中原也是近在咫尺。也就是说，在河北的势力，如果以邺城为都城的话，背靠燕山和太行山为屏障，身后又有河北大片的平原提供粮草，很容易形成割据势力，对中原的王朝直接形成威胁。

即使是在今天，我们放眼望去，河北的大城市基本都在西部，也就是沿太行山麓一带，东部相对暗淡平庸。今天的京广铁路和京港澳高速，也是沿着太行山脚下走。这是因为，在过去，黄河的下游经常在河北平原上肆意改道，即使建造了城市也很容易被毁。就算是今天，黄河被高耸的河床固定住了，河北东部的地势也相对较低，还是容易受到洪水的冲击。而地处太行山脚下的城市，因为地势高，不容易被冲毁，同时也很容易受到从太行山下来的河流的滋润，所以自然条件相对要好，发展得也快。

那么同样处于太行山下，北部的邯郸和南部的安阳，为什么没有邺城这样的作用呢？答案是因为漳河。

过去，我们说河南、河北，是以黄河为参照物；今天我们说河南省、河北省，却是以漳河为分界线。

　　漳河的发源地在太行山上，也就是山西长治（三国时属上党郡）这一带。在上游，漳河分为两支：清漳河和浊漳河。清漳河的上游又分为两支，分别发源于山西昔阳县和和顺县，这里地势高，山体为变质岩，所以河水清澈；浊漳河上游分为三支，几乎都在长治盆地内，这里地势低，属黄土丘陵地貌，河水含沙量大。

　　漳河上游的支流这么多，就足以说明漳河的水量有多大。漳河原本是黄河下游最大的支流，黄河改道后，漳河补给京杭大运河，属海河水系。

　　浊漳河来自黄土高原，且水量大，所以导致漳河的含沙量同样大。凡是含沙量大的河流，一到平原地带，因为流速减缓，泥沙就开始沉积，沉积的泥沙使河床变浅，于是河水冲出河床，泛滥成灾。正因如此，漳河也经常改道，所以我们今天看到的漳河在邺城故址以南，实际上在三国时期，漳河（漳水）是从邺城以北流过。

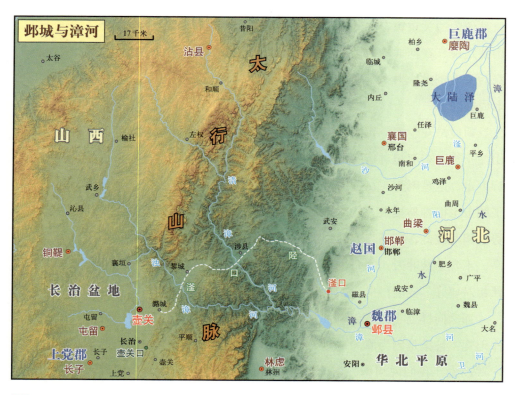

我们都知道西门豹惩治河伯的故事，战国时漳河是魏国的边界，邺城正是魏国的边防重镇，也是副都，隔漳河相望的是北方的赵国。西门豹到了邺城，最主要的功绩就是治理了漳河，开凿了十二条水渠，使漳河之水不再泛滥，有利于农业生产。邺城原本是春秋时齐桓公修建的，到西门豹手上时开始繁荣起来。

三国时期，漳河依然是黄河的支流，水量也很大。曹操后来在邺城修建了铜雀台，曹植在《铜雀台赋》里说："临漳水之长流兮，望园果之滋荣。"可以说，正是这条漳水，滋养了历史上有名的建安文学。

三国时期是邺城最辉煌的时期，在后来的东晋十六国以及南北朝时期，河北的势力也常以邺城为中心割据一方，这里既可以背靠河北大粮仓，又可以南望黄河觊觎中原，对中原王朝来说实在是个威胁。

南北朝时期，北周大象二年（580年），隋公兼丞相杨坚在镇压了对自己不服的相州（治所邺城）总管尉迟迥后，为了防止河北的反杨势力死灰复燃，就下令火焚邺城，一代名都从此成为废墟。后世的帝王同样看到了邺城对中原的威胁，再也没有重建，邺城从此消失于历史长河之中。

话说回三国。曹操打败袁尚后，袁尚逃往中山。袁谭一看目的达到，立即毁约，一连占领甘陵国、安平郡、勃海郡、河间郡，又北上中山攻击袁尚。袁尚败走，逃往幽州投奔袁绍的次子袁熙。袁熙占据的正是当年公孙瓒的地盘，袁绍打败公孙瓒之后，命袁熙为幽州刺史。

袁谭吞并了袁尚的部众，这样一来，等于是冀州除了邺城以外，都归在袁谭手下，其势力还包括一部分青州。

起初，曹操担心袁谭不是真心归降，还让儿子曹整娶袁谭女儿以安其心。当他知道袁谭叛变之后，大怒，归还了袁谭的女儿，起兵征讨。袁谭知道自己不是曹操的对手，逃往南皮。曹操移兵南皮，袁谭败走，于乱军之中被杀。

于是冀州、青州平定，曹操自领冀州牧。不久之后，袁尚、袁熙因为部下叛乱，又逃往乌桓。

同年（205年），黑山军首领张燕率领其部众十余万人投降曹操。有了黑山军的加入，曹操很顺利地攻入了并州。第二年，就消灭了袁绍的外甥高干，并州平定。

再说袁熙手下叛乱的两个部将焦触、张南，之所以在这个节骨眼上敢反叛自己的上司，自然是另有打算，那就是投靠曹操。曹操当然是求之不得，不费一兵一卒就平定了幽州，给二人封了侯。

这样一来，原来属于袁绍的青、冀、幽、并四州，现在全部归于曹操了。但四州之内毕竟还有很多袁氏的旧部，袁尚、袁熙虽暂时逃往乌桓，一旦伺机杀回来，这些旧部中有多少人会掉转矛头就不好说了。为了彻底解决袁氏的问题，曹操决定北征乌桓，以绝后患。

第十章　北征乌桓

秦汉之际，位于蒙古高原上的匈奴崛起。匈奴人东征西讨，打败了周边的众多部族，这其中就有位于大兴安岭一带的东胡。东胡被击败后，残部沿大兴安岭向南、北两个方向逃窜，往北的称为鲜卑，往南的称为乌桓，都是以最后落脚地附近的大山为名。

汉朝时，匈奴人在汉人的一再打击下也分成南北两部分，南匈奴最终归化汉朝，进入河套一带；北匈奴西遁，不知所终。于是草原上出现权力真空。到汉末，鲜卑人逐渐进入蒙古高原，成为草原上的统治者。而作为同族的乌桓人，南迁后又有怎样的变化呢？

我们如果把视角放得更高，就会发现，大兴安岭和燕山山脉相连，正好把蒙古高原和华北平原以及东北平原隔开，似乎是道天然的屏障。可实际上，在大兴安岭和燕山山脉相连的地方，恰好有一条河从蒙古高原流下，把二者分割开来，从而打开了一条从蒙古高原到东北平原的通道。这条河正是西拉木伦河。

东胡人原先生活的地方，是一片草原——锡林郭勒草原。当然，锡林郭勒是后来蒙古人的叫法，东胡人也许给它取了别的名字，我们就不得而知了。在过去，我们常把蒙古高原称为大漠，又把它分为漠南和漠北，其实这个分法正是基于两片土地的地貌不同：漠北，以草原为主，它也是欧亚大草原的东端；漠南，以沙漠为主。漠北虽然有草，但纬度高，气候冷，冬季漫长；而漠南呢，气温比漠北高很多，冬季也没漠北那么长，但缺少水草。对游牧民族来说，漫长的冬季

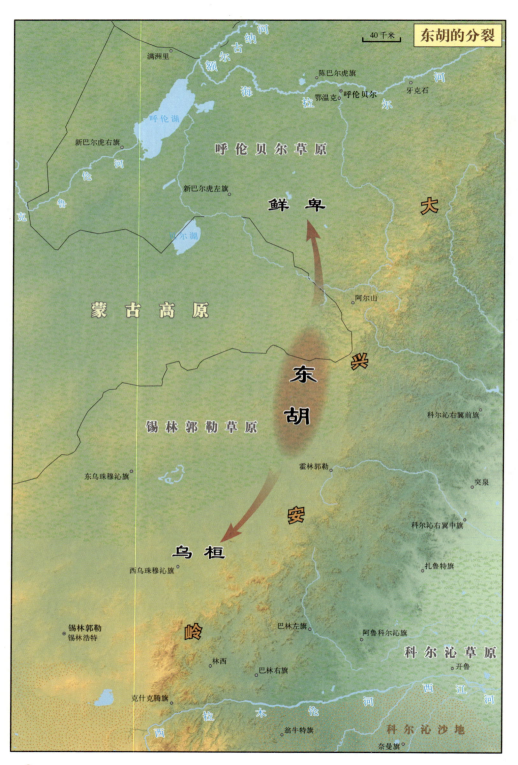

东胡的分裂

40千米

满洲里
额尔古纳河
陈巴尔虎旗
鄂温克
呼伦贝尔
牙克石
呼伦湖
呼伦贝尔草原
大
新巴尔虎右旗
新巴尔虎左旗
鲜卑
乌尔逊河
伦
贝尔湖
河
克
鲁
河
蒙古高原
阿尔山
兴
东
科尔沁右翼前旗
锡林郭勒草原
胡
突泉
东乌珠穆沁旗
霍林郭勒
安
科尔沁右翼中旗
乌桓
扎鲁特旗
西乌珠穆沁旗
岭
阿鲁科尔沁旗
锡林郭勒
锡林浩特
巴林左旗
开鲁
科尔沁草原
林西
巴林右旗
西辽河
克什克腾旗
西
拉
木
伦
河
翁牛特旗
科尔沁沙地
奈曼旗

就意味着生死考验，不仅牛羊在严寒下会大量死亡，人也会因为缺粮而饥饿致死，所以他们常常在冬天穿过沙漠到长城以南抢粮食和人口。

锡林郭勒草原正好位于漠北的最南边。在被匈奴人打散后，鲜卑人沿着大兴安岭北上，去了水草更丰美的呼伦贝尔草原，虽然那里气候更冷。而乌桓南下之后，遇到的却是一片沙漠，不过好在穿过沙漠后不久，他们就发现了一条河，这条河正是西拉木伦河。

有水就有了生机，乌桓人沿着西拉木伦河往东，穿过大兴安岭之后，让他们意外的是，前面居然是一片肥美的大草原——科尔沁草原。科尔沁草原处于大兴安岭的东麓，这里靠近松辽平原，属于季风区，水热条件远好于蒙古高原。于是乌桓人便在这里繁衍生息。需要说明的是，今天我们看到在科尔沁草原之中有一大片沙地——科尔沁沙地，是近几十年来过度开发造成的，在当时，这里都是草原。

西拉木伦河穿过科尔沁草原，在这里汇集了老哈河之后继续东流。这一段河流有另一个名字，就是西辽河。西辽河汇集东辽河后形成辽河，最终注入渤海。所以，乌桓人也沿着这条河水逐步扩散到辽东，并沿着老哈河、大凌河等河流渗透到了燕山的腹地。

乌桓人在南下的过程中，不断学习汉人的技术，也学会了耕种，最终成了一个汉化程度很高的部族。

汉武帝大破匈奴后，把匈奴人逐出漠南。漠南成了无人区，武帝担心有一天匈奴会卷土重来，而关内的汉人又不愿意去这些苦寒之地，去了也难以生存。恰好这时乌桓投靠汉朝，武帝就把他们南迁到上谷（今河北怀来东南）、渔阳（今北京怀柔东）、右北平（今河北丰润东南）、辽西（今辽宁义县西）、辽东（今辽宁辽阳）这五个郡境内，让他们在关外游牧，目的是让他们替汉朝防御匈奴。光武帝时期，在朝廷的许可下，乌桓人南迁至关内，并向西发展到河套一带。

乌桓在两汉时先后两次南迁，逐渐发展壮大，但仍受汉朝护乌桓校尉管辖，分成若干部落，各自为政，一直未形成统一的部落联盟。

河套一带的乌桓人后来又融入了鲜卑，我们不提。辽东的乌桓人也只是少数。人数最多的乌桓部族集中在燕山山脉一带，而这其中最主要的就是上谷、渔

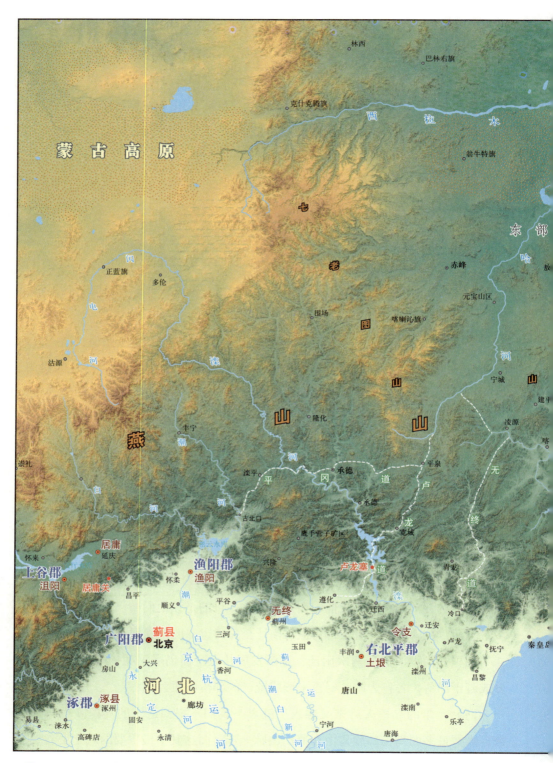

蒙古高原

七

老

图

山

山

燕

山

河

平

冈

道

卢

终

无

道

道

林西

巴林右旗

克什克腾旗

翁牛特旗

赤峰

元宝山区

喀喇沁旗

宁城

建平

凌源

喀

围场

隆化

正蓝旗

多伦

丰宁

沽源

滦平

承德

承德

古北口

平泉

晓手营子矿区

崇礼

怀来

延庆

居庸

宝山

顺义

平谷

昌平

怀柔

兴隆

密云水库

官厅水库

三河

蓟州

遵化

迁西

龙

宽城

青龙

冷口

迁安

卢龙

抚宁

秦皇岛

昌黎

乐亭

唐海

宁河

唐山

丰润

玉田

香河

廊坊

固安

永清

滦县

滦南

高碑店

涿州

易县

涞水

房山

大兴

北京

河

北

上谷郡
沮阳

居庸关

渔阳郡
渔阳

无终

卢龙塞

右北平郡
土垠

令支

广阳郡

蓟县

涿郡
涿县

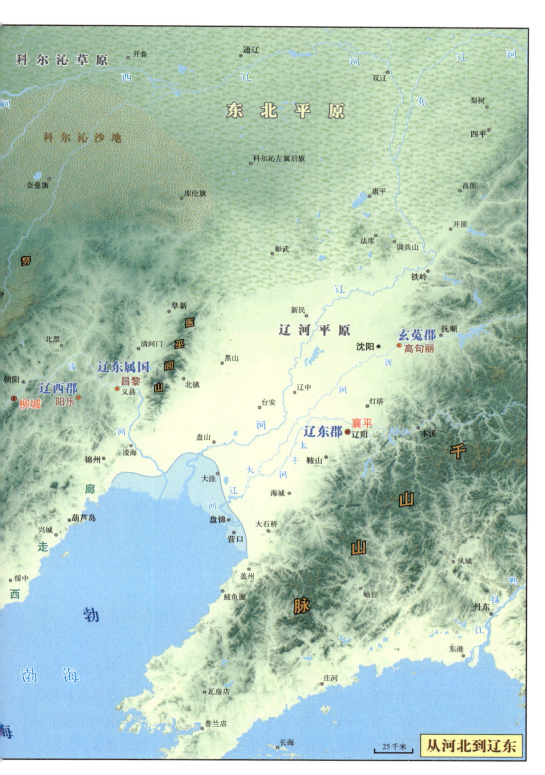

科尔沁草原
西
辽
河
努

科尔沁沙地
奈曼旗
库伦旗

东北平原
开鲁
通辽
双辽
梨树
四平
昌图

科尔沁左翼后旗
康平
法库
调兵山
开原

彰武
铁岭

辽

新民
辽河平原
沈阳
玄菟郡
抚顺
高句丽

阜新
北票
医
清河门
巫
黑山
浑
朝阳
凌
辽东属国
闾
昌黎
北镇
辽中
河
灯塔
本溪

辽西郡
阳乐
义县
山
台安
辽阳
襄平
辽东郡

柳城
河
盘山
太
鞍山
千

锦州
凌海
子
海城
山

廊
大洼
辽
河
河
山

走
葫芦岛
盘锦
营口
大石桥

兴城
绥中
西
盖州
鲅鱼圈
岫岩
凤城
脉

鸭
绿
江
丹东

勃
东港

渤
海
瓦房店
庄河

海
普兰店
长海

25千米

从河北到辽东

阳、右北平三郡的乌桓部落，他们有一个共同的首领，叫蹋顿。所以蹋顿领导的这支乌桓也称三郡乌桓。

在袁绍和公孙瓒争夺幽州的时候，蹋顿曾出兵帮助过袁绍，袁绍后来也给他们加封。所以，一直以来，三郡乌桓都是袁氏的铁杆盟友，这也正是曹操要一举荡平乌桓的原因。

为了北征乌桓，曹操准备了一年。这其中就包括兴修水渠，为战时运兵运粮用。后来的隋朝大运河的北段，有很多河段就利用了曹操修建的水渠。

好了，闲话不多说，我们来看看曹操攻击乌桓时，会选择怎样的线路。

乌桓首领蹋顿盘踞在燕山东部的柳城（今辽宁朝阳西南）。如果单看地图，我们很容易判断，曹操应该走辽西走廊，到达辽东后，再沿大凌河而上，这是最便捷的通道。但实际上这样行不通，因为当时的辽西走廊并没有被完全打通，路不好走，一下雨就沼泽遍地，车马很容易陷在泥坑里。而曹操攻打乌桓的时候，又正好赶上雨季，所以只好寻求别的路线。

在后来的辽国彻底打通辽西走廊之前，从华北平原到东北平原主要有三条通道：平冈道、卢龙道、无终道。

平冈道：从古北口北上滦平，然后沿滦河河谷到承德，再到平泉；从平泉这里到老哈河，老哈河与大凌河有山谷相连，沿山谷到大凌河后，就可以沿着大凌河直达柳城。

卢龙道：从喜峰口（汉时称卢龙塞）北上，沿滦河的支流瀑河而上，快到源头的时候，接上老哈河，后面的路同上。

无终道：从冷口北上，沿滦河支流青龙河而上，对接大凌河后，就可以沿河直达柳城。

除柳城外，以上所说的地名都是今天的地名。其中古北口、喜峰口、冷口都是明代长城的重要关口，包括辽西走廊入口的山海关。

其实不只是明朝，这些关口也是历朝历代防范边患的要塞。战国时期，燕国的长城曾经把整个燕山都包了进去，后来的中原王朝逐渐发现，要越过燕山去保卫长城太难，所以到后来，中原王朝即使势力范围已经涵盖了蒙古高原和东北平原，仍不忘在这里修筑关塞，因为这里才是农耕文明的最后一道防线——它不仅能防止东北的势力进入华北，也能防范蒙古高原的游牧民族南下。

如果我们仔细观察燕山的地形就会发现，燕山山脉西高东低，东部的海拔并不高，有的地方甚至还没有蒙古高原的海拔高。在燕山山脉的正中部，还存在一片洼地，这就是今承德一带，这里曾是清王朝的行宫所在地，即避暑山庄。因为身处山林之中，这里夏天自然凉快。但承德曾经还有个名字叫热河，原因是这里有很多温泉，温泉的水流到河里，使这里的河水即使是在冬天也不会结冰。第二次鸦片战争的时候，咸丰皇帝跑到这里，说是避祸，其实还有另外一个目的，那就是万不得已的话可以退回东北老家，就像之前蒙古人退回大漠一样。按中国人一贯的思维，他以为英法联军也是来入主中原的，结果他没想到，这次的外敌入侵和以往不同，英法联军并不想要江山，只想要利益。所以，清政府在这里设置行宫，除了环境因素外，更重要的是，这里是连接华北和东北的纽带，是他们的后路。

因为燕山并不高，如果再加上几条河，那么游牧民族完全可以借着河谷穿越

曹操北征乌桓

山林，抵达华北。

第一条河就是滦河。蒙古高原与燕山相接的这部分也称坝上，滦河的源头叫闪电河，正是位于坝上。闪电河在坝上几乎画了一个圆圈，然后切燕山而下，直达华北平原，流入渤海。如果游牧民族从坝上南下，第一选择正是沿滦河河谷，所以中原王朝在这里修筑了一个关口，三国时称卢龙塞，明朝时叫喜峰口。

完全沿着滦河河谷走毕竟太远。在滦河进入燕山山脉后不久，其实还有一条河离得不远，这就是潮河。如果从这里翻越山岭，进入潮河河谷，就可以很快进入密云附近的平地了；或者再往前走一点，从滦平附近的山谷进入潮河也是个不错的选择。为了防范这两个方向的敌人，中原王朝在这里修筑了另一个关口——古北口。

冷口主要的作用是防范从东北过来的少数民族，大凌河与青龙河的源头相距只有十里，如果从辽东进入华北，在辽西走廊打通之前，这是最近的道路。

至于山海关，最早是隋朝在这里修筑了关口，称榆关，明朝时将关城东移，改称山海关。它所对应的辽西走廊，以前叫傍海道，只能季节性地通行。

古北口、喜峰口、冷口所对应的三条古道（平冈道、卢龙道、无终道）自古就有，而且也是在辽西走廊打通前的主要通道。只是，这三条路都是山路，行军困难，特别是自从匈奴人远走他乡之后，北方边患已不存在，这三条路年久失修，更是举步维艰。

建安十二年（207年）五月，曹操亲率大军到达无终（今天津蓟州）。在试图走辽西走廊遇阻后，曹操听从了无终人田畴的建议，出卢龙塞（喜峰口），走卢龙道。

八月，曹军到达白狼山，离柳城不到一百公里。乌桓人也以为曹操会走辽西走廊，这时才发现敌情，匆忙应战。曹军虽然打了个出其不意，但到底走的是山路，汉人军队以步兵为主，辎重盔甲都在后面跟不上。曹操有些担心，张辽却一马当先，冲入敌阵斩杀了蹋顿。乌桓军一时乱作一团，曹军乘机掩杀，大获全胜。

这一仗，曹操获得了二十万胡汉俘虏，袁氏兄弟逃往辽东投奔公孙康（公孙度之子）。

在投降的乌桓人当中，曹操挑选精壮者入伍，后来这些人随着曹操南征北战，也就是从那时起，三郡乌桓号为天下名骑。这部分乌桓人，最终被汉人同化。至于辽东的那部分乌桓人，也在后来的历史中逐渐被汉化。而守河套的乌桓人，后来随着鲜卑的强大又融入鲜卑（他们本来就是一家子），只不过，鲜卑南下后，同样也被汉人同化。所以，乌桓人后来逐渐从历史中消失，他们最终全部融入汉人当中了。

曹操平定乌桓后，已是冬季，辽西走廊可行，曹操就从这里返回，到达碣石山时，有感而发，写下了一首《观沧海》：

> 东临碣石，以观沧海。
>
> 水何澹澹，山岛竦峙。
>
> 树木丛生，百草丰茂。
>
> 秋风萧瑟，洪波涌起。
>
> 日月之行，若出其中；
>
> 星汉灿烂，若出其里。
>
> 幸甚至哉，歌以咏志。

毛泽东后来在《浪淘沙·北戴河》里说："往事越千年，魏武挥鞭，东临碣石有遗篇。"指的正是这件事。北戴河位于碣石山的正东，相距不到三十公里。

第十一章　隆中对

曹操灭了乌桓后，有人建议他借机攻打公孙康，一举平定辽东。曹操没有采纳。当袁绍在河北呼风唤雨的时候，公孙康正躲在辽东瑟瑟发抖，如今好不容易袁氏败了，他没有理由替袁家背锅。所以，当袁尚、袁熙逃到辽东后，公孙康立即杀了两人，把他们的人头送给了曹操。曹操在返军途中，收到两颗人头，会心一笑。

曹操不是不想趁机吞并辽东，只是他还有更重要的事要做，那就是消灭一直让他放心不下的荆州刘表。

刘表，字景升，也是汉室宗亲。刘表能占据荆州，首先要感谢孙坚。因为孙坚杀了荆州刺史王睿，刘表才得了这个差使，继任荆州刺史，而后又升为荆州牧。王睿当荆州刺史的时候，治所在江陵，刘表控制荆州后，把治所迁到了襄阳：一是因为荆州的南部太乱，各方势力各自为政；二是为了防止当时身在南阳的袁术染指荆州。

要说刘表刚任荆州刺史的时候，做事还是雷厉风行的，但是后期，可能是有了蔡夫人之后，变得胸无大志了。

但是，曹操担心的不单是刘表，而是有了刘备之后的刘表。

六年前，刘备投奔刘表的时候，刘表亲自到郊外迎接，待之以上宾，并让刘备屯兵新野，以抗曹操。

刘备到了新野之后，使用了他最擅长的拉拢人心的手段，荆州豪杰纷纷前来归附，引起刘表的猜忌，于是也不重用刘备，仅仅是表面客套。

刘备这个时候其实很苦闷，想北上抗曹，自己这点兵力还不够曹操塞牙缝；想劝刘表趁曹操攻打乌桓时偷袭许昌，刘表又不听。他在新野一待就是五六年，想想年纪也大了（四十多岁），久不骑马，连大腿上的肉都长出来了，事业上却一事无成，于是哀叹不已。

正当刘备在新野长吁短叹、感慨中年危机的时候，上天又给了他一道曙光，这道曙光正是诸葛亮。

诸葛亮给了刘备一张规划图：先取荆州，再图巴蜀，然后从荆州北上图中原，同时从巴蜀出兵关中，包抄曹魏，光复汉室。

刘备顿时眼前一亮，这正是困惑他多年的问题：打了二十年的仗，至今连个地盘都没有，原来是缺乏总设计师！于是请诸葛亮出山。

为什么说诸葛亮是上天给刘备的一道曙光？我们先来看看刘备这二十年的失误。

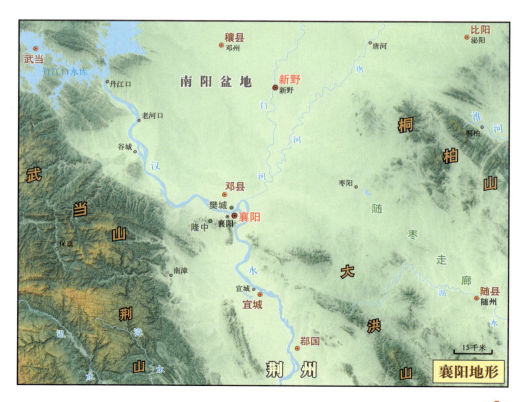

刘备从中平元年（184年）参加镇压黄巾起义开始，到遇到诸葛亮这一年（207年），二十三年戎马生涯，大大小小的战斗不知打了多少回，当过县令，做过郡守，也领过州牧，但到头来却连个落脚的地盘都没有，只能依附在刘表帐下，为什么？我们再来看看刘备经营过的地方：安喜、平原、徐州、小沛、汝南，都有一个共同的特点，那就是地处平原，是四战之地，极其难守。刘备做过最大的官也就是徐州牧，据有一州，也可以称得上是一方诸侯，那时也是他实力最强的时候，可最终还是丢了徐州，为什么？因为徐州也是个四战之地，不但吕布惦记，曹操惦记，就连袁术也惦记。刘备别说要同时对付这三股势力，就是其中任何一方，他都难以抵挡。

总结下来，刘备前二十年创业无成的最大原因，就是没有好好利用地形给自己打下一块地盘，以至于四处奔波，不断改换门庭。诸葛亮给刘备的建议是，先拿下荆州，再取四川。这两个地方和刘备以前战斗过的大平原不同。

先说荆州，荆州虽说也是个用武之地，但和中原的四战之地不同。荆州会

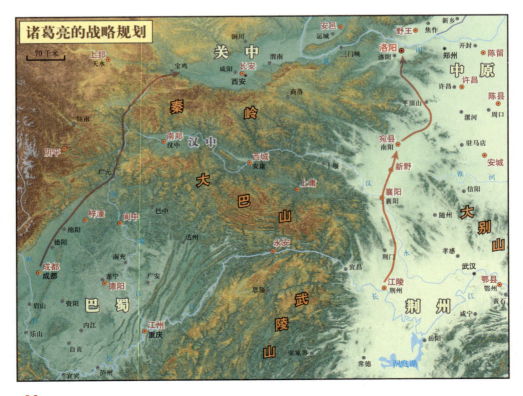

经常面临战乱，但有山川险阻：北方有桐柏山、大别山与中原相隔；西边有大巴山、武陵山与巴蜀相望；南面是五岭，而五岭以南并没有强敌；东面有幕阜山与东吴接壤。也就是说，荆州其实是被一群大山包裹着，只有三个出口：北有襄阳与中原相接，西有长江三峡与巴蜀相通，东边也是有长江与东吴相连——也就是诸葛所说的"荆州北据汉沔，利尽南海，东连吴会，西通巴蜀"。荆州地盘之大，人口之多，不是不好防守，是刘表这样的人守不住，如果是刘备来守，则问题不大。在历史上，楚国正是以荆州为基业，称霸中原，国祚八百年。

另一个是巴蜀。要防守好荆州毕竟要花一些力气，而巴蜀就太好守了，几乎是个完全封闭的地区。而且，四川天府之国，又不受战乱的影响，是个产粮大户，有粮就可以养兵。当年的刘邦正是靠着巴、蜀、汉中这三郡成就帝王之业。用诸葛亮的原话就是："益州险塞，沃野千里，天府之土，高祖因之以成帝业。"

有了荆州，还要巴蜀，这既是抢占一个大后方，也是为荆州加一道保护锁。从地理上讲，顺着长江沿线，荆州在东吴的上游，而巴蜀又在荆州的上游。正所谓居高临下，势如破竹。一旦打起仗来，上游对下游具有居高临下的优势。当年楚国能轻松灭掉吴越，但最后又被秦国灭了，就是这个道理：吴越在楚国的下游，而秦国在抢先一步占据巴蜀之后，就对楚国具有地理上的优势了。

一旦有了荆州和巴蜀两块地方，那么将来就可以从两个方向包抄曹魏：一路出襄阳北上中原，一路出汉中攻击关中。那个时候，天下不还是姓刘的吗？

这都是前人的经验，刘备不怎么读书，当然不知道，所以听了诸葛亮一席话之后，说"茅塞顿开"。

按说刘备手下有兵有将，也有谋士，就没人想到这些吗？还真没有。诸葛亮是个战略家，是站在总体战略上替刘备谋划未来的大业，告诉刘备什么该做，什么不该做，比如西边的羌人，南边的夷越，还有东吴的孙权，这些人都不能打，而且要搞好关系，主要的敌人是曹操，所以曹操的敌人都可以拉拢做盟友，至于刘表和刘璋，那是你创业路上的大礼包，该出手时就出手。

其实这里面"什么事情不该做"更关键，刘备手下的文臣武将都知道往前冲，刘备自己也是一路打打杀杀过来的，却从没想过什么事情不该做。就像不久后的赤壁之战，如果不是和孙权结盟，可能又一事无成。更像我们现在有些公司，什么事都想做，什么钱都想赚，年轻人的创业激情和个人成就感的冲动，很容易把一个公司的元气耗尽。总之一句话：大丈夫有所不为！

诸葛亮和刘备的这一次谈话被陈寿写进了历史，称为《隆中对》。"对"就是"对话""对策"的意思。

从建安十二年（207年）冬至建安十三年（208年）春，刘备带着关羽和张飞，三顾茅庐，终于请得诸葛亮出山。

诸葛亮生于公元181年，当时才二十七岁，而刘备生于公元161年，比诸葛亮大了整整二十岁。一个二十多岁的小伙子，让一个年近五旬的长辈大老远地（新野离隆中六七十公里，快马加鞭也要半天）跑了三次，诸葛亮这是摆谱还是故意？

应该说是故意的。诸葛亮是个聪明人，深知刘备听了自己一席话后会动心，请自己出山也是诚心诚意，可真要执行起来会困难重重。刘备手下已经有了一帮元老，有自己的一套想法，而他作为一个新人，又年轻，说的话未必有人能听，也未必有人能懂，到实际执行的时候，他的一切计划都会大打折扣，所以他多次回避刘备，给刘备制造难度，这样刘备对他的重视程度就不一样，将来他完全可以按照这个规划来执行。好比两个人谈恋爱，付出得越多越珍惜，付出太少也就容易放弃。所以杜甫说"三顾频烦天下计"，是为了天下，才让刘备多跑几趟的。三顾茅庐实际上成就了两个人：刘备的大贤和诸葛亮的大才。

但诸葛亮给刘备规划的第一步，就让刘备犯了难。某种程度上说，刘表是刘备的恩人，虽然刘表没有重用他，但好歹收留了他，并且厚待他，如果这个时候去抢刘表的荆州，显然不厚道。而为人厚道，是刘备的招牌。

这时刘表已经病重，临死前也曾对刘备说，我的儿子不成器，将来荆州就归你管吧。

这一刻，刘备仿佛看到了陶谦再世，又担心刘表是试探自己，就说，你儿子很好啊。

可惜的是，刘表毕竟不是陶谦，没再坚持。刘备也有些后悔没有一口答应。否则的话，也不会有刘表的两个儿子夺位之争的事。

刘表其实有三个儿子。除了长子刘琦、次子刘琮外，还有一个小儿子刘修。

这个刘修后来在魏国做官，是个典型的喷子，自己的文章写得不怎么样，却喜欢去挑别人文章的毛病，害得曹植都跟杨修写信吐槽这件事。

当时刘修的年龄太小，没有参与这场争斗。夺位之争主要发生在长子刘琦和次子刘琮身上。刘表本来觉得刘琦很像自己，有意传位给他。但蔡夫人不同意。蔡夫人是刘表的继室，刘琦、刘琮都不是她亲生的，只不过刘琮娶了蔡夫人的侄女，蔡夫人爱屋及乌，就偏爱刘琮，在刘表面前说尽刘琮的好话，刘表便又偏向刘琮了。

刘琦感觉性命不保，向诸葛亮求救。诸葛亮建议他去守江夏郡，并且说："申生在内而亡，重耳在外而安。"意思是，如果留在襄阳卷入内斗，难免祸及自身，去江夏守边防，至少能保全性命。恰好这个时候，原江夏太守黄祖死了。

黄祖怎么死的？是被孙权杀死的。在曹操统一北方六年的时间里，刘表在荆州按兵不动，刘备在新野长吁短叹，而孙权在干什么呢？在打黄祖。在这六年的时间里，孙权不停地攻打江夏，终于在建安十三年（208年）击杀黄祖，报了杀父之仇，同时吞并了江夏郡的大部。

诸葛亮建议刘琦去守江夏，算是了却刘表的一件心病，他生怕孙权再接再厉攻入荆州的腹地。

刘琦去了江夏，蔡氏就开始夺权了。等刘表一死，刘琮就顺理成章地成了荆州的主人。

但很快，曹操的大军也到了。

第十二章　赤壁之战

这时候的曹操，可以说正是一生当中最得意的时刻。袁氏被彻底清除，乌桓也平定了。不但如此，在回军的途中，代郡和上郡的两位乌桓首领也前来投诚。唯一的损失就是郭嘉在这次出征途中病逝，曹操痛心不已。也是在这一年（207年），曹操还花重金把蔡文姬从匈奴人手中赎了回来。

曹操赎回蔡文姬，不是因为她长得漂亮，而是因为她是个才女。

蔡文姬是东汉文学家、书法家蔡邕的女儿，曹操向来喜爱文学、书法，和蔡邕经常有文学和书法上的交流。后来董卓上台，强召蔡邕为祭酒（官职）。董卓被杀的时候，蔡邕就发了点感叹，结果被王允杀了。再后来，李傕、郭汜上台，王允也被杀。当时长安一片混乱，居于河套的南匈奴也趁机南下打劫，还顺手把蔡文姬抢走了。蔡文姬在河套生活了十二年，还生了两个孩子。到平定乌桓的时候，曹操想到蔡邕没有子嗣，就花重金把蔡文姬从匈奴人那里赎回来了。

蔡文姬有两部作品流传于世：《悲愤诗》二首和《胡笳十八拍》，其他的都已失传。《悲愤诗》里有一篇五言长篇叙事诗，就连曹植和杜甫的五言叙事诗都受其影响；《胡笳十八拍》就很有名了，能让人听得肝肠寸断。

我小时候看蔡文姬的故事，以为她和苏武一样被带到了北海（贝加尔湖）那种荒无人烟的地方，觉得好惨。后来才知道，她去的是南匈奴。苏武牧羊的时候，匈奴的王庭在漠北，势力范围也主要在漠北。南匈奴原本就在漠南，臣服汉朝后，被安置在河套一带。以现在的眼光来看，蔡文姬不过是从陕西到了内蒙

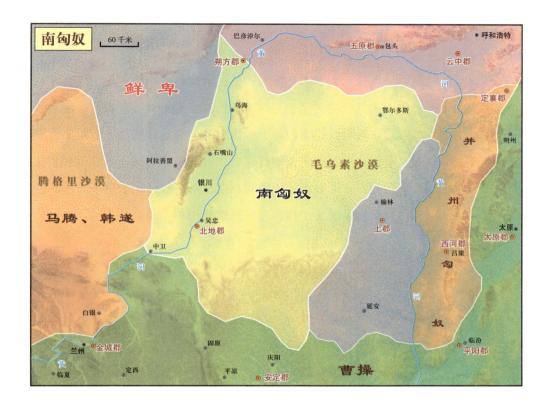

古，跨了一个省而已。但蔡文姬是被抢去的，作为贵族的千金，同时也是一代才女，被文化水平不高的匈奴左贤王抢去做了老婆，还生了两个孩子，不仅心灵上受到创伤，在人格上也倍感屈辱，由此也创作了流传千古的文章。别忘了，在汉代，拥有先进文明的汉人是看不起这些胡人的。

曹操不仅仅是救了蔡文姬的性命，还避免了中国文学的重大损失。

建安十三年（208年），曹操在邺城开辟玄武池训练水军。六月，曹操废除三公制度，恢复丞相制度，并自任汉朝丞相。

训练水军的目的很明显，是为打江东做准备。而恢复丞相制度，意味着曹操在法统上成了真正的一人之下、万人之上。

不要小看丞相制度的恢复，在中国历史上，丞相制度的兴废直接体现了皇帝如何把权力一步步集于一身的演变。在战国以前，分封制还占据着主导，不管是天子还是诸侯，没有那么多的政务可处理，也就没有必要设置丞相一职。到战国时期，各诸侯国开始走集权化道路，国君的政务日益增多，一个人忙不过来，就需要个帮手，于是丞相这一职位应运而生（丞相原为相国副手，后取代相国）。到秦始皇统一中国的时候，丞相制度已经很成熟了。汉承秦制，设三公九卿制，三公就是丞相、御史大夫和太尉。丞相总理百官，掌管行政，权力极大，几乎和皇帝平起平坐；御史大夫是丞相的助手，负责掌管群臣奏章，监察百官；太尉管理全国军事，没有实权。后来汉武帝改革，设内外朝，分丞相的权。到汉末，三公形同虚设，只有议事权。后来的唐朝实行三省六部制，原本属于丞相的权力被进一步分化。一直到明朝，才彻底废除了丞相制度，所有权力集于皇帝一身。

曹操自任丞相，而汉献帝又是个傀儡，实际就是把朝廷所有权力集于曹操一身了。

曹操的下一个目标就是孙权，但当他听说荆州牧刘表病重时，立即将矛头转向了荆州。

七月，曹操率军望荆州而来。八月，刘表病死，刘琮接任荆州牧。九月，曹操大军进至新野，刘琮遣使者向曹操投降。

之前刘表安排刘备在新野，目的就是抵抗北方的曹操。在曹操经营北方之时，刘备过了几年安生日子。但刘备很清楚，仅凭自己的这点兵力（一万多人），难以抵抗曹操的大军。所以当刘备得知曹操亲领大军南下的时候，连忙弃守新野，退往樊城。

到了樊城，刘备才知道刘琮已投降了曹操，樊城比新野强不了多少，如果失去襄阳的庇护，樊城扛不了几天。况且，刘琮既然已经投降曹操，刘备如果继续待在樊城，只有腹背受敌的份儿。刘备寻思江陵钱粮多，城防又坚固，不如退往江陵防守，于是南渡汉水，准备逃往江陵，同时派关羽走水路在江陵会合。路过襄阳的时候，诸葛亮建议趁机夺襄阳，刘备不忍心，在城下喊话，想斥责刘琮为什么要投降曹操，刘琮却不敢出来。

刘备为什么要训斥刘琮？是为刘琮的不战而降感到痛心。襄阳是荆州的门户，曹操无论是想打荆州还是江东，襄阳都是绕不过去的一道坎儿。从后来的历史中我们知道，就连强悍的蒙古人要打南宋，也在襄阳这个地方耗费了六年的时间。刘备无从知道后来南宋与蒙古之战的历史，但身边已经有诸葛亮在，大概也知道当年楚国的事情，刘琮一投降，等于整个荆州门户大开，江东也有唇亡齿寒

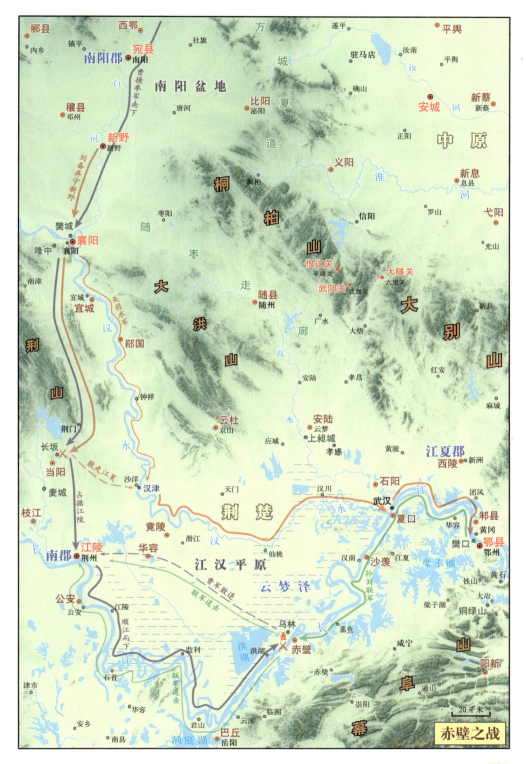

郙县　　　　西鄂
内乡　　镇平　　南阳　宛县
　　　　　南阳郡　　　　南阳盆地　　　社旗
　　　　　　　　曹操率军南下
穰县　　　　　　　　唐河　　　比阳
邓州　　　　　　　　　　　泌阳
　　　　新野
　　　　新野
　　　河　　刘备弃守新野

平舆
遂平　　　　　　　　平舆
　　驻马店　　汝南
汝　　平舆
确山　　　安城
　　河　　新蔡
正阳　　　　新蔡
中　原
义阳　　　　淮
桐　　　桐柏　　信阳　　罗山　　新息
柏　　　　　　　　　　息县
山　　　　　　　　　　　　淮　河
　　　　　　　　　　光山　　弋阳

樊城
隆中　　襄阳
襄阳
南漳
荆　　宜城
宜城
山　　汉　　関羽水军
　　　水　　郙国

枣阳
大　　随　　枣阳
　　随县
洪　　随州
山　　走　廊　　浉　　水

恨这关　　大隧关
平靖关　　九里关
武阳关　　武胜关　　大
新丰
别
广水　　大悟
红安　　山
安陆　　孝昌
麻城

钟祥　　云杜　　京山　　安陆　　孝感
云梦　　上昶城
应城　　　黄陂
荆门
长坂
当阳　　败走江夏
麦城　　沙洋　　汉津
枝江　　占据江陵

江夏郡
西陵　新洲
石阳　　江
武汉　　团风
夏口　　邾县
华容　　黄冈
樊口　　鄂县
鄂州

公安
公安　　江陵
顺江而下
南郡　　江陵　　华容
荆州

荆　楚
竟陵　　潜江　　汉
天门　　汉川
仙桃
江汉平原　　汉南
云梦泽

沙羡
孙刘联军

梁子湖
铁山　　黄石
大冶
梁子湖　　铜绿山

曹军败退　联军追击

津市　　石首
安乡　　华容

监利
洪湖
洪湖
乌林　　赤壁
长
嘉鱼　　咸宁

幕

阳新

君山　云溪
南县　　巴丘
洞庭湖　岳阳
临湘
赤壁　　通山　　崇阳

20千米

赤壁之战

之危。假如刘琮不投降，请他刘备来帮忙守襄阳，凭着荆州的人口和钱粮，曹操想进荆州还真不容易。当然，刘备还是不忍心从刘琮手中夺取襄阳，否则也懒得跟他废话了。

另外一个，襄阳城的独特性在全国也是独一无二。比如护城河，像明朝时北京这种首都级别的城市，其护城河也不过五十米宽，而襄阳城的护城河竟宽达二百米。更重要的是，襄阳城的北面，直接以汉水为护城河，而汉水的宽度在五百米以上。这么宽的护城河，敌人想要进攻，普通的攻城战术行不通，必须调动水军。

汉水的水面不像人工护城河那么平静，有风浪。这么宽的护城河，再加上风浪，北方的骑兵南下，到达汉水的时候，就得下马渡船，而北方的士兵又不习水战，过河就没那么容易。这个时候襄阳的守军就可以一边从城头向敌人放箭，一边派水兵围剿，其结果可想而知。

这还不算完，襄阳城的北面，隔汉水相望的是樊城，樊城和襄阳互为犄角。也就是说，当北方骑兵南渡汉水攻打襄阳的时候，樊城就可以出兵截断敌人的后路；同样的道理，当敌人出兵围攻樊城的时候，襄阳可以派兵攻击敌人的后方。总之，因为中间隔着宽阔的汉水，敌人想要一下子把两座城池都包围起来是非常困难的。

如果我们仔细观察就会发现，其实襄阳城的北边和东边都被汉水包围，南面有岘 [xiàn] 山阻隔，是个天然的屏障。而西边呢，我们今天看到这里好像是一片平地，其实在汉朝时这里有条檀溪（跃马檀溪的故事就发生在这里），檀溪原本连接着汉水和襄水，襄水从西边的山上流下，沿着山脚从襄阳城南流过，最后注入汉水。襄水也叫南渠，襄阳正是因为处于襄水之北而得名。

所以从整体上看，襄阳有三道防线，一道是由汉水、岘山、檀溪组成的天然屏障，一道是襄阳的护城河，最后一道是襄阳的城墙，所以才有"铁打的襄阳"一说。以当年孙坚的勇猛，连董卓都怕他三分，结果却折戟襄阳，可见襄阳城防的天然优势，而刘琮就这么轻易放弃了，确实让人痛心。

刘琮不敢露面，但刘琮的部下以及很多荆州士人却纷纷出城投奔了刘备。到当阳时，一路跟来的官员加上百姓竟有十万多人，光辎重车就有数千辆。只是这样一来，行军速度极慢，日行不过十余里。刘备不忍心丢下这些百姓，结果很快就被曹操的骑兵追上了。曹操也知道江陵是荆州的心脏，担心刘备抢占江陵，就派曹纯带了五千骑兵没日没夜地追赶，最后在当阳县的长坂坡追上了，大破刘备，随后南下，江陵不战而降。

平时我们看演义，只知道"张飞喝断长坂桥""赵子龙单骑救主"，好不精彩！却不知这背后，曹纯不但抓获了刘备的两个女儿，而且还获得了大量的百姓以及辎重，收编了刘备被击溃的部队，同时抓获了徐庶的母亲，徐庶不得已，只得放弃和刘备逃亡，转投曹操。

江陵去不了，刘备就想去江夏找刘琦，一行人仓皇东奔，跑到汉水边上的汉津渡口（今湖北沙洋），正好碰上关羽。关羽原计划走水路到江陵与刘备会合，按道理走水路快，但曹操进驻襄阳后，收服了刘表的部将文聘，知道关羽走水路，便派文聘率水军沿汉江追击，关羽一路上边战边退，耽误了时间。不过也许是天意，关羽在这里正好接上了刘备，于是一同前往江夏。这一次，刘备损失惨重，但好在凭着赵云和张飞以及关羽的努力，核心成员都还在。

刘琦镇守江夏，本来在江北抗拒东吴，听说曹操大军南下后，就避走江南，也就是夏口（今湖北武汉）这里。

和刘备一同到夏口的，还有鲁肃。

鲁肃本来是到荆州给刘表吊丧的。当然，吊丧只是个借口，鲁肃也是个战略家，他的目的是来打探荆州的情况：如果刘表的两个儿子和刘备和睦的话，东吴就和他们联手共敌曹操，如果不和的话再想别的办法。他知道刘备是个人物，只是苦于时运不济，而刘表的两个儿子又不和，这样很容易被曹操钻了空子，一旦荆州被曹操得手，东吴也就危险了。

鲁肃刚到夏口的时候，就听说曹操进兵荆州。凭直觉，鲁肃觉得刘备会去江陵，于是仍沿长江水路西行。到了江陵，鲁肃知道刘琮已经投降了曹操，刘备正在南逃，于是当机立断，从江陵北上去找刘备。在当阳长坂，鲁肃碰到了正在逃亡的刘备，这时刘备刚刚被曹操打败，正是人生当中最灰暗的时刻，于是鲁肃问刘备下一步有什么打算，刘备说："与苍梧太守吴巨有旧，欲往投之。"（一说吴巨是吴臣的误记）

很多人认为，这是刘备的借口，是在试探鲁肃的口气，想看看东吴是不是真心想和他结盟。但我觉得，试探只是一方面，刘备心里还有另一层想法，实在不行，也只有这一条路了，毕竟他不是荆州之主，又刚刚打了败仗，孙权未必会看得上他这个盟友，结盟只不过是鲁肃的个人意愿而已。

借口可以有很多，但刘备为什么会想到吴巨？我们先来了解一下苍梧在哪里？吴巨又是谁？如果孙权不肯结盟，刘备是不是只有这条路可走了？

苍梧郡在五岭以南，治所是广信，也就是今天的梧州。我们说，秦始皇征服百越，最关键的一环是开凿了灵渠，打通了湘江和漓江，而漓江与珠江（西江段）的交汇点正是在广信。今天的广东、广西在三国时属于交州，后来之所以有广东、广西的名称正是因为广信：广信以东称为广东，广信以西称为广西。在近代以前，两广都属于落后不开化的地区，因为隔着南岭，本身又是绵延无尽的山区，中央王朝对这里的统治也一直很薄弱，这样一来，广信的地位就非常重要，它不仅扼守着两广，还可以通过水路连通荆楚，可以说，广信是中原王朝控制岭

南地区的核心所在。

刘备说他和吴巨有交情，应该是在新野的时候的事。吴巨原是刘表的部下，后被刘表任命为苍梧太守。刘备在新野待了五六年，主要的事就是结交荆州名士，认识一些荆州官员并不奇怪。

话说如果孙权不愿意和刘备结盟，或者孙权直接投降了曹操，刘备同样无处容身，那么他还能流亡到哪里呢？北方已经被曹操一统，不可能再有他的容身之地，西边的巴蜀是个不错的选择，也在诸葛亮的计划之内，但这个时候刘璋还没有主动请刘备过去帮忙，如果强入，以刘备现有兵力，三峡肯定是打不过去的。各种退路都堵死之后，刘备只能再往南逃，苍梧将会是唯一的选择。刘备到了苍梧，可以先凭借吴巨的力量站稳脚跟，而以吴巨的野心和势力，又不足以吞并刘备，曹操一时也不会越过南岭，那么天长日久，刘备以自己的能力和手下的谋臣武将，完全可以在岭南打下一片江山。说不定，到那时候又会出现一个南越国（按刘备的意思应该是南汉），继续和曹操抗衡。

鲁肃听了刘备这句话后，说吴巨是个庸人，劝刘备不要去，于是把江东的情况给刘备讲述了一番，劝刘备和孙权联盟，共敌曹操。其实这也是之前在隆中时诸葛亮对刘备说过的话："外结好孙权，内修政理。"在战略方面，鲁肃的观点和诸葛亮不谋而合。另外，诸葛亮的哥哥诸葛瑾正效力于东吴，和鲁肃是好朋友，这样一来，两人的关系更近了一层。

曹操占据江陵后，准备顺江东下，诸葛亮就说："事急矣，请奉命求救于孙将军！"于是同鲁肃一同到柴桑来见孙权。

刘备也听从了鲁肃的建议，屯驻樊口。樊口即樊水注入长江的入口。樊水源于梁子湖，在鄂县（今湖北鄂州）城西注入长江。鄂县属于孙权的地盘，让刘备进入孙权的地盘避难，鲁肃的用意是以此逼迫孙权同意联盟，毕竟刘备已是天下名士。当然，为了不让避难变成投诚，刘备的主力并没有进驻樊口，关羽的一万水军仍在夏口，张飞、赵云又各率四千兵马进驻鲁山（今湖北武汉东北隅），同时也是为了防止曹军顺水东进。

从这一天开始，刘备就天天站在江边翘首以盼，等待着吴军的到来。

孙权移兵柴桑，一方面是在观望荆州的动向，另一方面也是防守，万一曹操

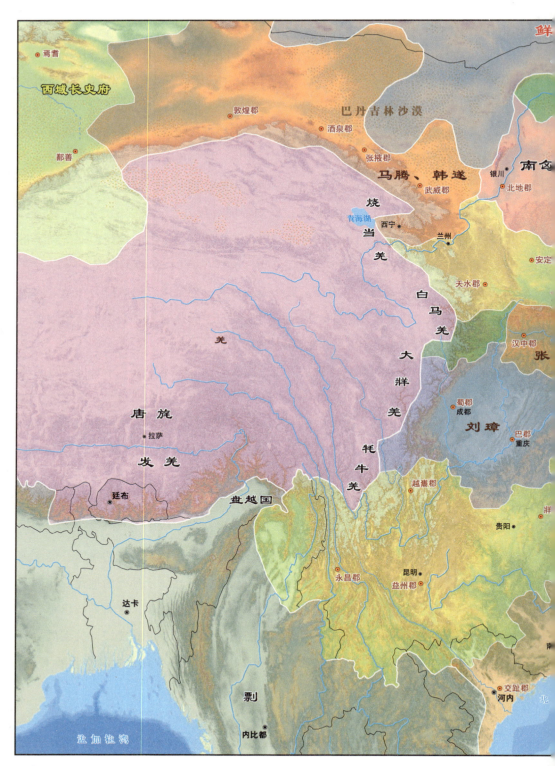

鲜

西域长史府

焉耆

鄯善

敦煌郡

巴丹吉林沙漠

酒泉郡

张掖郡

马腾、韩遂

南

银川

武威郡

北地郡

烧当羌

青海湖

西宁

兰州

安定

天水郡

白马羌

汉中郡

张

大

羌

牂羌

蜀郡

成都

刘璋

巴郡

重庆

唐旄

拉萨

牦牛羌

越巂郡

发羌

廷布

盘越国

贵阳

永昌郡

昆明

益州郡

达卡

骠

交趾郡

河内

北

内比都

孟加拉湾

赤壁之战前局势(208年)

125千米

在荆州得手，必顺江而下图谋江东，这里是从荆州进入江东的必经之地。

但到底要不要和曹操抗争，孙权心里其实是犹豫的。

孙权从没想过和曹操正面冲突，在曹操平定北方的时候，孙权打的是江夏，而对江东北岸的江淮地区毫无染指。现在曹操大军南下，不费吹灰之力就得了荆州，还给他写了一封信：

近者奉辞伐罪，旌麾南指，刘琮束手。今治水军八十万众，方与将军会猎于吴。

这意思很明显了，曹操的下一个目标是东吴。孙权靠着父兄两代人打下的基业，当然不肯轻易让人，但要打，又担心打不过。这也正是鲁肃和诸葛亮所担心的，他们的目的就是要让孙权下定决心，双方联合起来和曹操打一仗。

诸葛亮到了柴桑后，用的是激将法，意思是：你要是能打就赶紧打，要是不能打，那就赶紧投降。

孙权反问：刘备为什么不投降？

诸葛亮答道：田横听说过吧，不过是齐国的一个旧贵族，因不肯降汉而自杀，刘豫州是皇族后裔，不成功只是天意，怎么能屈居人下！

孙权说：刘备只有那么点人都不肯投降，我东吴这么大片地方，兵甲上十万，更不能投降！

但是，孙权又问了一个问题，那就是刘备刚刚被打败了，还能打吗？意思是还有能打的本钱吗？

诸葛亮能列出来的，也就是关羽手下还幸存的一万兵马，再加上刘琦手下的一万来人，总共也才两万来人。这——孙权听了，心里直打鼓。

在东吴的阵营里，也分化出了两派：主战派以鲁肃、周瑜为代表，主和派以张昭为代表。

张昭分析得很明白：东吴原本是靠着长江天险才能和曹操对峙，但现在曹操夺了荆州，天险不存在了，反而占据了上游的优势；另外，曹操不但得了荆州的地，还得了原来刘表手下的几万水军和数以千计的船只，如果顺着长江水陆俱下，东吴难以抵挡。

其实最关键的，还是实力，曹操打了那么多胜仗，占了那么多地方，就算没有八十万大军，实际数量也不会少，和他比起来，孙权和刘备的这点兵力简直是微不足道。

最关键的还是鲁肃的话，鲁肃对孙权说，我们谁都可以投降，只有你不能投降，我们投降了，还可以干原来的差事，该干吗干吗，没准还能升官，但是主公你呢？你猜曹操会怎么安置你？

孙权猛然醒悟：这些人分明是在坑我啊！

最后是周瑜给孙权分析了一下曹操的兵力，说曹操从中原带下来的兵力不过十五六万，收服原刘表的兵力不过七八万，加起来也就二十多万人。中原来的兵，不习水战，原刘表手下的兵，还心怀犹疑，所以人数虽多也不足为患，他用五万精兵就可以破曹，孙权的心结这才解开：二十万和八十万，这差别太大了，曹操也太能吹了，差点把人给吓死！于是下定决心和曹操决一死战。

孙权一下子给不了周瑜五万精兵，只给了三万，说后续给他补上。周瑜就带着这三万兵马沿长江西进，中途与刘备会合，然后继续逆长江而上，迎击曹军。

曹操自领大军从江陵出发沿江东下，最后与孙刘联军在赤壁相遇，双方交战，曹操首战不利，于是屯兵江北乌林一带，孙刘屯兵于南岸，两军对峙。

这就是赤壁之战的开始。

赤壁之战的过程其实大家都耳熟能详了，那就是黄盖以诈降之计，借着东南风放了一把大火，把曹操的几十万大军烧得丢盔弃甲。

要说曹操在赤壁之战中失败的原因，其实诸葛亮和周瑜在事前都分析过了：一是曹操连年用兵，又劳师远征，中原的士兵到了南方水土不服，多生疾病；二是荆州新近归附的将士还存在观望心态，人心不齐，虽然号称百万之众，实际战斗力并没有那么强。

但最关键的，还是那一场东南风帮了大忙，所以杜牧说："东风不与周郎便，铜雀春深锁二乔。"

我们看火烧赤壁的过程，无论是演义的还是史书记载的，二者并没有本质的差别，但无论我们看了多少个版本，心中始终有个疑惑：

这东风到底是从哪里来的？

第十三章　东风从哪里来

首先可以肯定的是，不是诸葛亮借来的。老子说："天地不仁，以万物为刍狗。"天地自有它的运行规律，不会为了人间的一场战争而去偏袒谁。

但历史上记载确实有这场风，只是这风是如何产生的，翻遍各种资料，也没一种说得明白，大多数只是"可能""正常""不奇怪"这种模棱两可的答案。有的还扯上"地球偏转""气压梯度力"等专业名词，简直不知所云。

那我们就试着从地理的角度来解释一下。

要知道东风从哪里来，就得先了解一下风是怎么产生的。

权威的解释是：风是由空气流动引起的一种自然现象，它是由太阳辐射差异引起的。

我们通俗点说，就是太阳照在不同的地方造成温差，因为有温差空气就要流动，于是风就产生了。在地球上，这种因太阳辐射差异而造成地球表面温度不均从而引起的大气运动，叫大气环流。大气环流有固定的规律，它所产生的风叫信风。顾名思义，信风就是很讲信用，一年到头都来自同一个方向。但中国的地理位置很特殊，我们地处欧亚大陆的东端，不但有世界屋脊青藏高原阻隔信风的长驱直入，身边还有世界最大的水体——太平洋，所以影响中国的风主要是季风。

顾名思义，季风就是因季节不同而变化的风，给我们的直观感觉是，一到春天就是"吹面不寒杨柳风"，而冬天一旦来临就是"北风卷地百草折"。简单地说，在中国这片土地上，冬天刮西北风，夏天刮东南风，春秋正是两种风交替

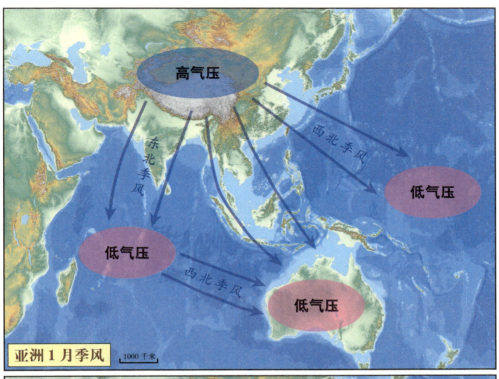

高气压

东北季风

低气压

西北季风

低气压

低气压

西北季风

低气压

亚洲1月季风　　1000千米

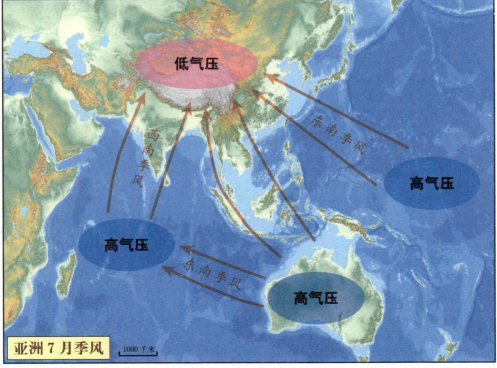

低气压

西南季风

东南季风

高气压

高气压

东南季风

高气压

亚洲7月季风　　1000千米

的时候。因为我们喜欢简称，所以常把西北风称西风或北风，东南风称东风或南风。如果按照古人的习惯，春、夏、秋、冬对应的就是东、南、西、北风，这一点在诗词里很常见："等闲识得东风面，万紫千红总是春"，毫无疑问指春天；"南风知我意，吹梦到西洲"，是舒适的夏天；"枯藤老树昏鸦，小桥流水人家，古道西风瘦马"，这首小令的名字就叫"秋思"；"千里黄云白日曛，北风吹雁雪纷纷"，描写雪景的诗，通常少不了代表冬天的北风。

这里我们先不管信风的问题，只说和中国有关的季风，那么季风到底是如何产生的呢？

在物理学上有个词，叫比热。就是相同质量的物质升高或下降单位温度所吸收或放出的热量。打个比方，同样重的一锅水和油，水的比热大，我们要烧开一锅水比较慢，而烧开一锅油就快得多，这就是二者的比热不同造成的。拿我们生活中的感受来举例，夏天的时候，如果湖边有块大石头，它会晒得烫屁股，而湖里的水还很清凉，这是因为水的比热大，在吸收相同热量的情况下，水升温慢，石头升温快。同样的道理，到了隆冬季节，你再摸一摸湖边的那块石头，会感到很冰凉，而湖里的水还有温度，鱼儿在里面游泳也不会冻死。在我们日常所见的物质当中，水的比热是最大的，所以在接受同样太阳光照的情况下，水的温度上升得最慢。反过来，在散失热量的情况下，水下降的温度也最慢。为什么感冒时要多喝水，也是这个道理，水能保持你的体温相对均衡。

我们可以把欧亚大陆比作那块石头，那个湖就是太平洋。夏季来临的时候，北半球吸收的热量大于散发的热量，整个北半球开始升温，欧亚大陆因为是砂石土壤结构，比热小，升温快，而太平洋全是水，比热大，升温慢。升温快的地方，表面的空气被加热，热空气因密度小而上升，形成低压（你可以想象一下，脑袋顶上的空气往上跑了，是不是压力小了？所以叫低压）；而在太平洋地区，情况恰好相反，贴近水面的空气温度低于附近空气的温度，冷空气因密度大而下沉，形成高压。高压区的空气一定会往低压区跑，于是太平洋的暖湿气流向欧亚大陆移动，这时东南风就产生了。

同理，冬季的时候，太阳去照顾南半球了，北半球散失的热量大于吸收的热量，气温也一天比一天低。还是因为水的比热大，在散失相同热量的情况下，太平洋的温度降得慢，而欧亚大陆降温比较快。也就是说，太平洋上的空气温度比较高，热空气上升，形成低压；而欧亚大陆地表空气的温度比较低，冷空气下沉，形成高压。高压区的空气向低压区流动，于是干冷的西北风就产生了。

所以在整个中国大环境下，季风的改变是因为地球的公转而产生的，不会受任何其他条件的影响。赤壁之战发生在建安十三年（208年）的冬天，两千年前的地球和今天的地球一样围绕着太阳转，没有任何改变，所以赤壁之战爆发时，中国大部分地区刮的是西北风，赤壁之战所发生的地方，即今天的湖北省，属于季风区，毫无疑问刮的也是西北风。

那会不会有特殊情况呢？

季风的产生，其实可以用另一句话来概括：它是由海陆热力性质差异引起的。但我们为什么不用？因为这句话是用来描述海陆风的。

海陆风产生的原理其实和季风一样，只不过它不随季节变化，而是随日夜变化，而且发生在局部地区，主要是沿海。

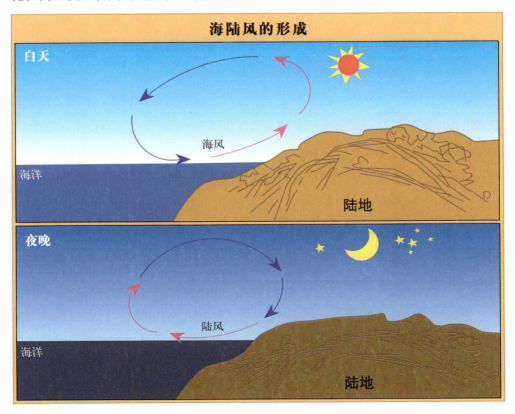

海陆风的形成

在海边，白天日照强，陆地升温快，海水升温慢，于是在陆地形成低压，海面形成高压，高压区的空气向低压区移动，形成海风。

晚上，情况正好反过来，海洋和陆地开始向大气散热，陆地降温快，海面降温慢，于是在陆地形成高压，海面形成低压，高压区的空气向低压区移动，形成陆风。

这就是海陆风形成的原理，它可以在大环境盛行季风的情况下，在局部地区形成自己的风向。当然，这个时候的季风不能太强劲，否则海陆风起不了作用。

内陆并没有海，如果把海换成湖，那么在相同条件下也会产生这种风，为了区别，我们就称它为湖陆风。

那么在赤壁附近是否有产生湖陆风的条件呢？

首先要有水，然后才有这种可能。

如果我们打开赤壁附近的地图，会发现这附近只有长江，长江的水域面积小，而且呈带状，还不足以对局部气候产生影响，所以我们还得再找，看看是不是还有别的水域。

如果我们把时光倒流，还真就发现这里曾经有一大片水域，那就是云梦泽。

先分清一个概念：古云梦泽和云梦泽。

远古的时候，从湖南到湖北都是一片汪洋，这就是古云梦泽。后来，由于长江泥沙的堆积，长江以北形成云梦泽，长江以南形成洞庭湖及其附近的平原。之所以南北有差别，是因为北边还有一条汉水，汉水所携带的泥沙同样在这里堆积，所以北边没有遗留下一个像洞庭湖那样的大片水域（洪湖是明清时期才形成的，体量也不能跟洞庭湖比），而是一群小湖泊，像珍珠一样散落其间。

云梦泽是对长江以北这一带湖泊的总称。也就是说，云梦泽是一片大大小小的湖泊，这里面也有沼泽，还有可勉强供人行走的小路，这样的地理条件虽然不能跟海洋相比，但因为含水量很大，和一个大湖已经没有什么区别。

东汉时期，云梦泽还在。到三国时期，云梦泽刚刚开始沉积，总体范围变小，但水域面积依然很大。实际上我们看三国时期的地图就会发现，当时的城市主要建造在沿云梦泽的边缘地带，原因就是这里依然是湖泊纵横、沼泽遍地，不适合建造定居点。后来的江汉平原，正是云梦泽沉积后形成的。即使是今天，江汉平原上依然星罗棋布着数不清的湖泊，所以我们可以想象，在三国时期，云梦泽的水依然很多，我们完全可以把这里看成是一大片水域。

解决了水的问题，我们再来找山，那么赤壁附近有没有山呢？

好在不管人类历史如何变迁，山脉的变化极小，在赤壁的东南方向，的确有座大山，这就是幕阜山。幕阜山是今天湖北和江西的界山，体量也够大，足以改变这一带的局部气候。

好了，我们以赤壁为中心来看，它的西北方有云梦泽，东南方有幕阜山，这一山一水，只要条件达到，就可以产生我们前面所说的湖陆风。

假设在某个冬日，赤壁一带风和日丽，幕阜山因为是岩石结构，比热小，受日光照射后升温快，形成低压；云梦泽含水量大，比热大，升温慢，形成高压——高压区的气流向低压区移动，产生西北风，这和当时的季风风向一致。

到了晚上，幕阜山因为比热小，温度很快就降下来了，冷空气下沉，形成高压；而云梦泽的水在白天接受太阳照射后温度已经很高了，此时温度下降得慢，

赤壁附近地形

15千米

热空气上升，形成低压——这时高压区的气流向低压区移动，也就是幕阜山的气流向云梦泽移动，于是东南风就产生了。

所以我们可以得出结论，在季风活动不强的时候，只要这里白天太阳好，那么到了晚上，就会产生东南风。

按《江表传》记载："时东南风急。"可见当天确实刮了东南风，风还挺大。这里的"江表"指的是江东，我们知道一个成语叫"表里山河"，表和里对应，就是外的意思，今天还常用一个词"外表"，外和表其实同义，江表就是江外，从中原政权的视角来看，长江以外就是江南，一般特指长江下游的江东，三国时就经常称江东为江表。从纬度上讲，建业比江陵还靠北，与襄阳相当，但我们很少称荆州的南部为江南，是因为荆州的核心地带都在江北。

言归正传，为什么要强调白天是个大晴天？为什么要强调幕阜山？

因为只有白天日照强，云梦泽的水温才会高，这样到了晚上，和陆地上的气压反差才会大，气压反差大也就意味着风大。同样的道理，如果没有幕阜山，只要有陆地，和云梦泽之间也会形成湖陆风，但一般的陆地组成成分是土壤，土壤都含有一定水分，这样和湖水的比热差别就小，而幕阜山是岩石结构，石头里面不含水分，比热更小，这样温度下降得更快，和云梦泽之间的气压差也就更大，产生的风也就更强劲。

历史上并没有记载赤壁之战到底是发生在晚上还是白天，但按我们以上的分析，白天产生的仍是西北风，只有晚上才会产生东南风。这一点，《三国演义》里说得很清楚：傍晚时并没有起风，周瑜急了，怪诸葛亮说大话，一直等到三更时分东南风才起。三更即是半夜，也就是夜里十一点到凌晨一点。这非常符合我们的推测，太阳刚下山的时候，幕阜山上的温度还没有降下来，必须要等到深夜，幕阜山上的气温足够低，才能产生湖陆风。从常识上判断，黄盖诈降，以举火为号，也只能是在晚上干才合适。

事实上，正是由于云梦泽的存在，曹操败走华容道的时候才会狼狈不堪。曹操从乌林撤往华容，正是穿过了云梦泽，云梦泽里固然有路，但沼泽泥泞遍地，非常不好走，很多老弱病残正是在这次逃跑中填了泥坑。

还有一个问题，孙刘联军用火烧赤壁的方法大破曹军，不是一时兴起，而是精心准备的。那么他们怎么知道会有东南风呢?

　　这个其实不难理解，诸葛亮说为将者要懂天文地理，但中国古人的地理气象知识有限，我们今天靠着卫星云图预测天气还经常有判断不准的时候，何况当时! 但别忘了中国是个农耕民族，农耕是靠天吃饭，所以对气象的记录是一件非常重要的事情，赤壁的官吏，一定会对当地的气候做详细的记录，久而久之，他们也发现，这里在冬天的时候，偶尔也会刮东南风。孙刘联军正是了解这个先决条件，才决定用火攻。但东南风到底会在哪一天刮，历史记录得再详细，孙刘联军也无法预测将来要发生的事，所以他们一边准备一边等待，到了"万事俱备，只欠东风"的时候，只等那半夜里东南风一起，火借风势，风助火威，烧得曹军丢盔弃甲，落荒而逃。历史也因这场大火而改变。

　　赤壁之战后，曹操损失惨重，仓皇退往江陵，孙刘联军水陆并进，一路追击。曹操担心后方不稳，留曹仁、徐晃继续留守南郡（治所江陵），文聘守江夏（江北部分），乐进守襄阳，自己则退往北方休整。

　　曹操大概自己也没想到，这一去，终其一生都没有机会再来荆州。

第十四章　刘备借荆州

曹操退往北方后，留下曹仁守南郡。孙刘联军追到江陵，曹仁龟缩在江陵城里不出来。江陵是荆州传统的政治中心，原本是荆州的治所，刘表到任后，为防止中原各路诸侯觊觎荆州，才把治所迁到襄阳，但大部分的钱粮和武器都放在江陵，再加上城防很坚固，刘备和周瑜一时难以攻克。正是在这次攻打江陵的过程中，周瑜胁[xié]下（腋下至腰部称之为胁，即两侧肋骨所在）中了一箭，但仍坚持战斗。至于这一箭和周瑜后来的死有没有关系，的确很难说，毕竟以当时的医疗条件，又是在战场上，当地又有流行疾病，是不是留下了什么病根也说不定。

刘备见江陵一时难以攻克，就掉转马头向南，目标是荆南四郡：长沙、武陵、桂阳、零陵。

当然，刘备是打着刘琦的旗号去的，荆州原来就是刘表的，既然刘表死了，那么他的儿子，不管是刘琦还是刘琮，在法理上都有权继承荆南四郡。所以，刘备一来，武陵太守金旋、长沙太守韩玄、桂阳太守赵范、零陵太守刘度一路望风而降。

等刘备回来的时候，周瑜也拿下了江陵，曹仁弃城而走。

到这时（209年），荆州就被一分为三了。

我们常说荆襄九郡，那是后来的叫法，像曹孙两家，后来都在原有的行政区划上新设了一些郡，比如曹操就曾把南郡的北部改为襄阳郡。毕竟战乱时期郡县的划分经常变化，我们还是以刘表统治时期的行政区划为准，荆州总共有七郡，

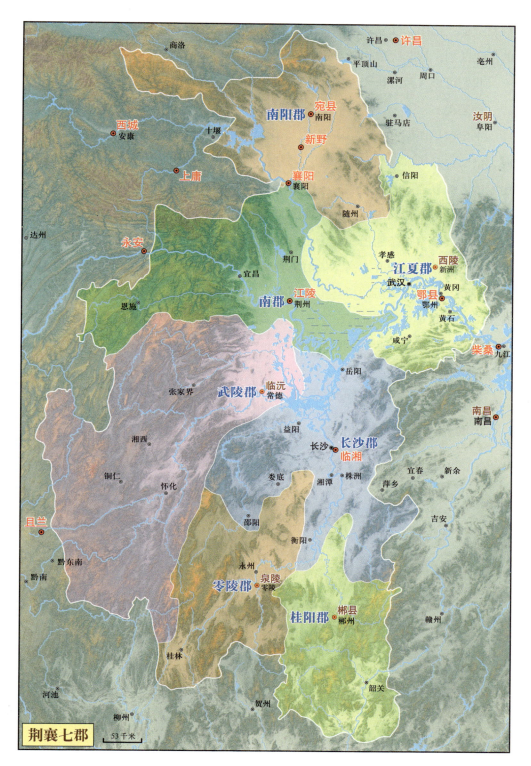

许昌　•许昌
平顶山
漯河　周口　亳州
商洛
汝阴
南阳郡　宛县
　　　•南阳　驻马店　阜阳
西城
•安康　十堰　新野
上庸　　　　　信阳
达州　　襄阳　•襄阳
　　　随州
永安　　荆门　孝感　江夏郡　西陵
　　　•新洲
宜昌　武汉　黄冈
恩施　南郡　江陵　鄂县
　　　•荆州　•鄂州
　　　黄石
咸宁
柴桑•
九江
岳阳
张家界　武陵郡　临沅
　　•常德
益阳　　　南昌
•南昌
湘西　长沙　长沙郡
铜仁　　　•临湘
怀化　娄底　湘潭　株洲　宜春　新余
且兰•　　　萍乡
黔东南　邵阳　　　吉安
黔南　衡阳
永州　零陵郡　泉陵　郴县
桂阳郡　•郴州
赣州
桂林　　　韶关
河池
柳州　贺州

荆襄七郡　⊢53千米⊣

111

荆北三郡：南阳、江夏、南郡；荆南四郡：武陵、长沙、桂阳、零陵。对比现在的行政区划，荆北大致相当于湖北省，荆南大致相当于湖南省。

我们可以大致分析一下这几个郡的战略地位。

南阳郡：

主要包括南阳盆地，治所宛城。南阳盆地本身就是个产粮区，可以养兵；同时，南阳也是历来兵家必争之地，因为这里控制着三个关键的通道：北边是去往中原的方城夏道，西边是通往关中的武关，南边是荆州的军事重镇襄阳，还控制着通往汉水以东的随枣通道。方城夏道是由连接伏牛山和桐柏山的一条断续的山脉分割而成，有多条通道通往中原，控制这些通道，也就控制住了荆州通往中原的必经之路，这些山并不高，依山筑城或因山设伏是兵家常用的方式。武关虽不属于荆州，但出武关后的析县（今西峡）和南乡都在荆州手上。至于襄阳，之前说过多次，重要性不言而喻，这里再说说之前很少提到的随枣通道。枣是枣阳，随是随州（随县）。随枣通道上的咽喉正是这个随县，这里也是曾出土过大名鼎

鼎的曾侯乙墓编钟的地方。早在周朝的时候，这里就是个战略要地，当时这里有个随国，随国即曾国，随县也正是因此而得名。随县控制着通往江夏郡的通道。

在南阳郡还有一个地方值得注意，那就是诸葛亮躬耕陇亩之地——隆中。襄阳属于南郡，南阳郡和南郡的分界线本来在汉水上，但在襄阳的西边却拐了个弯，划到汉水南岸去了，于是隆中就归了南阳郡。今天的南阳市和襄阳市为了诸葛亮躬耕故居的身份争得不可开交，原因正在这里。南阳市认为躬耕故居在南阳，理由是诸葛亮自己在《出师表》中说"臣本布衣，躬耕于南阳"。诸葛亮自己不会说瞎话，但这个南阳指的是南阳郡，而不是现在的南阳市，现在的南阳市在当时叫宛城或宛县。襄阳市的理由很简单，因为隆中就在旁边，现在归襄阳市。其实《汉晋春秋》记载得很清楚："亮家于南阳之邓县，在襄阳城西二十里，号曰隆中。"这个邓县正是春秋时的邓国，楚国灭掉邓国后设县，汉朝延续下来，位置就在樊城以北约五公里的地方，属于南阳郡的下辖县，樊城和隆中都在邓县辖区内。不管怎么说，诸葛亮的草庐就在隆中是确凿无疑的，只不过，隆中在东汉时属于南阳郡，在今天属于襄阳市，以至于今天这两个市为了抢夺诸葛亮的故居各执一词，要怪只能怪汉朝的政区划分太奇葩，好好的沿汉水划界不行，非要在隆中这里拐个弯。

江夏郡：

治所在西陵（今湖北武汉新洲）。刘表派黄祖任江夏太守，就是为了防止东吴的进犯。东吴从孙策开始到孙权都在不停地攻打江夏郡，一方面是为了报黄祖的杀父之仇，另一方面也是想从这里攻占荆州。荆州在东吴的上游，如果占据了荆州，不但东吴安全了，还可以从荆州攻入巴蜀，这样东吴就可以与北方的曹魏平分天下了。实际上在东吴上层一直有两种思潮：一种是联刘抗曹，比如鲁肃；另一种是与曹操平分天下，比如周瑜。孙权也一直在这两种思想中摇摆。刘琦接管江夏郡之后，实际上长江以南大部分地区已经被东吴吞并，江南只剩夏口一带，等曹操一来，刘琦南下，江夏事实上已经被曹、孙两家瓜分。也正是因为东吴有了江夏，后来才能偷袭南郡，进而占据大半个荆州。

江夏郡的东部，连接着东吴的柴桑（今江西九江），而北面，正是义阳三关（平靖关、九里关、武胜关）。义阳三关不仅是桐柏山和大别山的连接点，也是从荆州腹地通往中原的一条非常险要的通道。在汉朝的地图上，我们可以看到荆州的行政区划越过大别山往北延伸了一块，正是为了控制义阳三关。

江夏郡还有一个很重要的地方，就是鄂县，也叫鄂城。鄂城曾是春秋时鄂国所在地。东吴占领这里后，经营日久，后来还把首都迁到这里，改名武昌。

南郡：

南郡是整个荆州的精华所在，北有襄阳，南有江陵。二者之间正好有个荆山，荆州的名称正是来源于此。应该说，这一带正是荆楚文化的发源地。襄阳的重要性不用多说，江陵自古以来也是荆州的政治中心，当年楚国的都城就设在这里。江陵靠近云梦泽，附近都是荆州最肥沃的地方，产粮，所以江陵也是荆州的经济中心。在刘表到任之前，荆州的治所在江陵，刘表到任后，为了防止北方诸侯觊觎荆州，就把治所迁到襄阳，但江陵的地位并没有变。相较而言，襄阳是前线，而江陵是大后方。曹操在占据襄阳后马上南下攻取江陵，后来赤壁之战时也以江陵为基地，正是这个原因。外来的势力，一旦占据襄阳和江陵，基本也就把控了整个荆州的命脉。另外一个，南郡还管控着三峡通道，如果要从荆州进入巴蜀，必然经过南郡的地界。所以南郡的战略地位非常重要。

长沙郡：

治所临湘（今湖南长沙），相比于荆北三郡，荆南四郡的条件差得多。不过在荆南四郡里，长沙和武陵两郡又是条件最好的，特别是长沙，几乎汇集了荆南的精华。长沙郡有湘水流过，又靠近洞庭湖平原，所以产粮。在古代，长沙的战略地位并不明显，主要的作用就是荆州通往岭南的必经之路。长沙的战略地位要到近代抗日战争时期才体现出来。

武陵郡：

即战国时期的黔中郡，刘邦时期取"止戈为武，高平为陵"之意，改为武陵郡。武陵郡是荆州通往西南的通道。武陵郡的治所在临沅（今湖南常德），临沅的意思就是在沅水边上，沿沅水而上，可以进入沅水，沿沅水而上就可以到达且兰，进入云贵高原，从云贵可以沿赤水河而下进入巴蜀；或者再往西，从普渡河和金沙江进入巴蜀。所以武陵郡是荆州西南的门户，也是从荆州通往巴蜀的另一条通道。

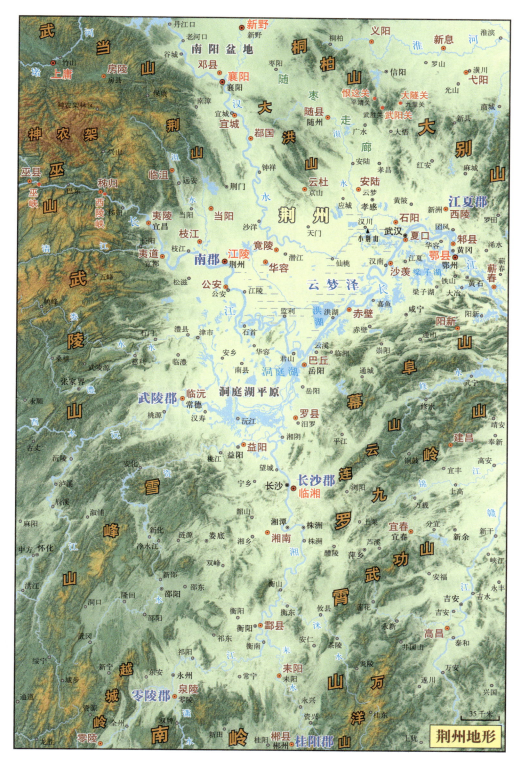

武当山　河　丹江口　新野　义阳　新息　河　淮滨
竹山　上庸　房陵　老河口　新野　桐柏　信阳　罗山　潢川　弋阳
神农架林区　谷城　南阳盆地　枣　義　恨这关　大隧关　光山　商城
神农架　房县　邓县　随　随县　平靖关　九里关　新县
巫县　巫山　秭归　荆山　南漳　宜城　枣县　随州　走　武胜关　武阳关　大悟　红安　麻城　大别山
巫峡　巴东　西陵峡　株归　临沮　远安　荆门　云杜　安陆　孝昌　黄陂　新洲　西陵　罗田
西陵峡　夷陵　当阳　当阳　京山　云梦　孝感　黄冈　江夏郡
长江　宜昌　枝江　沙洋　天门　应城　汉川　石阳　夏口　华容　邾县　黄冈　蕲春
武陵山　夷道　枝江　竟陵　潜江　仙桃　汉南　夏口　鄂县　鄂州　黄石　大冶
南郡　江陵　华容　云梦泽　长江　嘉鱼　沙羡　梁子湖　铁山　黄石
公安　公安　江陵　监利　洪湖　赤壁　阳新　山
澧县　津市　石首　华容　云溪　临湘　崇阳　咸宁　阳　大冶
武陵山　石门　安乡　南县　君山　巴丘　通城　阜
慈利　临澧　洞庭湖　岳阳　修水　武宁
张家界　武陵源　常德　洞庭湖平原　罗县　平江　铜鼓　建昌　幕　山
永顺　西　沅江　湘阴　奉新　靖安
古丈　沅陵　益阳　益阳　望城　长沙郡　莲　浏阳　万载　上高　江
泸溪　安化　宁乡　长沙　临湘　九　锦　新余
雪　资　韶山　株洲　茶陵　宜春　分宜　新干
麻阳　溆浦　新化　涟源　娄底　湘潭　湘南　株洲　醴陵　萍乡　安福　永丰
中方　怀化　峰　停水江　双峰　衡山　湘　武　山　吉安
洪江　新邵　邵东　衡阳　衡东　攸县　安仁　霄　莲花　吉水
洞口　隆回　邵阳　祁东　衡南　茶陵　炎陵　永新　井冈山　万安　遂川
武冈　新宁　永州　常宁　耒阳　耒阳　万　遂川　兴国
绥宁　越城　零陵郡　泉陵　永州　资兴　桂东　洋　上犹
通道　岭　南　零陵　新田　郴县　桂阳郡　山

35千米

荆州地形

桂阳郡：

治所郴县（今湖南郴州），已经到了荆州的最南端。从地理的角度上讲，桂阳郡所辖的范围已经深入到五岭以南了，实际对南方的南海郡（广东）有威慑之意。不过这里的路非常难走，真要去往岭南，还是要取道零陵。

零陵郡：

治所泉陵（今湖南永州市零陵区），本身是山区，兵粮都不足，但零陵郡管辖着湘江和漓江的源头，自然也包括灵渠，是中国腹地通往岭南的主要通道，战略价值不一般。刘备提到的老朋友吴巨所占据的苍梧郡就在零陵郡的南方。当年刘表能轻易地把势力渗透到交州，也是得益于零陵郡的地理优势。

赤壁之战后，荆州七郡之中，荆南四郡归了刘备，北边的南阳郡归了曹操。东部的江夏郡一分为二：长江以北归曹操，长江以南归孙权。西部的南郡也是一分为二：北部归曹操，南部归孙权。

表面上看，刘备得到的地盘最多，荆州七个郡有四个郡在他手上，但实际情况是，荆南四郡都是靠近山区，地广人稀，钱粮有限，刘备拿下荆南四郡，只不过是为荆州巩固了一个稳定的后方，实际上并不能给他带来多少资源。

所以，刘备把办公地点设在油江口（周瑜从南郡里分给刘备的一块地），他还在这里筑了一个城，取名公安。

公安是个小县城，处于长江南岸，如果刘备要从这里去往西川，就得路过江陵，而江陵在孙权的手上，两家再友好，在非战时状态下，也是不能在对方地盘上驻军的，擅自路过也不行。于是刘备亲自赶到京口请求孙权把南郡借给他。京口是长江边上的渡口，在今江苏镇江境内，赤壁之战后，孙权就从柴桑回到了东吴的首府吴郡（今江苏苏州），恰好周瑜也回来汇报工作。

周瑜兼任着南郡太守，拼了命打下来的城池，他当然不肯借。周瑜还向孙权建议，刘备是个人物，应该把他软禁起来，直接管理他的军队。

但鲁肃认为，以现在的形势，东吴实际上是在单独对抗曹操的压力，刘备躲在东吴的身后，和曹操根本不接壤，也无法承担抗曹的重任。如果把南郡借给刘备，那么刘备在南郡、东吴在江夏，双方仍然可以共同抵抗曹操。更重要的是，曹操回到北方后，似乎是醒悟过来了，开始在江淮一带布局，如果不把南郡借给刘备，东吴就会陷入和曹操两线作战的境地。

鲁肃的着眼点是在三足鼎立，周瑜想的却是南北两朝。他向孙权建议西取巴蜀，一旦成功，就可以和曹操南北对峙，到了那时候，刘备就不重要了。

孙权没有软禁刘备，倒是同意了周瑜西征巴蜀的方案。结果周瑜在辞别孙权，返回江陵，路过巴丘（今湖南岳阳）的时候，病死了。

也是刘备命好，周瑜死后，鲁肃替代了周瑜的职位，孙权采纳了鲁肃的建议，把南郡借给刘备了。

所以你看，我们常说刘备借荆州，实际上借的是半个南郡，连荆州的十分之一都不到，不明白的还以为孙权把整个荆州都借给了刘备。之所以会有这种以讹传讹的说法，大概是因为明朝时在江陵设置了荆州府。明朝的荆州府相当于今天的荆州市，而汉朝的荆州比今天的湖南、湖北两个省加起来还要大，管辖的范围差了十万八千里，《三国演义》成书于明朝，有这种误解也就不足为怪了。

不过，我们似乎忘了一个人，那就是刘琦。刘琦是正儿八经的江夏太守，按道理，刘琮投降曹操之后，他完全可以拉个大旗把荆州的残余势力都拉拢在自己的名下。但很可惜，这一点他做得还不如刘备。拉拢人心是刘备的看家本领，荆州的人士除了投降曹操外，基本都投靠了刘备。刘备在荆州的声望连东吴也不得不重视，这也是他们肯借南郡的理由之一。

刘琦是个孝子，但和他父亲一样，胸无大志。他不如父亲的地方是，连他父亲的能力也没有。刘备到了江夏以后，刘琦基本过着声色犬马的生活，一切事务全靠刘备打理，在刘备打下荆南后，刘琦就病死了。刘琦死后，他的兵马也就归了刘备，地盘自然也归了刘备。不过刘琦剩下的地盘不多，名义上江夏郡都是他的，但东吴早在打黄祖的时候就把江南大部分都吃掉了，再加上江北被曹操一占，实际上刘琦也就仅剩夏口附近一小块地方了。这一小块地方成了刘备在东吴地盘上的一块飞地，很不好管理，所以在这次借南郡的交易中也被划给东吴了。

刘备借完南郡之后，荆州地区就出现了三足鼎立之势：曹操占据北部的南阳郡，孙权占据东南部的江夏郡，刘备占据西南部的南郡。两家一东一西同时牵制着曹操，曹操在荆州就很难有所作为了。后来的三国鼎立，其实就是三分荆州的放大版。

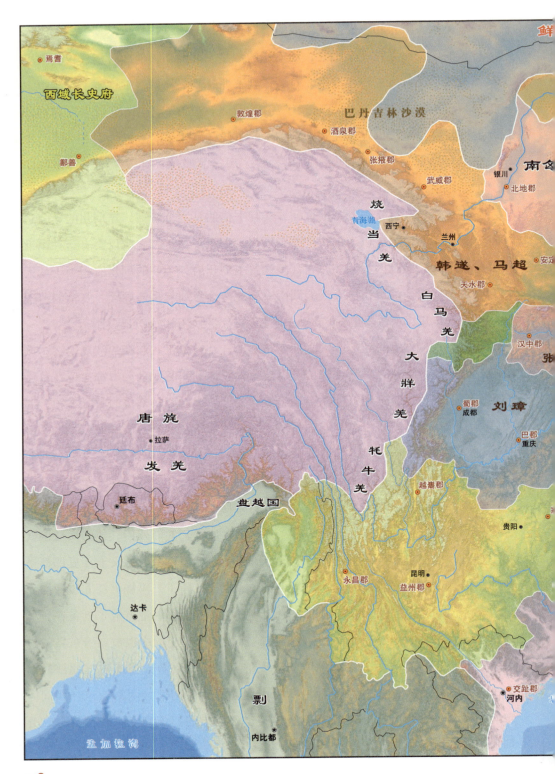

西域长史府

焉耆

鄯善

敦煌郡

巴丹吉林沙漠

酒泉郡

张掖郡

武威郡

银川

北地郡

南仓

青海湖

烧当羌

西宁

兰州

韩遂、马超

天水郡

安定

白马羌

汉中郡

张

大牂羌

蜀郡
成都

刘璋

唐旄

拉萨

牦牛羌

巴郡
重庆

发羌

越巂郡

廷布

盘越国

贵阳

永昌郡

昆明

益州郡

达卡

票

交趾郡

河内

内比都

孟加拉湾

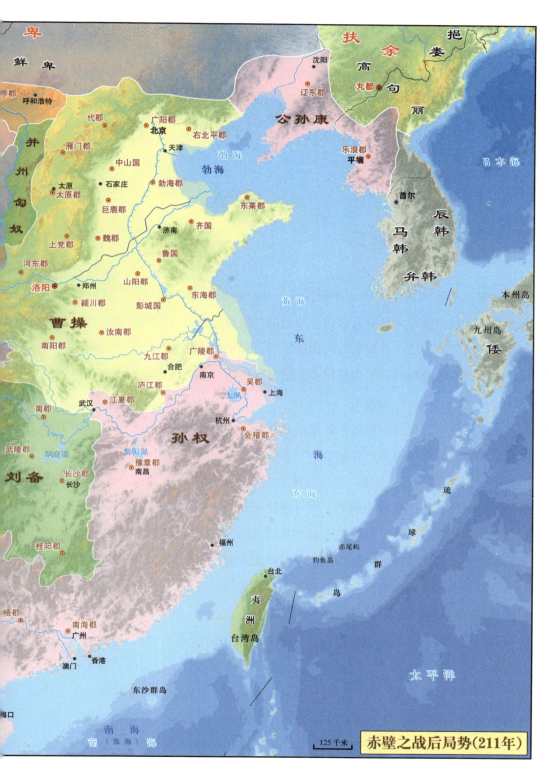

卑
鲜卑
呼和浩特
井州
匈奴
扶余
挹娄
沈阳
辽东郡
高句丽
丸都
公孙康
乐浪郡
平壤
日本海
代郡
广阳郡
北京
右北平郡
天津
勃海郡
勃海
渤海
雁门郡
中山国
石家庄
太原太原郡
巨鹿郡
上党郡
魏郡
河东郡
洛阳
郑州
颍川郡
曹操
汝南郡
南阳郡
东莱郡
济南
齐国
鲁国
山阳郡
东海郡
彭城国
黄海
首尔
辰韩
马韩
弁韩
本州岛
九州岛
倭
九江郡
合肥
广陵郡
庐江郡
南京
吴郡
太湖
上海
南郡
武汉
江夏郡
杭州
会稽郡
孙权
东海
鄱阳湖
武陵郡
洞庭湖
豫章郡
南昌
刘备
长沙郡
长沙
桂阳郡
福州
台北
夷洲
台湾岛
东海
琉球群岛
赤尾屿
钓鱼岛
梧郡
南海郡
广州
香港
澳门
东沙群岛
太平洋
海口
南海
南（涨海）海

125千米

赤壁之战后局势(211年)

119

第十五章 马超起兵

赤壁之战让刘备彻底打了个翻身仗，从一路流亡到割据一方。这时刘备快五十岁了，我们今天大部分人在这个年纪都开始盘算着退休后的生活，而刘备的事业才刚刚开始，还在计划着如何西取巴蜀，以实现诸葛亮三分天下的谋划。与此同时，孙权也没闲着，一边征讨不时造反的山越，一边向南进军交州，但还是以固守自己的一亩三分地为主。

自汉末以来，交州因地处偏远而难以管制，前交州刺史朱符、张津都因为难以有效控制局势而被迫逃亡和被杀，刘表治理荆州时派赖恭担任交州刺史，吴巨担任苍梧太守，后二人相怨，吴巨将赖恭驱逐到零陵郡，赖恭于是向孙权求援，孙权随即命步骘[zhì]任交州刺史，南行接管交州。

东吴和刘表有世仇，苍梧太守吴巨是刘表的人，所以步骘到任后，苍梧太守吴巨不服，步骘于是设局将他杀害，一时声威大振，交趾太守士燮及其兄弟率众前来归附。于是交州也归到了孙权名下。得到交州主要是给江东增加了一个稳定的后方，对中原的政治格局并没有太大影响。

孙权还把政治中心迁到了秣陵（今江苏南京秣陵街道），第二年开始在其北方修筑石头城（今南京）。之所以叫石头城，因为城西有个石头山。石头山位于长江和秦淮河的交汇处（今天的石头城遗址因附近长江西移，离秦淮河的入江口较远），与之对应的，城东还有座钟山，石头城就位于石头山和钟山之间，以两山为屏障。石头城所在的位置原本有座小城，名为金陵邑。战国时，楚国为了攻

营建南京

打越国，楚威王见此地扼守长江天堑，又有两山为凭，实乃形胜之地，于是筑金陵邑。南京的古称金陵正是由此而来。

建完石头城，孙权就把秣陵县治迁到了石头城，并改名为建业。石头城也成了建业的别称。

再说曹操回到北方后，反思了三年。他大概也明白了这次失败的原因，抛开战术上的失误不说，单说战略上的，就有两点：第一，没有陈兵江淮牵制孙权的兵力，以至于孙权可以专心致志地在荆州和他对抗，还拉了刘备做帮手；第二，没有平定西凉的马腾、韩遂，以至于在南下时受到掣肘，总担心西凉兵抄袭后路，不能全力以赴。

所以，三年后（211年），曹操第一个目标就是关中。先解决这个后顾之忧，然后再全力下江南。

关中虽名义上归附，但实际上却是山头林立，完全不听号令。

之前我们一直在讲关东的事，现在让我们把视线转移到关西，看看这里到底发生了什么事。

所谓关东、关西，这个关本来指的是函谷关。建安元年（196年），曹操为预防关西兵乱，开始设潼关，同时废弃函谷关。所以，这个关也可以指潼关。潼关是关中的东大门，从潼关往东，是狭长的崤函古道，也是从关中直接进入中原的唯一通道。当然，曹操还可以从山西渡黄河进入关中，但曹操的大本营在河北邺城，山西和河北之间隔着太行山，本身又是盆地山脉相连，要穿越山西进入关中，等于是劳师远征，历来都是兵家大忌。所以，曹操要图谋关中，首选就是走潼关。

和关东情况完全不同的是，关中并没有一个有政治远见的带头大哥，所以这里的情况十分混乱。

让我们先稍稍回顾一下李傕、郭汜的事。

王允联合吕布杀死董卓后，其部下西凉兵作鸟兽散，这其中就包括李傕、郭汜。李傕、郭汜在董卓手下的时候，只是两个校尉，算中级军官。李傕本来也是

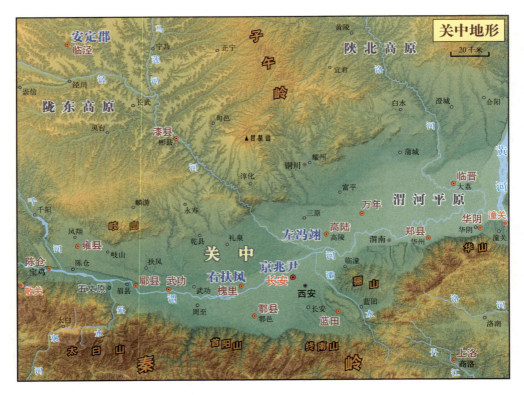

要逃回凉州的，后来听从了贾诩的建议，就联合郭汜，纠合了十万之众，攻陷长安，吕布力战不敌逃往南阳，王允被杀，献帝被挟持。

贾诩也是个人物，当时和李傕是同军，后来看不惯李傕、郭汜的所作所为，辗转投奔到张绣帐下，两次献计打败曹操，最后又劝说张绣投降。

李傕、郭汜和董卓一样残暴不仁，占领长安后，大开杀戒，长安城里一时血流成河，民不聊生。

作为西凉兵的代表，李傕、郭汜勇猛善战，不仅吕布不是他们的对手，之前提到过的曾打败曹操和孙坚的徐荣，也在这次长安保卫战中死在二人手下，其战斗力可见一斑。

不仅如此，同是西凉兵团的马腾、韩遂也是李傕、郭汜的手下败将。

与关中诸侯不同，马腾、韩遂一开始就是造反的。西北羌人造反，韩遂被俘，于是干脆入伙，后来成了羌人的头子，割据一方。马腾本来是去平叛的，一看叛军势大，干脆也造了反，还拉着韩遂一起，经常作乱三辅。

所谓"三辅"，又称"三秦"，本指武帝至汉末期间，治理长安京畿地区的三位官员：京兆尹、左冯翊[píng yì]、右扶风。这三位官员是辅助皇帝管理京畿地区的，后来三辅也常指这三位官员管理的地区。实际上，三辅就相当于关中。曹操后来把三辅都改为了郡：京兆郡、冯翊郡、扶风郡。

董卓在西凉的时候，马腾、韩遂没少和他打仗。但说实话，马腾、韩遂的战斗力也实在有限，在董卓身上没讨到什么便宜。直到董卓进京，西凉空虚，两人才趁势坐大。

董卓从洛阳退守长安的时候，面对关东诸侯咄咄逼人的气势，担心腹背受敌，于是又开始拉拢马腾、韩遂，约定互为应援。但董卓军队的名声实在太臭，到哪里都是淫人妻女、夺人财物，所以马腾、韩遂也没把董卓的话放在心上。在臭名昭著的西凉兵团中，马腾和韩遂简直就是一股清流。

不过终归机会难得，两人趁机领兵进入关中。只是等他们慢腾腾地抵达长安时，董卓已经死了，长安的主人换成了李傕、郭汜。

李傕、郭汜面临和董卓一样的问题，于是逼献帝拜韩遂为镇西将军，遣还凉州金城郡（治所允吾县，今甘肃永靖县盐锅峡镇），拜马腾为征西将军，屯于郿县（今陕西眉县东）。后来，马腾因为私事和李傕、郭汜打起来了，韩遂从金城赶来帮忙，结果还是大败，退回凉州。但不久之后，李傕、郭汜又主动与马腾、韩遂讲和，改任马腾为安狄将军，韩遂为安降将军。于是马腾、韩遂又可以堂而皇之地进驻关中了。

李傕、郭汜为乱长安，天长日久，两人开始反目成仇，天天混战不止。幸亏贾诩出面调停，两人讲和，献帝趁机逃出长安。李、郭二人贼心不死，追到洛阳，结果被曹操的精锐迎头痛击，大伤元气，逃往深山，落草为寇。

不久，郭汜被部将所杀。后来，曹操假天子下诏，号召关中诸将讨伐李傕，最终李傕被夷三族，首级被送往许都。这两个心狠手辣、作恶多端的人总算玩完。那还是建安三年（198年）的事。那个时候，官渡之战还没有开打。

等曹操在赤壁之战大败，原先那些归顺曹操的势力开始蠢蠢欲动，尤其是关中的各路势力，自从李傕、郭汜死后，更是山头林立，各自为政。关中大大小小的将领，一会儿互相攻伐，一会儿又把酒言欢，关中的百姓自是苦不堪言。

曹操入关中的理由是要攻打汉中，从中原攻打汉中只有一条路，那就是借道关中，翻越秦岭。马超一看，这是典型的假途灭虢之计，于是拉着关中大大小小的将领造反了。

马超是马腾的儿子。其实曹操在打关中之前早有计划：一是挑拨马腾和韩遂的关系，让二人不和，经常互相攻伐，借此削弱二人的势力——这两人是关中最大的两股势力，只要他们弱了，其他的人不在话下；二是把马腾骗到朝中当官，实际是做了人质，又把兵权交给了马超，以此压制关中的反叛之心。

马超，字孟起。从名字我们就可以看出，马超是马腾的长子，但是是庶出的。这个不奇怪，马超的生母是羌人，羌人善战，马超的英勇善战正是来自这一半的羌人血统。也正是因为这个关系，马超在西凉的羌人心目中是神威天将。

马超起兵后，迅速占领潼关，以拒曹操。

我们知道，关中之所以称为关中，是因为进出关中必经四关：东潼关、西散关、北萧关、南武关。这四关都是易守难攻，曹操想要从潼关进入关中，没那么容易。但关中有个最薄弱的环节，就是东面黄河一带，这里就像一个大口子，防守起来并不容易，因为相比高山和险关，渡河要容易得多。所以，曹操打算从黄河一带突破。

如果他把大军驻扎在河东，做出强行渡河的架势，关中兵马就会分兵把守河西各个渡口，这样的话曹操想渡河就难了。但曹操不是一般人。

建安十六年（211年）八月，曹操亲率大军，过洛阳，经函谷，溯黄河西进，到达潼关。

潼关并不像其他关口那样建在狭谷之中，而是建在一片黄土原上。黄土地貌分三种：黄土塬、黄土梁、黄土峁。其中黄土塬（或原）是指大而平整的台地，这种地形并不利于防守。反观战国时期的函谷关，是在两原之间的缝隙之中，守关将士只需面对一个方向的敌人，真正具有一夫当关、万夫莫开的优势。而潼关不是，潼关东西两面虽然有深沟作为辅助防御系统，但它毕竟是在平地上，所以守潼关不是守一个点，而是沿潼关、从黄河到秦岭的一条战线，需要大量的兵力，否则敌人很容易绕到潼关的背后。

顺便说一下，汉武帝在位时，为了扩大关中的领地，把函谷关东移了三百

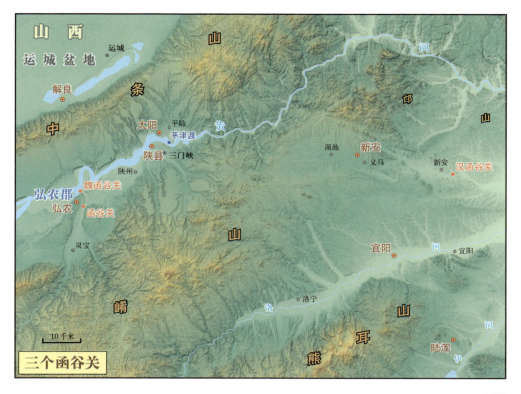

三个函谷关

里，也就是在新安县新建了一个关口，命名为函谷关（汉函谷关），原函谷关所在地设弘农郡（治所弘农县）接管其职能。之前我们提到过，董卓为防止孙坚进兵关中，在函谷关设兵阻击，指的就是汉函谷关。但汉函谷关的形胜远不如故关，在它的南面还有一条路可以直通洛阳，因此战略意义大大降低，也就不再是兵家必争之地。而故关形胜虽在，但因为天长日久，黄河河床下切，水位下降，这一带的黄河南岸最终露出了一片河滩地，敌人完全可以从河滩上绕过故关，于是故关也不再是连通关洛的唯一通道。曹操后来干脆命人在故关以北约十里处的河滩上筑了一关，史称魏函谷关。正是这三个函谷关都各有各的问题，潼关才最终取代了函谷关的战略地位。

但潼关也有它自己的问题，就是防守起来需要大量的兵力。曹操正是了解潼关的这个特点，才故意把大军聚集在潼关以东的黄河南岸，做出非从这里打入关中不可的架势，吸引关中诸将不断地往潼关增兵。

当关中的兵力几乎全都被吸引到潼关防线的时候，曹操派徐晃、朱灵带着

四千精锐，在潼关以北、黄河以东的蒲坂津（即蒲津渡）待命。

曹操眼看时机一到，就从潼关撤兵，从风陵渡北渡黄河，自己亲自断后，吸引马超来追。与此同时，按事先的约定，徐晃、朱灵从蒲坂津夜渡黄河，抢占渡口，在河西安营扎寨。

马超一看曹操北渡黄河，料到曹操想从蒲坂津过河，于是一边派梁兴领着五千人马去河西抢占渡口，一边则亲自从潼关下来追击曹操。马超没有想到的是，此时徐晃已经占领了蒲坂津的西岸，以逸待劳，梁兴一到就被徐晃击败。曹操有惊无险地渡过了黄河，北上到达蒲坂津，然后在徐晃的掩护下，曹军全部安全渡河，进入河西。

马超得到梁兴战败的消息后，知道为时已晚，只好全军退守渭河南岸。曹操一面派人设疑兵，吸引马超的注意力；一面偷偷把船只从黄河驶入渭河，用船只在渭河上搭起浮桥，渡过渭河，在南岸建立营寨。

这样一来，到九月份，曹操的大军已全部渡过渭河，和关中联军之间就没有任何山川险阻了，曹操可以随时向关中诸军发起总攻。

关中联军本来就是一盘散沙，再加上各个军阀连年征战，民生凋敝，这次为了抵抗曹操，又大老远地跑来守潼关，最终粮食也不够吃了，于是向曹操求和。曹操假装答应，趁机使计离间马超和韩遂的关系，等到二人势同水火的时候，曹操觉得时机已到，于是大举进兵。

联军一败涂地，韩遂、马超败走凉州，杨秋逃往安定。曹操兵围安定，杨秋投降。至此，关中平定。

恰好这时河间又出事了，曹操只好领兵回邺城，留下夏侯渊镇守长安，并继续追击马超、韩遂等人。曹操到邺城后，就杀了马腾全家，当然还有韩遂在邺城的子孙。

马超到陇右后，围攻凉州治所冀城（也是汉阳郡的治所，凉州治所原来在武威郡的姑臧，后迁到这里），夏侯渊援军未到，凉州刺史韦康投降。但马超占据冀城后，杀了韦康。后来韦康的旧部密谋起兵，把马超骗出去后关闭城门，马超攻城又不能，失去了根据地，走投无路，只好投奔汉中的张鲁。

马超虽武力过人，在羌、氐等西北少数民族心目中威望很高，随时能拉起一

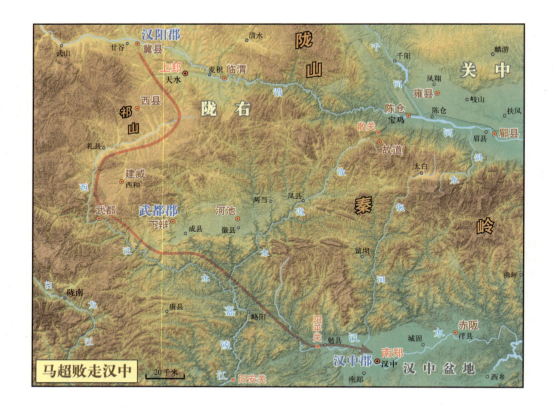

马超败走汉中　20千米

票人马跟自己干，但他缺少智谋，过于崇尚武力，而且在以孝治国的大环境下，不顾父亲马腾的生死，率众造反，总给人一种不靠谱的感觉，这也是后来刘备不敢重用他的原因。

至于韩遂，后来一直被夏侯渊追杀，最后病死军中，其部下割了他的人头送给曹操，凉州也就平定了。

看到这里，我们不免有个疑问，既然曹操这么顺利地就平定了雍凉（雍州和凉州，雍州是曹操后来从司隶校尉部和凉州中划分出来的，即关中和陇右），那他为什么不早点平定西北再南下荆州？如果是那样的话，赤壁之战的时候没了后顾之忧，是不是就不会失败了？

事情没那么简单。

第一，曹操平定雍凉的确很顺利，但并不轻松。曹操在掩护大军从风陵渡北渡黄河的时候，差点死在马超手下，这一段故事被小说演绎成了"割须弃袍"，确实很惊险。

第二，曹操也不是不想先平定雍凉，只是忌惮西凉骑兵的威力，更重要的是关中易守难攻，否则也不会休整三年后才麾兵西进。如果说荆州的地形是个大口袋的话，这个口袋还有两个窟窿：东边吴头楚尾的柴桑和北部重镇襄阳。这两个地方都不是一夫当关、万夫莫开的狭地，特别是这两个地方面对的都是强敌：东面的江东和北面的中原。江东的水军自古以来就独树一帜，所以孙策抢先占据了柴桑这个咽喉；北面的中原历来都是天下的中心，曹操挟天子以令诸侯，更是势不可当。而关中是一个四塞之地，比荆州容易防守多了，马超、韩遂屯兵于关中，身后的凉州是他们起家的地方，不用担心有人攻击后方，况且还有萧关和陇山阻隔；南面是秦岭，汉中的张鲁根本不会动这个心思；重点在于东边的黄河沿线。只是西凉兵战斗力虽强，却缺少一个有政治远见的人统领群雄，勉强出了一个贾诩，也没人拿他当回事，最后还是投奔在曹操帐下。假如占据关中的是刘备或孙权，曹操还真不敢轻举妄动。

第三，荆州的刘表刚死，内部又开始争权，这个机会真是千载难逢，曹操深深懂得"趁火打劫"这个道理，最终也没禁住诱惑。

其实除了潼关之外，曹操还可以走另一条线路进入关中，那就是武关道。之

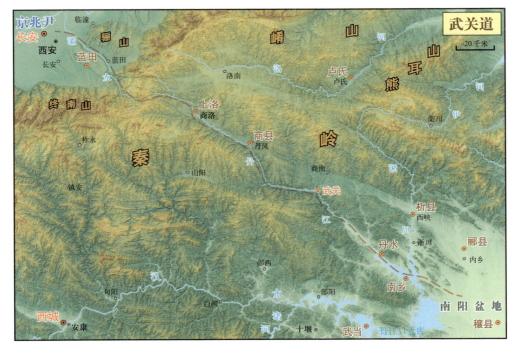

所以没从这里进兵，是因为武关道太难走。之前我们提到过，吕布和张济从长安出逃的时候，都选择了武关道，也是因为武关道的特点。

如果从长安出发，沿灞水而下，左边是骊山（烽火戏诸侯的地方），右边是白鹿原（汉时称灞上，也就是刘邦入关中时屯驻的地方），翻过一座不太高的山岭，就能到达丹江（丹水）的源头。顺丹江而下，到了上洛（今陕西商洛）的时候，你会发现河谷变宽，有良田无数，这就是六百里商於之地，当年秦楚两国为此打得头破血流。过了商县（今陕西丹凤）之后，河道变窄，山势陡峭，虽是沿着河谷，但道路极其难走，"一山未了一山迎，百里都无半里平"。在通过了这一段长达百里的艰险之路后，武关迎面而来，其险要可见一斑。过了武关，先折向东北而后往东，地势稍显平坦，可沿山路到达析县，或仍沿丹江而下到达南乡，这才算进入了南阳盆地。我们看贾平凹有关商州（商洛）的小说，会发现里面的人物大多质朴而彪悍、粗粝而坚韧，正是这里的地理环境造成的，风轻水柔的江南不会造就这样的人物性格。

吕布从长安逃走的时候，只带了百十来人，后有追兵，如果去潼关，要经过漫长的平原地带，很容易被包围，但如果从长安往南，只要一头扎入秦岭狭窄的山路，凭吕布的武力，一个人就可以断后，再多追兵也无济于事。至于张济，是因为长安缺粮，而南阳离长安近，又是个产粮区；如果去洛阳，照样没吃的，洛阳被董卓祸害之后，也是一片萧条。

曹操没走武关道，是因为太绕远，而且山路不好走，运粮也不方便。相反的，潼关挨着黄河，有水路，运输粮草辎重最为方便。当然，如果曹操在潼关久战不利，也会分兵取道武关，抄马超的后路。

平定了雍凉，整个秦岭—淮河以北就都是曹操的了。没有了后顾之忧，曹操的下一步，就是再度南下，找孙权算账。

第十六章 刘备入川

曹操南下的事暂且按下不表，先说刘备入川的事。

在曹操向西往关中推进的时候，刘备也在往西扩张地盘。

不过在刘备入川之前，我们先了解一下巴蜀的情况。

如果说关中还是个有点缺憾的四塞之地，那么巴蜀堪称完美。关中往洛阳的通道还算便捷，只要没有敌军阻挡，行路也不难。而巴蜀无论往哪个方向，都是极其艰难。西边不用说了，是青藏高原的东端，雪域高原不仅人烟稀少（当时是羌人），行路也极其困难；南面，是云贵高原，比青藏高原的情况好一点，但这里居住的主要是一些少数民族的部落，生产力落后，对农耕文明形成不了威胁；东面是三峡，巴蜀又处于上游，防守相当容易；北方是秦岭，又有汉中作为缓冲，再加上汉中与巴蜀之间还有米仓山阻隔，外人想打进来非常困难。

巴蜀不仅好防守，内部的盆地还非常适合农耕。在人类的农业时代，粮食的产量是一个国家国力的保障。有粮才会有更多的人口，人口多才能获得更多的兵源，而专事打仗的士兵又需要吃粮食。所以，在古代，粮食的产量就是一个国家或政权军事实力的反映。作为一个四塞之地，巴蜀可以安心发展农业，不会被外界的战争打扰。

诸葛亮在隆中时曾对刘备说："益州险塞，沃野千里，天府之土，高祖因之以成帝业。"东汉时的益州，不仅包括了四川盆地，也包括汉中郡，还包括了西南云贵地区。但这里真正能称上天府之土的主要就是成都平原（或川西平原），

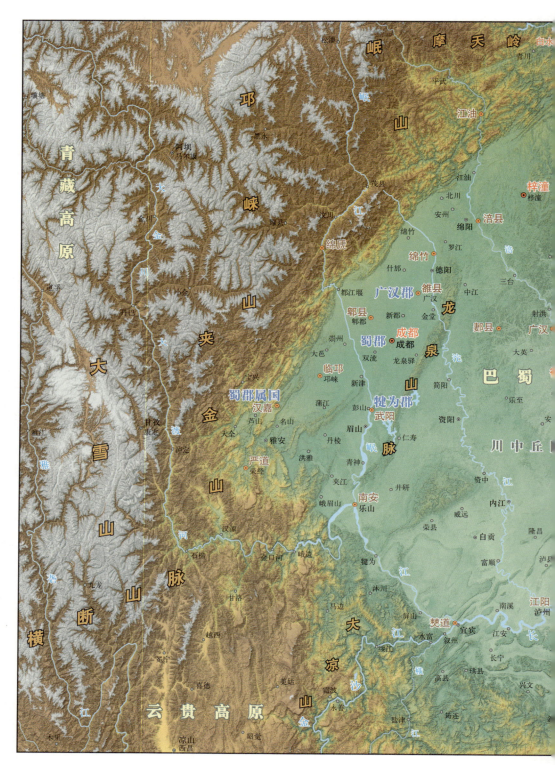

岷 山

摩 天 岭

邛 崃 山

岷 江

夹 金 山

大 雪 山 脉

横 断 山 脉

青 藏 高 原

云 贵 高 原

大 凉 山

龙 泉 山 脉

巴 蜀

川 中 丘

松潘

平武

江油

青川

白水

梓潼

江油

北川

涪县

梓潼

安州

绵阳

绵竹

罗江

汉川

什邡

德阳

三台

广汉郡

雒县

广汉

中江

射洪

成都

郫县

郫都

新都

金堂

郫县

广汉

崇州

龙泉驿

大英

蜀郡

成都

双流

简阳

乐至

大邑

蜀郡属国

临邛

邛崃

新津

彭山

资阳

汉嘉

蒲江

犍为郡

武阳

资中

名山

眉山

仁寿

内江

天全

雅安

丹棱

青神

威远

荣县

自贡

芦山

严道

洪雅

荣经

夹江

井研

隆昌

泸县

峨眉山

南安

乐山

犍为

富顺

汉源

江阳

石棉

金口河

峨边

沐川

江安

泸州

南溪

甘洛

马边

屏山

僰道

宜宾

长宁

越西

水富

叙州

兴文

冕宁

叙江

珙县

高县

喜德

美姑

筠连

雷波

盐津

昭觉

永善

木里

凉山

西昌

都江堰

绵虒

茂县

汶川

岷 江

大 渡 河

金 川

青 衣 江

大 渡 河

金 沙 江

渠 江

沱 江

涪 江

岷 江

金 沙 江

长 江

九龙

雅江

康定

丹巴

小金

道孚

壤塘

马尔康

阿坝

黑水

理县

甘孜

132

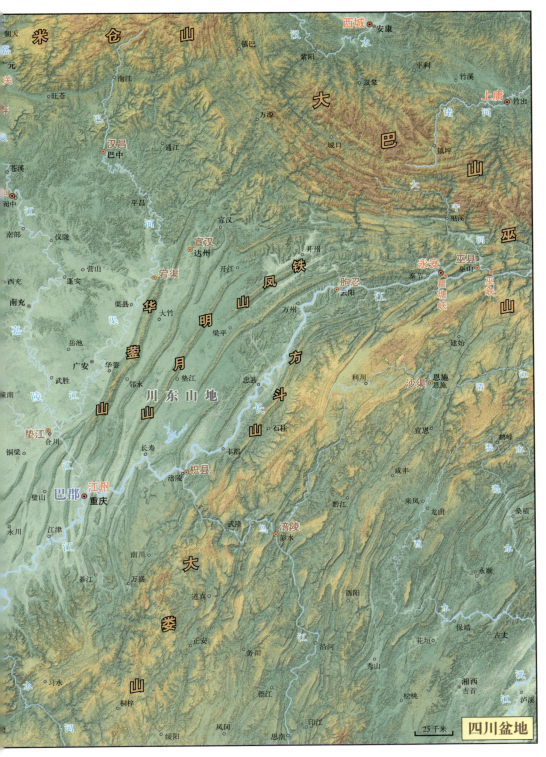

朝天
嘉陵 广元
栄
仓
山
镇巴
西城 ○安康
紫阳
平利
竹溪
南江
巴
旺苍
汉
水
嵐皋
上庸 ○竹山
塔河
大
万源
城口
巴
镇坪
巫
苍溪
汉昌
通江
巴中
巴中
山
山
阆中
阆
江
平昌
宣汉
大
宁
河
巫山 巫县
南部
仪陇
营山
宣汉
达州
开州
永安
云阳
巫县
巫峡
瞿塘峡
西充
南充
宕渠
开江
铁
胸忍
渠县
华
山
凤
万州
江
建始
嘉
蓬安
岳池
大竹
明
山
利川
沙渠
恩施
广安
华蓥
梁平
月
方
恩施
武胜
邻水
垫江
川东山地
山
忠县
斗
石柱
宣恩
鹤峰
垫江
合川
长寿
丰都
山
长
咸丰
铜梁
璧山
涪陵
枳县
涪陵
黔江
来凤
龙山
巴郡
江州
重庆
武隆
涪陵
酉阳
永川
江津
江
南川
彭水
保靖
古丈
大
花垣
万盛
娄
道真
秀山
松桃
湘西
吉首
泸溪
习水
正安
务川
沿河
湘西
吉首
沅
水
绥阳
印江
思南
桐梓
凤冈
德江
25千米
四川盆地

133

可以说成都平原是一块天作之合的宝地。

如果我们看一看成都平原的水系分布，就会发现都江堰对成都平原的意义，也明白了为什么秦国当年在这里修筑了都江堰之后，巴蜀就把"天府之国"的帽子从关中手中抢了过来。都江堰的主要功能就是分流，把原来为患成都平原的岷江水一分为二，多余的水继续顺河道排走，剩下的部分经大大小小、纵横交错的或人工或天然的河渠流入平原上的农田。这些河渠之间都修有水闸，根据农作物的需要随时调节，拔苗时灌水，抽穗时放水，得心应手，进退自如，庄稼长不好都没有天理。

更奇妙的是，成都平原东部有一条长达两百多公里的山脉——龙泉山脉，把顺着河水流向成都平原的肥沃泥土都拦住了。我们常说"肥水不流外人田"，龙泉山脉恰好起到了这样的作用。如果没有龙泉山脉，成都平原的泥土，经过长时间流水的冲刷，很容易变得贫瘠。比如热带地区，雨水、温度都不缺，但因为雨水量太大，常年冲刷土地，于是产生淋溶效应，致使土壤里的矿物质大量流失，

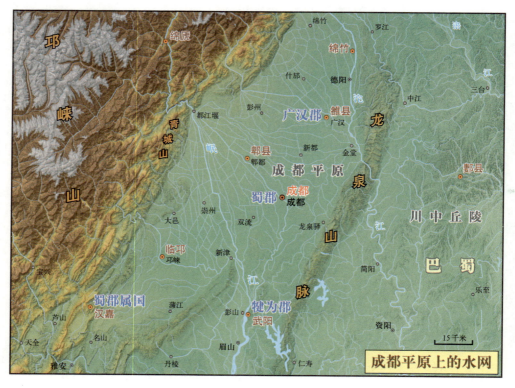

成都平原上的水网

肥力下降，并不适合农作物的生长。但龙泉山脉在这里一拦，所有的矿物盐和有机质都留在了成都平原上，即使历经千百年的风雨变幻，成都平原仍是沃土一片。同时，龙泉山脉不高，并不会阻碍成都平原的交通，也不会对这一地区的气候产生太大影响。

岷江发源于青藏高原，源头靠近松潘湿地（红军过草地的地方），流域面积广，水量大，如果没有都江堰，一旦到了雨季，河水暴涨，原来的河道不能承载那么大的流量，河水就会冲出河道，大水漫灌，成都平原就会变成一片泽国。所以我们可以看到，在修筑都江堰之前，这里经常发生水灾。

成都平原上还有一条较大的河流经过，这就是沱江。相比岷江，沱江的流量就小得多了，它的源头就在附近的茂县，离成都平原不远。沱江也为成都平原上的水利工程贡献了一部分水源，它主要滋润的是川中的丘陵地带。但沱江在成都平原上的功能也不可小觑，它把龙泉山脉拦腰切开了一个口子，试想一下，如果成都平原本地下起了暴雨，原有的河网承载力有限，平原可能在一夜之间变成泽国，这个口子正好是个排水口。

诸葛亮心心念念要刘备取巴蜀，正是因为巴蜀有这块宝地。但显然，看上巴蜀的人不止一个，而且这些人在当地已经形成了气候。

早在汉灵帝时期，第一个提出改刺史为州牧的人是刘焉，正是这一项建议拉开了汉末乱世的序幕。刘焉提出这个建议表面上是为朝廷分忧，实际是为了躲避战乱，也想趁机找个地方当土皇帝。刘焉一开始本来想去交州的（交州远，好避祸），后来听说益州有帝王之气，就自请当益州牧。

刘焉到了益州后，一面派张鲁攻占汉中，一面打击巴蜀地方豪强。张鲁到了汉中，截断交通，斩杀汉使，从此益州与中央断了联系，益州处于半独立状态。

张鲁是五斗米道的传人，本来和刘焉没有什么关系，但他的母亲懂得养生，颇有姿色，和刘焉有私情，靠着母亲的关系，张鲁得到了刘焉的信任。

五斗米道是早期道教的一支，东汉顺帝（125～144年）时，由张道陵在四川鹤鸣山（今四川大邑县境内）创立，主要在农民中传播。因入道者须出五斗米，故名。又因道徒尊张道陵为天师，所以又称"天师道"。传说张道陵晚年显道于青城山，并在此羽化。此后，青城山成为天师道的祖山。

张鲁正是张道陵的孙子，也是第三代天师。张鲁在汉中以五斗米道教化人民，建立了一个政教合一的地方政权。

宗教的传播力量，我们从黄巾起义就可见一斑。不管是张角的太平道，还是张鲁的五斗米道，在战乱的年代，对普通民众都有很大的吸引力。我们今天看历史，看风起云涌，看沧海桑田，看英雄们运筹帷幄、决胜千里，看帝王将相翻手为云、覆手为雨，却很少去关注平民的生活，在战乱年代，更没有人关心他们的生死，没有人在意他们的声音，我们的历史也从来不记载这些。作为一名普通老百姓，不能挥刀上马、临阵杀敌，他们平日只会织布种田，想的也无非是过个安稳日子，并没有什么建功立业的野心，结果又身处乱世，朝不保夕，惶惶不可终日，也只有宗教才能倾听他们的声音（不管真的假的），才能给他们以精神上的安慰。所以我们看到，宗教最能吸引住的往往是贫苦大众，真正的富贵之人自有别的出路，而穷人却没有，只能在这里寻找寄托。

所以张鲁很容易就招到了一大批信徒跟随，盘踞在汉中，据险自守。

刘焉还在世的时候，张鲁不敢公然反叛，等刘焉一死，刘璋继位，张鲁不服，立即与刘璋翻脸。

本来刘焉有四个儿子，刘璋是最小的一个，性格又懦弱，无论如何是轮不到他继位的。刘焉刚到益州的时候，只有三儿子在身边，长子、次子和幼子刘璋都在朝中。后来有一次朝廷派刘璋出使益州，刘焉就把刘璋留下了。长子、次子都在京城当官，有一次与马腾联合进攻董卓，不料行事不秘，走漏了风声，董卓先发制人，马腾退回凉州，刘焉的两个儿子却被处死；至于三儿子，身体一直不好，最终也是因病而死——于是刘焉就只有一个选择了。也是在得知两个儿子的死讯后，刘焉受到的打击太大，背疮发作，突然就死了。于是刘璋就阴差阳错地接管了益州。

张鲁为人骄纵，不听刘璋的号令，于是刘璋杀了张鲁的母亲和弟弟，两人从此结仇。刘璋也多次派人攻打汉中，但都没有成功。

建安十六年（211年），刘璋听说曹操要攻打汉中的张鲁，心中恐惧，因为一旦曹操拿下汉中，巴蜀也就难保了。在张松的劝说下，刘璋准备请刘备来帮忙。因为就在两年前，刘备和孙权联合在赤壁打败过曹操。当时手下有很多人劝阻，说这是引狼入室，刘备不是一般人，只怕来了就不会走，但刘璋没听。刘璋也有自己的如意算盘：如果曹操真打张鲁，就请刘备来一起抗曹；如果不打，就让刘备来打张鲁，据汉中以抗曹。

汉中也是个盆地，四面环山，但汉中的盆地比巴蜀小得多。曹操要进攻巴蜀，必然经过汉中。可以说，汉中是巴蜀北部的第一道防线，曹操从关中打汉中要过秦岭，难度比较大，但要从汉中攻击巴蜀就容易多了。

我们常说的汉中指的是现在的陕西省汉中市一带，在汉朝，汉中郡的面积很大，主要包括汉中盆地、安康盆地、上庸盆地三个小的地理单元。这三个盆地中，汉中盆地最大，所以当时的郡治也是设在南郑（今汉中）。汉中和安康两个盆地都是夹在秦岭和大巴山脉（含米仓山、大巴山、神农架）之间，因汉水冲积而形成的高山盆地；上庸盆地比较特殊，也是处于秦岭和大巴山脉的交界地带，但汉水却从这里绕开了，这里有另外一条河流——堵河。堵河一直延伸到大巴山的腹地，与大宁河接上之后，可以到达三峡，在早期，这里的山民——巴人和庸

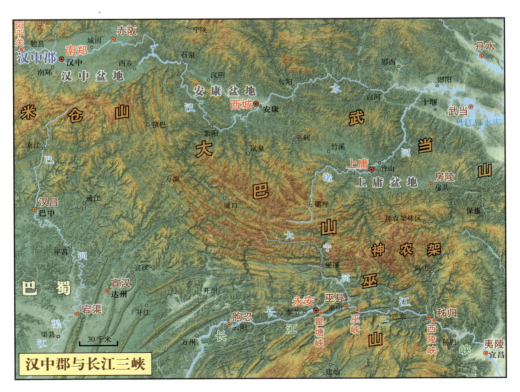

汉中郡与长江三峡

137

人，正是沿着这两条河谷产生了交集。安康盆地和上庸盆地也设了两座城——西城和上庸，这两座城池的主要作用是防止敌人从荆州方向渗透。

由此可见，汉中郡，特别是西部的南郑，才是刘璋最关心的，如果南郑被敌人拿走，米仓山的西部并不高，一旦米仓山被突破，巴蜀就很被动，整个四川盆地都无险可守。

刘备正在江陵琢磨着怎么入川，刘璋就派法正来联络他，真是困极了有人送枕头，刘备当然满口答应。而且刘璋派来的法正也劝刘备干脆趁机夺取西川。

毕竟同是皇室宗亲，吃相不能太难看，刘备还是要打着帮助刘璋对付张鲁的旗号入川的。

刘备与刘璋约定在涪城（涪县，今四川绵阳东）相会。从江陵到涪县，先走长江水道，进入巴蜀之后，从江州（今重庆）进入嘉陵江，到达垫江（今重庆合川，钓鱼城所在地，宋朝时蒙古大汗蒙哥死在这里）后，再沿涪江横贯整个四川盆地，就可以到达涪城。

刘备留诸葛亮、关羽、张飞、赵云守荆州，自己和庞统带着万余人就进入巴蜀了。到了涪城，刘璋带着三万多人前来会合。这期间，张松、法正、庞统都劝刘备袭杀刘璋，刘备觉得自己刚到蜀地，人心未附，不宜轻举妄动。

双方在涪城宴饮了一百多天，刘璋给了刘备很多兵马和钱粮，然后让刘备进攻汉中的张鲁。

只能说刘璋太天真了，刘备这样的人怎么可能给他当马前卒？刘备到达葭萌关后，就不走了，开始施展他的拿手好戏，广施恩德，收买人心。

建安十七年（212年），庞统劝刘备趁早行动，并且献出上、中、下三策。

上策：组织精锐，选捷径，偷袭成都，刘璋不懂军事，又无防备，益州唾手可得；

中策：刘璋让刘备督白水军，白水军的主将杨怀、高沛都是名将，依靠兵强马壮据守白水关，二人曾多次劝刘璋让刘备回荆州，刘备可以假称班师，趁他们来送行时抓了两人，收服其部众，然后攻取成都；

下策：回白帝城，依托荆州，慢慢向益州推进。

刘备考虑再三，决定采用中策。恰好这时曹操南下攻打孙权，孙权向刘备求救。刘备便以此为借口，向刘璋要一万士兵，以及与之相匹配的粮草辎重，好让他回去帮孙权。刘璋当然很不高兴，但还是给了四千兵和一半的粮草辎重。于是刘备借机煽动士兵说，我们在这里为益州打击敌人，大家都很辛苦，可刘璋这么抠门，让将士们还怎么为他卖命呢！

张松这个时候在成都，以为刘备真要回荆州，就给刘备写信劝阻，结果被他哥哥张肃发现了。张肃是广汉太守，怕连累自己，就把弟弟告发了。刘璋这才明白刘备不是来帮他的，于是捕杀了张松，下令封锁各处关隘。

刘备见状，就彻底和刘璋翻脸了，把杨怀、高沛骗来杀掉后，吞并了白水军，开始南下攻打刘璋。

这场战争持续了将近三年，分三步：第一步，攻占涪城（涪县）；第二步，攻占雒城；第三步，攻占成都。

刘备先派黄忠、卓膺南下攻占涪城。刘璋得到消息后，立即派刘璝、冷苞、张任、邓贤、吴懿等在涪水阻击刘备，结果都被刘备打败，吴懿投降。刘备渡过

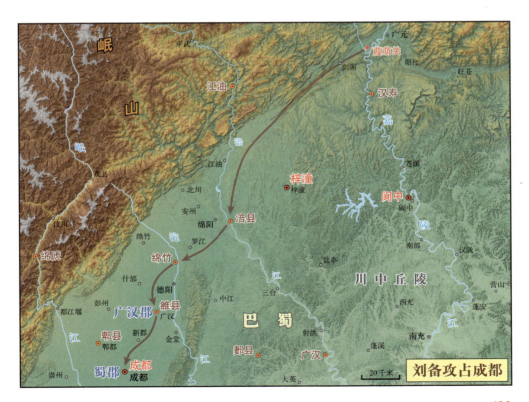

刘备攻占成都

涪水，刘璋又派李严、费观统率绵竹诸军阻击刘备，结果李严率众投降。刘备一时军威大振，很快攻下绵竹，又兵围雒城（雒县）。没想到雒城久攻不下，庞统也在攻城时被流矢击中，不幸身亡，刘备忙向荆州的诸葛亮求救。

诸葛亮留关羽守荆州，自己和张飞、赵云率兵逆长江而上。

诸葛亮这次入川，不像刘备上回那样是去做客的，由于刘璋已下了命令，沿途关隘都是敌人，所以速度也快不了。诸葛亮进入三峡后，先占领了巴东郡。刘璋治理益州的时候，原来的巴郡面积太大，占了整个四川盆地的一半，于是从中分出巴东、巴西两郡。巴东郡的治所在永安（今重庆奉节东），也叫白帝城；巴西郡的治所在阆中，实际在巴郡的北部。

诸葛亮占领巴东，实际就是控制了巴蜀的三峡通道，也保证了和荆州的联系。下一步，自然是占领巴蜀东部最大的城市江州（今重庆）。

江州也是巴郡的治所。在江州，张飞生擒巴郡太守严颜。到这个时候，诸葛亮实际已经控制了巴蜀的东部。然后，诸葛亮兵分三路：赵云往南，走长江，攻占江阳（今四川泸州），然后沿岷江而上，占领成都南部的犍为郡（治所武阳，今四川眉山北）；张飞沿嘉陵江北上，攻占巴西郡，控制巴蜀的北部；自领大军攻克德阳（今四川遂宁东南，不是今天的德阳），沿涪江西进与刘备会合。

刘备将雒城围了将近一年，诸葛亮赶到的时候，雒城已经攻克，于是二人合兵一处，围攻成都。这个时候的成都实际上成了座孤城，巴蜀各地都已归了刘备。

成都作为蜀中最大的城市，城防比雒城还要坚固，钱粮也充足，如果没有意外，此次围攻恐怕又是一场旷日持久的攻城战。《孙子兵法》说："上兵伐谋，其次伐交，其次伐兵，其下攻城。攻城之法，为不得已。"但好在，刘备这时又收获了一员猛将，这人就是马超。

马超在张鲁那里一直混得不如意，张鲁手下的人又嫉妒马超的能力，想要加害他，马超只好又跑到氐人部落里去混日子了。恰好这个时候刘备入川，马超就给刘备写信，表示愿意归附。刘备见信后，说："益州可以拿下了！"忙派人去迎接马超。刘备见马超几乎就是个光杆司令，没什么部属，就偷偷把自己的一支军队送给了他，让马超率兵合围成都。马超率领兵马赶往成都，屯兵于城北，城中所有人都因为马超的威名而惊恐万分，以为西凉兵到了，不到十天的时间，成都军民人心崩溃，刘璋开城投降。

后来，刘备把刘璋安排在荆州的公安，并把财物归还给他，再给他佩振威将军印信。再后来，荆州被东吴夺走，刘璋就归了东吴，被孙权任命为益州牧，移居秭归，不过是给个空衔，让他在那里终老，最后葬于公安。纵观刘璋的一生，只能用"无能"两个字来形容：先是治理益州时，处事不周，人心不服，以致后来属下纷纷倒戈；二是集全州之力，居然打不下一个汉中，最终引狼入室，请刘备入川；三是毫无军事才能，在川东没有布设防线，让诸葛亮的援军轻松赶到。不过以刘璋的性格，平平淡淡地做个富家翁也许是最好的归宿，不管如何，最后也算善终。

刘备占领巴蜀，三分天下的局面已经形成，也实现了诸葛亮的"跨有荆、益"的计划。下一步，为了保证巴蜀的安全，刘备应当尽快占领汉中。只是，曹操不会让刘备这么容易得逞，何况刘备还有孙权这个三心二意的盟友，说不定什么时候就拖了后腿。

第十七章　濡须口

曹操平定关中后，重整旗鼓，于建安十八年（213年），亲领四十万大军，南征孙权。

这一次，曹操吸取了上次赤壁之战的教训，没有再走荆州。如果他仍选择从荆州进攻，就会面临两面受敌的窘境：打孙权，刘备攻其后方；打刘备，孙权攻其后方。当然，这个时候刘备去了巴蜀，诸葛亮不久之后也带着张飞、赵云去救援，但关羽还在荆州。

为了不致两面受敌，曹操这一次选择从江淮进攻。这样，他只需面对孙权一方的兵力。

江淮地区看似一马平川，实际上有很多低矮的山丘，其中还有一条分水岭。正是这条分水岭，隔开了淮河水系和长江水系。

从今天的地图上看，从六安到合肥，有一条人工河，它的西段称为淠河总干渠，东段称为滁河干渠，滁河干渠最终接上滁河，流入长江。这两段人工河的位置正是江、淮两大水系的分水岭：其北面，有东淝河经寿春流入淮河，而淮河连着涡河，涡河直达谯县，谯县是曹操的老家；南面，有南淝河经合肥流入巢湖，巢湖经濡须水（今裕溪河）流入长江。

先说曹操这边。

涡河不仅连着谯县，还经过浚仪（开封），浚仪又有鸿沟与黄河相连。或者直接由淮河入颍河，再入鸿沟。也就是说，淮河完全掌控在曹操手上，河南河北的兵力可以通过华北平原上的河流在淮河集结，寿春就是这个集结点。曹操所需要的，就是把淮河的大船开到巢湖，再通过濡须水进入长江，威慑江东。当时东部的邗沟淤塞不通，且路途遥远，濡须水成了曹操进攻江东的最佳选择。从寿春到合肥的水路，最近的就是两条淝河，可问题是，从东淝河到南淝河，中间有条分水岭，河水并不通，船开不过去，怎么办？于是曹操挖了一条人工河，把东淝河和南淝河连了起来，这样兵船就可以直接从寿春开到合肥了。这条人工河就叫曹操河，位置和今天的人工河相当。

曹操连通了两条淝水，大船便可以直接开到巢湖，又有合肥城作为前方重镇，剩下的就看孙权怎么应对了。

孙权当然也有准备。早在两年前，孙权就在濡须口上修建了濡须坞，目的就是防止曹操从这里进攻江东。濡须水流出巢湖时，经过一片山地，在这片山地的尽头，有一个狭窄的出口，即濡须口，孙权修建的濡须坞就选在这里，正好是在两山夹一水的出口处。曹操如果要从这里过去，走中间的水路，除了中间有濡须

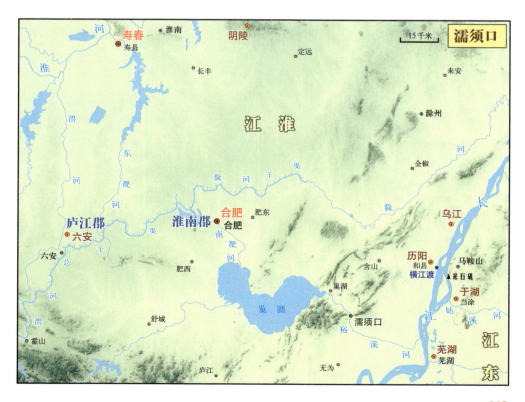

坞拦截外，两旁的山上都有关城驻兵防守。

濡须水这一带，其实是江东的门户。江东的经济重心在太湖平原，政治中心也在吴郡（今江苏苏州）。从太湖到芜湖，有运河相连，无论是运兵还是运粮都很便捷。这里也是最早去往江东的渡口所在地，比如伍子胥渡江的渔邱渡、项羽自刎的乌江渡，也是在这一带。而建业（今江苏南京）一带还没怎么开发，孙权也只是刚刚把都城迁到这里。事实上，孙权迁都的目的更多的是从军事出发，也就是为了更好地防守长江沿线，并不是出于经济考量。建业一带多山丘，即使开发好了也不如太湖一带。太湖产鱼，附近的平原产米，是真正的鱼米之乡。早在春秋时，伍子胥就修了一条运河，把太湖和芜湖的长江连接起来，这条河就叫胥河。胥河是中国历史上最早的运河（比邗沟还早，只是规模小），它打通了太湖水系和芜湖一带湖泊水网构成的水系，使太湖的船只可以一直向西开到长江。当年伍子胥用它来对付楚国，现在孙权用它来对付荆州和曹操。很显然，如果曹操的战船突破了濡须口，那么江东就危险了。

建安十九年（214年）正月，曹军抵达濡须口，孙权亲率七万人御敌。两军相持月余，曹军的水师还是不敌孙权水师，被俘三千多，又有数千人溺亡，再加上春雨瓢泼，江水上涨，北方人看到水就心里发怵，曹操感觉一时难以取胜，就退兵了。正是这一仗，曹操亲眼见到了孙权的英勇果敢，不由感叹："生子当如孙仲谋，刘景升儿子若豚犬耳！"刘表的儿子刘琮主动投降，曹操还是看不起，说他是猪狗（不如），孙权执意抗曹，反而得到曹操的赞赏。

　　第二年，孙权又趁机攻占了皖县，在江北多了一个据点。只不过，东吴的江北防线也就到此为止，后来再也没能往前推进一步。

　　皖县处于大别山的南麓，这里也是江东进入荆州的必经之路。孙权占据皖县，等于把江东和荆州连成一片，二者之间再也没有障碍了。在孙权的阵营里，总有一种声音，就是把荆州全部吃掉，然后西进巴蜀，与曹操平分天下。

　　所以，当这个时候孙权听说刘备已经取得了益州，就派诸葛瑾向刘备讨还荆州。刘备当然不肯给，当初说借，只不过是说得好听点，大家面子上也好看，谁还真打算还呀？于是又找借口说，等打下凉州，就把荆州还给你！

　　孙权一听很生气，就命吕蒙为将，领兵攻入荆南，连下长沙、桂阳、零陵三郡。刘备也很生气，起兵五万赴公安，关羽也带着三万人马进驻益阳。两军对峙，剑拔弩张，大战一触即发。恰巧这时曹操进兵汉中，刘备一看不得了，如果曹操得了汉中，巴蜀就危险了，于是跟孙权讲和。最终，长沙、江夏、桂阳归孙权，南郡、零陵、武陵仍归刘备。这就是历史上的"湘水划界"，湘水以东归孙权，湘水以西归刘备。之前刘备只是借了个南郡，这回还了长沙和桂阳两个郡，表面上很吃亏，实际上长沙、桂阳两郡的战略地位和南郡没法比，如果孙权就此罢休，倒也划算。关键是曹操要打汉中，如果刘备不及时回军巴蜀，后果不堪设想。孙权当然也想要南郡，但刘备如果没有南郡，荆州和益州的联系就被拦腰切断，所以万万是不能给的。孙权得了长沙和桂阳，和原有的地盘连成一片，而且有了湘水，可以南通交州，原本也是一件挺合算的事。

　　按理说，湘水划界是双方承认的盟约，算是把之前的过节两清了，双方都应当遵守，可后来孙权又以讨还荆州为名偷袭了江陵，就是耍无赖了。归根结底，原因还在赤壁之战的时候，孙权觉得自己出力多，付出那么大的代价，却只得了个江夏郡，而江夏郡早在大战之前就被东吴吃得差不多了，反观刘备，没出什么力，却在战后得了五个郡，实在是冤！其实刘备当时带的人也不少，有两万，而周瑜也才三万，只是刘备趁周瑜打南郡、挡住了曹军的时候南下取了荆南四郡，满载而归，回来看周瑜还在打南郡，才加入帮忙，孙权心里咽不下这口气。

总的来说，这回从刘备手里拿下两个郡，孙权暂时平复了一下心情，趁着这股高兴劲儿，也是因为曹操去打汉中了，有刘备在那里牵制，东边合肥一带防守空虚，机不可失，就领着十万兵马去打合肥。

驻守合肥的将领是张辽。张辽趁孙权的十万大军还没有完成围城之前，只带着八百将士冲入敌阵，一直杀到孙权的主帅旗之下。吴军一溃千里，孙权差点被活捉。张辽一战成名，从此威震江东。

这一战，史称逍遥津之战。逍遥津是南淝河在合肥城附近的渡口，孙权在这里差点第二次被活捉。从此，江东的小孩如果哭闹不止，父母只要一说："张辽来了！"小孩就不敢哭了，其效果如同现在说"狼来了"一样管用。合肥城也成了孙权的梦魇，打了无数次，一辈子也没打下来。也许正因这一战，让孙权对曹军心生恐惧，以至于后来把矛头对准了盟友。

虽然曹操之前赞叹孙权"生子当如孙仲谋"，也只是和刘表的儿子比，如果和曹、刘二人相比，孙权不仅在战术上不行，在战略上也没有长远谋划。本来，曹操统一北方后，势力太强，东吴要想生存，必须联合盟友共同抵御强敌，单凭东吴一方肯定是抵挡不住的。而这个时候，能成为他盟友的也只有刘备。刘备在荆州，实际上是在帮助东吴牵制曹操，使曹操不敢再从荆州突破。但孙权不管这些，只想得到荆州，在北方强敌未除的情况下，就向刘备讨要荆州，这让刘备手下的人很不满，从此也对这个盟友心存芥蒂。如果从战略的眼光出发，荆州有孙、刘联合防御，曹操就不敢在荆州轻举妄动，这是最稳固的方式。在曹操实力被削弱之前，孙、刘双方应放下一切恩怨，共同对敌，而一旦这个盟友关系破了，曹操就可以各个击破。孙权为了赤壁之战的果实分配不公而心生怨气，致使孙刘联盟出现罅隙，终致成仇。反观诸葛亮，在关、张、刘后来接连因东吴而死的情况下，依然从大局出发，结好东吴，不是他不想报仇，只是在事关生死存亡的大势下，个人恩怨只能先放一边，这就是格局。

如果单从地理上讲，孙权想得也没错，江东的安全感来自荆州，而荆州的安全感来自巴蜀，只有跨有江东、荆州、巴蜀，完全占领秦岭—淮河以南，才能和曹操平分天下。但孙权只顾打自己的小算盘，却没有去想曹操不会坐视他扩张。曹操不但不会坐视孙权做大，也不会坐视刘备在蜀地迅速扩张，所以趁刘备顺江而下去和孙权叫板的时候，立即发兵汉中。

第十八章　汉中之战

曹操在濡须口无功而返，回邺城，同年（213年）被汉献帝封为魏公，都城在邺城。这个邺城，正是战国七雄中魏国的都城之一，曹操爵位中的"魏"字正是来源于此，后来的国号魏也是因为这个。

当刘备占领巴蜀的时候，曹操也知道他下一步必定是取汉中，所以趁刘备不在成都的时候，抢先一步，发兵汉中。

曹操要进兵汉中，只能从关中出发穿过秦岭。自古以来，这里存在着四条古道，分别是：陈仓道、褒斜道、傥骆道、子午道。

陈仓道因位于陈仓县附近而得名，具体路线是：从今宝鸡往南，过了散关后不远，翻过黄牛岭，就可以顺着故道水的河谷南下，过了今略阳再沿山谷往阳平关方向。故道水是嘉陵江的源头，河谷相对开阔，所以这条路在四条古道里面算是最好走的，也最常用，但正因为常用，所以汉中方面在今勉县以西修筑了阳平关，以防止关中的兵马过来偷袭。

陈仓道也称故道，因为后来褒斜道成了主要通道，这条老路就称为故道，其经过的河流也就称为故道水。

褒斜道的历史最为久远，是由褒水（褒河）和斜水（今石头河）两条河流的河谷组成，两条河流的源头离得很近，中间需要翻过老爷岭。

傥骆道是这几条古道中最难走的道，到曹爽时代才有历史记载，当时还没有开通。

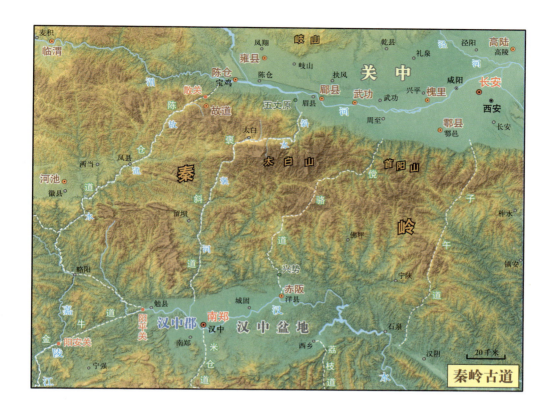

秦岭古道

子午道，也称子午谷，因离长安近，几乎呈正南正北方向而得名（古人以"子"为北，以"午"为南），当年刘邦被迫到汉中就任时走的就是这条道。

因为要翻过秦岭，山高谷深，这四条路都不好走，多为栈道。

刘备如果要取汉中，同样要翻过米仓山，穿过米仓山的古道有三条：金牛道、米仓道、荔枝道。

先从东边说起。荔枝道是因杨贵妃而得名，至于以前叫什么，无人知晓。荔枝道对接的是子午谷，直达长安。唐朝的时候，杨贵妃爱吃荔枝，官方在这里设驿道，把四川的荔枝（唐朝时气温比现在高，四川盆地也盛产荔枝）通过这条路转运到长安。这条路主要的作用是从巴蜀的东部通往汉中，山路漫长，又不好走，对刘备来说肯定不是首选。

第二条，米仓道，因穿过米仓山中部而得名。这条路，由今巴中出发，沿巴河河谷北上，到尽头后，翻过两道分水岭，就到了汉中盆地。这条路因穿越米仓山的腹部，山高水险，其难度可想而知，也不是刘备的首选。

149

刘备首选的当然是离成都最近的金牛道，这也是我们要重点介绍的。

关于金牛道名称的来源有个小故事。

战国时，秦惠文王想伐蜀，苦于道路不通，于是凿了五个石牛，在石牛的屁股后面放了很多金子，说是牛拉出来的，然后把这五个石牛送给蜀君。蜀君一看，能拉金子的牛太宝贵了，为了把石牛运回国内，派了五个大力士来拉，一路开山填谷，把路修通了，秦军就顺着这条路把蜀国灭了。

这个故事里包含两个成语：石牛粪金和五丁开道。他们开通的这条道就是金牛道，也称石牛道。

要了解金牛道，我们还是从上游说起比较好。

假设敌人从北面来，从阳平关开始，向西南，沿着山间谷道可以到达嘉陵江。所以阳平关不仅是陈仓道的终点，也是金牛道的起点，这里两山夹一关，一关守两道，战略位置十分重要。到了嘉陵江，你会发现这里有个阳安关，也是一关守两道，不仅能防止从阳平关过来的敌人，还能防止从嘉陵江顺水而下的敌

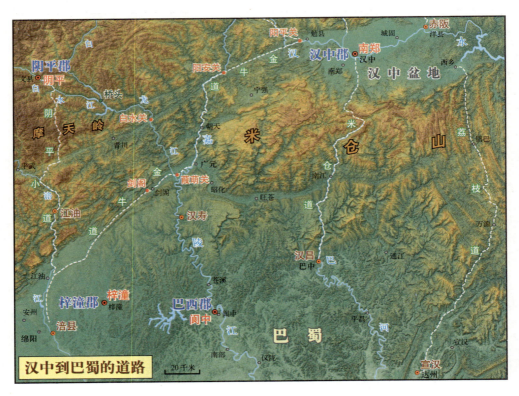

汉中到巴蜀的道路

人。再往前，有两条路可走：一是顺着山谷往西到达白龙江，白龙江后有个白水关，白水关同样是一关守两道，一是金牛道方向来的敌人，一是沿白龙江而下的敌人；另一条路，就是顺着嘉陵江而下，在白龙江和嘉陵江的汇合处，有个葭萌关，还是一关守两道。这里也是刘备刚到蜀中时驻扎的地方，葭萌关和白水关唇齿相依，所以刘璋让他同时管着白水关。从葭萌关这里，如果要去往成都，是一条长达百里的峡谷，不仅陡，还很险，所以后来诸葛亮在这里修筑了剑阁（唐以后称剑门关），成为成都最坚固的门户。

之所以要从上游说起，是因为这些关口都是为了保护成都而设的（阳平关除外）。正是因为这个原因，刘备要取汉中相对就容易多了，因为这些关隘设计的防御方向都是北方，唯一的难关是阳平关。

建安二十年（215年）三月，曹操亲率十万大军，走陈仓道，往汉中进发，到达河池（今甘肃徽县北）的时候，遇到了激烈的抵抗。据守河池城的是氐王窦茂。

当初马超起兵反曹的时候，有四大氐王响应：兴国氐王阿贵、百顷氐王杨千万、兴和氐王窦茂、阴平氐王雷定。阿贵后来在夏侯渊讨伐韩遂的过程中被灭，杨千万在马超投靠刘备后也投奔了马超，雷定在后来刘备攻打汉中时响应马超出兵，而窦茂，正是死于这一次曹操南征。

氐人是羌人与当地土著融合后产生的部族，与羌有渊源，但又不同，主要分布在陇西郡、武都郡、阴平郡一带。马超有羌人血统，在羌人、氐人心目中的威望很高，这也是后来诸葛亮要走祁山道的原因之一。

曹操沿陈仓道南下，五月占领河池。也正是这个时候，韩遂的部将拿着韩遂的人头来投降曹操。七月，曹军到达阳平关，张鲁的弟弟张卫凭关固守，曹操久攻不下、伤亡惨重，再加上军粮也快吃完了，就想退兵。结果前军因为夜间迷路，误入张卫别营，张军大惊，四散逃走。曹操趁机占领了南郑（汉中治所），张鲁走米仓道逃往巴中。这里的巴中指的是古巴国或巴郡一带，类同蜀中指古蜀国或蜀郡一带，三国时并没有名为巴中的城镇。不过按常理推测，张鲁的落脚点应该是汉昌县，正好位于今天的巴中市。

刘备这个时候还在荆州，听说张鲁跑到了巴中，忙派人去接，但晚了一步，张鲁已投降曹操。

曹操占领汉中后，自回邺城，留夏侯渊、张郃等人镇守汉中。张郃经常侵入巴西，刘备派张飞于瓦口大战张郃，张郃败退南郑。刘备也回了成都。

建安二十一年（216年）四月，汉献帝册封曹操为魏王，食邑三万户，位在诸侯王上，奏事不称臣，受诏不拜，用天子的服饰礼仪祭拜天地，国都邺城，已成为事实上的皇帝了。

建安二十二年（217年）春，曹操再次南征濡须口，孙权此时的目标是抢占荆州，于是向曹操投降，双方修好。

刘备并不知道孙权的心思，趁曹操主力东移之际，立即进兵汉中。刘备一面派张飞、马超、吴兰、雷铜等人走祁山道取下辩（武都郡治所），却被曹洪、徐晃等人击败，吴兰、雷铜战死；一面亲率大军进至阳平关，与夏侯渊夹关对峙，结果也是久攻不下。曹操见形势紧急，亲率大军赶往关中，坐镇长安。

到了建安二十四年（219年）正月，刘备一看阳平关久攻不下，如果再继续

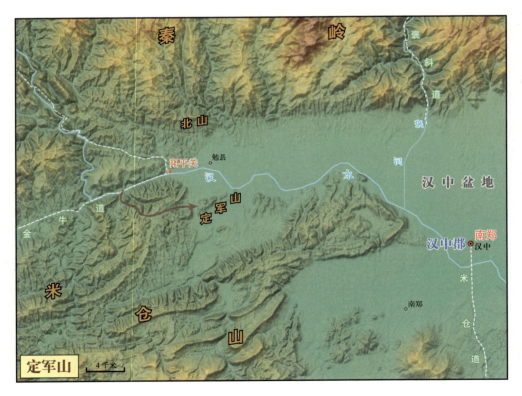

定军山

4千米

僵持下去，必然凶多吉少，于是南渡汉水，从米仓山中一条山谷穿行向东，翻过一道不太高的山岭，到了定军山，并在定军山上安营扎寨——等于是绕到了阳平关的后方，而且居高临下。夏侯渊一看慌了神，来抢定军山，结果被黄忠斩杀。曹军一时惶恐不安，推举张郃为主将来守阳平关。

曹操一看大事不好，亲率大军从长安起程，过褒斜道，驻守阳平关。刘备凭险固守，拒不出战，两军僵持不下。

打破这个僵局的是赵云。

曹操刚来时，把粮食都囤积在今陕西勉县以北的北山上，与定军山正好隔汉水相望。黄忠于是和赵云商量，说可以去劫粮。但曹操素来善于偷袭别人的粮草，自家粮草肯定有重兵把守。于是赵云和黄忠商量，赵云守营，分一部分兵给黄忠去劫粮。两人事先约定，即使不成，也必须按时返回。

到了约定的时间，黄忠没回，赵云心想坏事了，担心曹军趁机劫营，又不能倾巢而出，于是只带了几十个人去救黄忠。谁知刚出门没多久就遇上了曹操大军，赵云几进几出，杀出重围，救回了黄忠。

赵云回到营寨，曹操大军也随后而至，部下见敌众我寡，准备闭门拒守。赵云却下令大开营门，偃旗息鼓。曹军以为有伏兵，引兵而退。赵云趁机反攻，曹军吓坏了，以为赵云营寨里真埋伏着大军，拼命逃跑，结果自相践踏，被踩死的，被射死的，掉汉水里淹死的，不计其数。这是历史上真实的空城计，当然，确切地说是空营计，赵云不但吓退了曹军，还利用地形，趁曹军渡汉水时速度慢的特点，用弓弩射杀曹军，使曹军损失惨重。第二天，刘备来到赵云营寨，查看战场后赞叹道："子龙一身都是胆也！"

两个月后，曹操退兵。

这场战争从建安二十二年（217年）春一直到建安二十四年（219年）五月，持续两年之久，最终以曹操撤兵为止，刘备取得了胜利，占据了汉中。

曹操之所以撤兵，主要还是地形的原因，打持久战打的就是粮草供给，谁的粮草不继谁就输。曹操刚到阳平关不久就被黄忠偷袭，粮草开始紧张，后来费尽九牛二虎之力从长安运粮，因为要穿过高耸入云的秦岭，路不好走，效率又低，很快粮草就接济不上。而刘备的粮道就好走多了，金牛道已经是米仓山的末端，地势相对平坦，再加上诸葛亮的后勤工作做得很出色，粮食源源不断地从成都运送上来。曹操一看，耗不起，就撤兵了。再说了，这场战争对刘备来说是生死存亡之战，汉中是巴蜀的咽喉，汉中在曹操手上，巴蜀就没有安生日子，所以倾举国之力也要打赢这场战争。反过来，对曹操来说，汉中和关中之间隔着秦岭，控制起来极为不便，如果不是为了掐住刘备的脖子，汉中就形同鸡肋，所以曹操的人打起仗来也就不怎么卖力了。

刘备占领汉中后，派刘封、孟达乘胜攻取西城和上庸。这样一来，整个汉中郡都归刘备了。同年，刘备晋位汉中王。这意思就很明显了，汉中王曾是当年高祖刘邦的封号，刘备称汉中王，就是在告诉所有人：我要夺取天下光复汉室了！

这是刘备一生中最风光的时刻，也是蜀汉历史上地盘最大的时候，从无立锥之地到三分天下，前后不过十年的时间，而且手下兵强马壮，人才济济。

要说孙权也真是机灵，本以为曹操不可战胜，没想到这回却败在刘备手下，于是趁火打劫，攻击合肥。

曹操也真是头疼，刚从汉中撤兵，又要从各处调兵奔赴江淮前线。

在中国历史上，南北双方对峙通常有三个交火点：西边汉中、中间襄阳、东边江淮。这一东一西轮番上阵，打得热闹非凡，一直闲坐在中间的关羽却按捺不住了。

第十九章　大意失荆州

关羽正是看准了曹操大军东赴江淮，襄、樊一带兵力空虚的时机，于是率兵北上，直取襄阳、樊城。

关羽北伐，实际上是一次冲动的冒险。从战略上讲，刘备刚刚在汉中打败曹操，损耗巨大，急需休整，无法策应关羽的行动，关羽不该在这个时候孤军深入；另外，荆州已经形成了三足鼎立之势，任何一方的举动，必然会引起连锁反应。关羽早就对东吴有防备之心，可最终还是大意了。

当然，从地理的角度上说，关羽若果真打下了襄阳，就可以和上庸、南郡连成一片，孙权也会坐卧不安。

关羽出兵的动机，在于心里不服，从刘备入川开始，他就一直待在荆州。刘备夺取西川，张飞、赵云、马超都立了大功，特别是汉中之战的时候，黄忠阵斩夏侯渊，也立了奇功。而关羽在这段时间里，一直没有什么战功，这让自恃清高的他很不舒服，黄忠年纪那么大，而且是新加入的"新人"，都立了大功，让他这个元老怎么能坐得住呢？

建安二十四年（219年）七月，关羽留南郡太守糜芳守卫江陵，将军傅士仁驻守公安，自己则率领大军攻打襄阳的吕常和樊城的曹仁。襄阳和樊城夹汉江而建，一个在江北，一个在江南，互为掎角，一方有难，另一方施援，非常难打。但关羽的战斗力不一般，吕常和曹仁都躲在城里不出来。曹操紧急调令于禁领七军（三万人）救援樊城。这个时候樊城还没有被关羽包围，曹仁命令于禁和庞德驻扎在樊城北部的一片洼地，作为策应。到了八月，连绵大雨，汉水暴涨，关羽借此水淹七军，然后乘船追杀，逼降于禁，生擒庞德。庞德曾在交战中射中过关羽的额头，关羽念他有本事，想用他，庞德不肯听令，关羽就杀了他。至此，曹操的援军全军覆没，关羽趁机包围了樊城。

当时的樊城守军只有几千人，城墙崩塌，处处进水，有人劝曹仁弃城而逃，汝南太守满宠说，山洪来得快，去得也快，应该坚守。于是曹仁决心坚守。关羽一面猛攻樊城，一面派人包围襄阳。

同年十月，陆浑（今河南嵩县东北）的农民孙狼等人苦于徭役，攻占了县城，南附关羽。同时，从许昌往南的诸多山贼也纷纷遥受关羽的印号，听从关羽的指令。甚至连曹魏的荆州（治新野）刺史胡修、南乡太守傅方也投靠了关羽。关羽的声势一时"威震华夏"。这里的华夏指的是中原，因为中原是先秦的华夏地区。如果拿下襄、樊，关羽很快就能杀入中原。

关羽的势力已接近许都，曹操打算迁都避其锋芒，被司马懿劝住了。司马懿说孙权肯定不愿意看到关羽得志，可以联络孙权从背后袭击关羽。曹操就打消了迁都的念头，一面派徐晃救援樊城，一面派人劝说孙权。

徐晃觉得自己的兵力太少，不足以与关羽抗衡。曹操又给徐晃增派了十二营兵马，徐晃这才出击，打破了关羽的包围圈。于是关羽放弃了对樊城的包围，但仍据守汉水，围攻襄阳。

孙权果然是个墙头草，见关羽被耗在襄阳一时不能脱身，就不打合肥了，把矛头转向关羽。他给曹操写信，说想为朝廷效力，从背后袭击关羽，还让曹操不要把话传出去。曹操满口答应，一面却偷偷把话放出去，想引起关羽的警惕逼他退兵。关羽得到消息后，也只是犹豫了一下，他怀疑这是曹操的调虎离山之计，也就没有撤兵。

得到曹老板的首肯后，孙权命吕蒙为先锋，亲率大军为后援，奔赴荆州。我们知道有个成语叫"刮目相看"，说的就是这个吕蒙。吕蒙武将出身，是个粗人，不爱读书，后来在孙权的规劝下才读书，过了很久，有一次鲁肃见到他，感觉他谈吐不凡，就说他"非复吴下阿蒙"，吕蒙说："士别三日，即更刮目相待，大兄何见事之晚乎！"吕蒙一直惦记着荆州，得到孙权的命令后，就带着精锐，假扮成商人，从柴桑出发，日夜兼程，将关羽设置在江边守望的据点逐个拔除，一直到江陵，然后给江陵和公安的守将写信劝降。所以关羽对后方的事毫不知情，而江陵守将麋芳（刘备的小舅子）、公安守将傅士仁竟然不战而降。

孙权得了江陵，立即派陆逊抢占夷陵和秭归，关羽的退路被彻底切断。

关羽得到南郡失守的消息后，立即南撤。与此同时，吕蒙在江陵大肆收买人心，厚待关羽及手下军士的家属。这些军士得到这个消息后，都想着早点回家跟家人团聚，已无心再战，于是纷纷逃散。关羽自知南下无益，便往西退守麦城。

这个时候孙权已进驻江陵，派人来劝降，关羽假装投降，趁机逃出麦城，手下只有十几名骑兵，其余的都跑了。

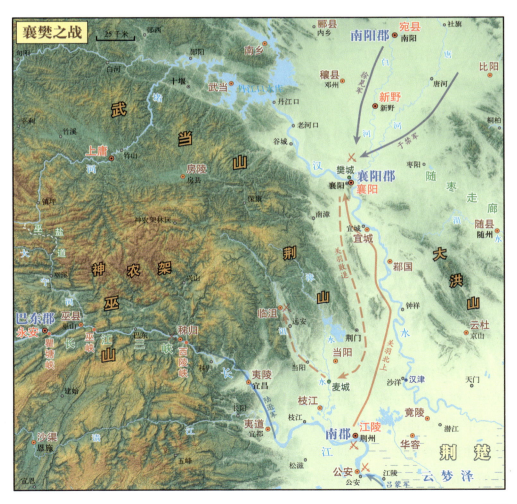

此时的关羽，唯一的生路就是去益州，可北边襄阳是曹操的地盘，南边江陵由孙权占据着，南北两条路都堵死了，剩下勉强算得上路的就是上庸方向。从麦城到上庸，最便捷的路就是沿沮水而上，先去房陵。

沮水的源头属于益州，只要一进入益州，关羽就安全了，可在沮水的岸边，还有一座属于荆州的城池，那就是临沮。

关羽想到了，孙权自然也想到了。从麦城往西就是沮水河谷，这条河谷两边是高山，关羽只能沿着河谷走，必然经过临沮。孙权已事先命令朱然、潘璋去临沮，切断了关羽的去路。最后关羽果然中了埋伏，在临沮被杀，一同被杀的还有儿子关平。

看到这里，我们不由感叹孙权也是神机妙算啊，只是这里面少不了他手下谋士的功劳。孙权可气的地方就在于，打敌人不行，在盟友背后捅刀子得心应手。如果他趁关羽打襄阳的时候猛攻合肥，曹操面临两线作战，真的会焦头烂额，说不定他一辈子都没打下的合肥就在那个时候打下了。从这里也可以看出，孙权的第一志向肯定不是图谋中原，而是保有江东。

事后，孙权把关羽的首级献给曹操，意思是：大家看啊，这是曹操让我干的，不是我的本意。还遣使入贡，向曹操称臣。曹操当然知道这种小伎俩，以诸侯之礼厚葬关羽首级于洛阳。孙权一看，便将关羽的尸体也以诸侯之礼厚葬于当阳。刘备得到消息后，在成都为关羽建了衣冠冢。所以民间说关羽"头枕洛阳，身卧当阳，魂归故里"。

曹操评价关羽说："事君不忘其本，天下义士也。"义是关羽最优秀的品质。但陈寿也说："羽善待卒伍而骄于士大夫。"也就是演义里常说的凌上而不欺下，结果正是关羽平时不怎么待见的官员，在节骨眼上叛变，致使关羽走投无路。

有一种说法，说关羽北伐是为了配合刘备攻击汉中，攻打襄阳可以牵制曹操的兵力，以缓解刘备在汉中的压力。曹操从汉中撤兵后的确没有走远，就停留在关中，迎击孙权在濡须口的进攻也是派手下人去干的，并没有亲身前往。曹操驻兵关中，说明他还没有完全放弃汉中，从这一点上来说，关羽北伐的确吸引了曹操的注意，令曹操不得不调兵奔赴樊城，曹操还曾一度想亲自去解樊城之围。可我们看看时间，刘备攻打汉中，在建安二十四年（219年）五月份的时候，已经取得了决定性的胜利，而关羽出兵在同年七月，那个时候汉中的战役已经打完，如果这个时候要吸引曹操兵力的话，只能把曹操的兵力全部吸引过来，于汉中无益，于关羽却是压力巨大。更何况，刘备在攻打汉中之前，为了平息荆州的动荡，不得已和孙权签订了和约，当他在全力夺取汉中的时候，肯定不希望荆州再出什么差错。事实上，关羽攻打襄阳的时候，刘备已经自立为汉中王，并封他为前将军，之后关羽才率兵北上的。而关羽北上后，刘备并没有派兵策应，从这一点可知，刘备对关羽的北伐事先并不知情，关羽是自行其是。

如果按照诸葛亮《隆中对》里的说法："若跨有荆、益，保其岩阻，西和诸戎，南抚夷越，外结好孙权，内修政理；天下有变，则命一上将将荆州之军以向宛、洛，将军身率益州之众出于秦川，百姓孰敢不箪食壶浆以迎将军者乎？诚如是，则霸业可成，汉室可兴矣。"这里有几个条件：第一，跨有荆益，这个刚刚完成；第二，西和诸戎，还没开始；第三，南抚夷越，也没开始；第四，结好孙权，虽有但不稳固，尤其是关羽，经常不把孙权放在眼里，遭到孙权的忌恨；第五，内修政理，就是政治稳定，经济发展，也就是要有打仗的本钱，益州刚拿下，这些也才刚刚开始。只有这五个条件都达到了，才能从益州和荆州同时出兵，夹击曹魏。很显然，要达到这五个目标，还需要时间，以目前的局面，刘备绝不可能让关羽单独行动，贸然北上。

关羽还犯了一个错误，当他从襄阳撤兵回救江陵的时候，不停地派使者和吕蒙通消息。吕蒙正是利用了这些使者，带着他们到处游山玩水，好吃好喝招待，还带着他们去探望关羽军士的家属，给这些家属捎信。我们无从得知关羽的目的是什么，大概他也关心将士的家属有没有遭到虐待。可吕蒙很狡猾，这些家属不但没有被虐待，反而过得比在关羽手下时还要好，于是将士们都不想打仗了，以至于到麦城时，所剩的军士不多，难以抵抗，只好逃亡。我们说，两军交战之时，军心动摇是大忌，可关羽完全没有察觉到事情的严重性。

关羽在围攻樊城的时候，兵力不够，曾让上庸的刘封、孟达援助。刘封、孟达拒不发兵，后来关羽败走麦城的时候，他们也没有派兵施救。刘封后来因为这件事被刘备杀了，孟达畏罪投曹。这里先不讨论两人的问题，只说关羽，如果再等一年，等曹操死了，刘备也从汉中之战中缓过气来，那时刘备不但可以出兵关中策应，还可以从汉中发兵到上庸，然后顺堵河而下，渡汉水，与关羽北上的荆州兵配合，围堵襄、樊二城，情形就会完全不同。

关羽一死，荆州南部六郡全都归了孙权，刘备就只剩下益州。三分天下刚刚成形，刘备就成了势力最弱小的一方，更重要的是，原先刘备和诸葛亮商讨的隆中对策也全都泡了汤。

第二十章　夷陵之战

关羽一死，以仁义著称的刘备自然不会忍气吞声，只是蜀汉刚刚经历了一场长达两年的汉中之战，损耗巨大，需要休养生息。不说别的，汉中之战历时两年，仅粮食消耗就是个天文数字，即使是天府之国的成都平原，要支撑起这场旷日持久的战争，也需要几年的粮食储备。所以，出兵东吴替关羽报仇，还需要等待下一个秋收的粮食。

正在这时，也就是建安二十五年（220年）正月，曹操病逝于洛阳。曹操从长安到洛阳，本来是为了亲临前线对付关羽的，却没想到紧跟着关羽的脚步也去了，终年六十六岁，葬于邺城西郊的高陵。

曹操死后，曹丕继位。同年十月，魏王曹丕取代汉朝，自立为皇帝，国号"魏"，定都洛阳，并追尊曹操为武皇帝，庙号太祖。为了与战国时的魏国区别，我们称之为曹魏。

从此，东汉王朝正式结束，三国时代开始。

曹丕在代汉之前，让献帝搞了个禅让的仪式，假模假样，推让了三次才接受，虽然明眼人都知道是怎么回事，但这样一来，从法理上讲，魏就是汉的合法继承者。汉献帝被降为公爵，封地在河内郡山阳邑（今河南焦作东），因此人称山阳公。

古代的交通不发达，再加上蜀地偏远，路不好走，第二年，当这个消息传到成都时，却说献帝死了。刘备悲愤交加，为了表示汉贼不两立，刘备也在成都称帝，国号"汉"，表示继承了大汉的正统。同样，为了与前面的两汉区别，我们称之为蜀汉，有时也简称为蜀。这里正好说一下，刘备的国号里根本没有"蜀"字，为什么不简称为"汉"，这样简称是不是不合理？其实这是为了方便我们后人区分，按当时的情况，刘备的国人当然是自称为汉人，其军队也自称为汉军，但为了不让我们混淆，还是称"蜀"比较方便，因为从法理上讲，在曹丕称帝之前，三国都是汉人，他们的军队也是打着汉军的旗子，如果我们把蜀汉简称为汉，就很容易混淆，二者时间上离得太近了。同样的道理，我们经常把曹魏简称为曹或魏，是因为这个魏和战国时的魏国时间上离得远，不容易混淆。其实在曹丕称帝前，曹军才是正儿八经的汉军，因为他们是打着献帝的旗号行事。当然，他们也会打魏的旗号，因为曹操在213年就被封为魏国公了。至于东吴，虽然孙权还没有称帝，但早在198年，曹操就上表封孙策为吴侯，一般人认为孙权接管了他大哥的地盘，自然也继承了他大哥的爵位，也称他为吴侯。实际上，当时孙策已经平定了江东，曹操以朝廷的名义封的这个爵位是县侯，封地就是吴县（今江苏苏州），但孙策实际控制的地盘已经相当于春秋时吴国的地盘了，从那个时候开始，大家就习惯称之为东吴。曹丕称帝后，孙权一面遣使讨好，自称藩属，一面派人把原来被关羽抓获后关押在江陵的于禁等魏军的俘虏交还给曹丕，曹丕封孙权为吴王，称他们为东吴就更没有问题了。

刘备登基后不久，就调集兵马，顺江而下杀向东吴。

这个时机应该说不错，曹丕刚刚篡汉登基，人心不稳，毕竟朝廷内部还有很多忠于汉室的人，而刘备又是打着恢复汉家天下的旗子，或明或暗地刘备还是会得到魏国内部很多人的支持，而曹丕忙于稳定内部，无暇出兵。荆州呢，丢失才两年，还有很多人心向归附，更重要的是，刘备的核心成员都是从荆州过来的，如今老家丢了，打回老家去是顺理成章的事，也不用担心他们不卖力。刘备替关羽报仇只是一方面，夺回荆州更重要，不然这些荆州人士会怎么看待刘备？

张飞一直驻守巴西郡（治所阆中），也整顿好了兵马，原打算沿嘉陵江而下，在江州（今重庆）与刘备会合，结果在出发前被部将所杀。这两名部下带着张飞的首级投奔了东吴，蜀汉和东吴的仇因此越发深了，刘备更是铁了心要和东吴血拼到底。这一切给我们的感觉是，蜀汉从立国一开始就是各种不顺心。

蜀汉章武元年（221年）七月，刘备兵临三峡，孙权遣使求和，刘备不许，于是大战拉开帷幕。

孙权在占领荆州后，也顺势占领了三峡东部，把边境线西推到了巫县。刘备从上游顺江而下，先攻占了巫县和秭归，同时为了防止曹魏趁火打劫，派黄权驻扎长江北岸，又派马良到武陵地区，争取当地部族首领沙摩柯的协助。

从长江三峡南岸开始，一直到云贵高原，这一带都属于武陵山区。在当时，这里主要是一些少数民族的聚集地，称武陵蛮或五溪蛮。这其实是个笼统的称呼，如果要究其根源的话，这个武陵蛮不是别人，正是蚩尤所率领的九黎部落的后人。蚩尤在中原被黄帝打败后，族人一部分融入华夏，一部分南逃到江汉一带，建立了三苗国。三苗后来在与楚人的战斗中又失败了，一部分融入楚国，另一部分三苗人继续南逃，进入荆楚西南的山区，也就是武陵山一带。到了汉朝，汉人并不知道这些人的来历，因为他们居住在武陵山区，所以称其为武陵蛮；又因为这里（沅水中上游）有五条溪，所以也称五溪蛮。如果以今天的眼光来看，五溪蛮就是苗、瑶人的祖先。苗族人尊蚩尤为先祖，瑶族人尊盘古为先祖，而九黎族人大部分都融入了华夏，所以汉人和苗、瑶人之间的关系，真是千丝万缕，割舍不断。

当时五溪蛮的首领便是沙摩柯。沙摩柯后来在夷陵之战中战死，毛宗岗评价他："番将能为汉死节，死为汉之忠臣。"

孙权方面，为避免两线作战，一面遣使向曹魏称臣，一面任陆逊为大都督，前往三峡迎敌。要说孙权虽然自己打仗不行，但在用人方面堪称典范，他总能在一众后生当中挑中那个最优秀的。当年他任用周瑜，取得了赤壁之战的胜利，这一次用陆逊，又将开创一个奇迹。

陆逊见蜀汉军队来势汹汹，为避其锋芒，主动退却，一直退到猇[xiāo]亭、夷道一带，才停止脚步。陆逊令大军驻扎在猇亭东岸，同时令水军控制长江水道，又令孙桓守夷道，然后严防死守，不肯退却半步。

从地形上我们可以看出，猇亭、夷道已经到了丘陵地带，身后就是平原，而北部的夷陵还属于山区，等于是陆逊把平地留给自己，把刘备的五万大军全部堵在山地当中。单从交通方面讲，从猇亭到江陵，不管是走水路还是陆路，只有一百来公里，而从夷陵到成都，长达一千多公里，我们只做个简单的计算，刘备从成都运一趟粮食到前线的时间，陆逊可以运十趟。更何况，从猇亭到江陵是宽阔的水道，而从夷陵到成都要经过长长的峡谷，这前后的效率又不知差了多少倍。在古代战争中，粮道是关键，如果照这样下去，刘备必败无疑。

另外，山地难以展开兵力，刘备带来的人再多也发挥不了作用。

刘备当然知道陆逊的算盘，蜀军远道而来，打持久战肯定吃亏，所以刘备求战心切。

刘备要突破陆逊的防线，只有三个方向：一个是猇亭的东面，那是吴军的大本营，但陆逊固寨坚守，无论蜀军怎么挑衅，就是不应战；另一个，长江水道，东吴的水军素来勇猛，防守严密，同样难以突破；最后一个，就是长江南岸的夷道（今湖北宜都）了。夷道相对其他吴军固守的据点来说，相当于孤悬江南，也许是个突破口。

刘备派张南率部围攻夷道其实有两个目的：一个是如果真能攻下夷道，就

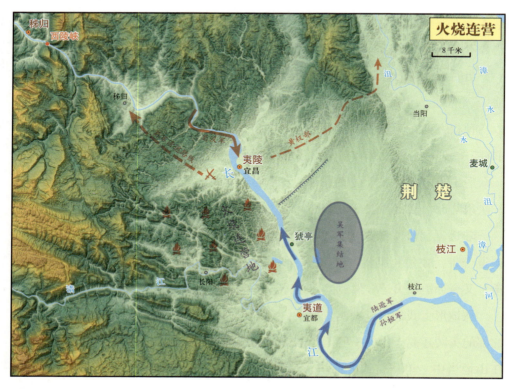

在江南多了一个据点，虽然夷道仍处于山地环绕之中，附近长江又有吴军的水师控制，一时还难以把大军开到平原地区，但好歹算前进了一步，于军心士气有好处；另一个更重要，就是诱使陆逊出兵救援夷道，围城打援，寻找突破口。

但陆逊没有上当，守夷道的孙桓是孙权的侄子，投降的可能性极小，夷道又城池坚固，钱粮充足，完全可以挺住，所以陆逊坚持不派救兵，以免兵力分散和过早地消耗。

从蜀汉章武二年（222年）正月到六月，在这半年的时间里，无论刘备用什么方法——挑战、辱骂、各种挑衅、耍小计谋，陆逊就是坚守不战。刘备无可奈何，蜀军的斗志也日渐消解。不凑巧的是，又赶上酷暑难耐的夏季。

之前讲赤壁之战的时候介绍过季风，也提到过信风，这里要重提一下信风。信风的产生是因为大气环流，大气环流在地球上形成不同的气压带，其中有个著名的副热带高气压带，简称副高压。在全球范围内，副高压制造了一系列的热带沙漠（温带沙漠通常是因为离海洋太远造成的），从印度，到伊朗高原，到阿拉伯半岛，再到撒哈拉，全是它的杰作；在美洲，美国和墨西哥交界处的大沙漠同样离不开它的关照；在南半球，从智利，到纳米比亚，到澳大利亚，大片的沙漠地带同样和它有关。但在中国是个例外，副高压位于南北纬30°附近，在中国正好处于长江沿线，副高压在向东推进的时候，受到青藏高原的阻挡，脚步被打乱了，于是长江沿线幸免于难，不但没有成为沙漠，反而变成了鱼米之乡。青藏高原让大气环流在这里止步，于是中国的气候主要受季风影响，而不是受信风影响。如果在信风作用下，副热带高气压带就是个无风带，没有风，就不能产生雨，常年无风就会常年不下雨，沙漠因此而生。

但如果我们留意一下中国冬夏两季的气温分布就会发现一个规律：夏季南北温差小，冬季南北温差大。这个其实我们在日常生活中就能体会，夏天的时候，海南岛烈日炎炎，北京同样是骄阳似火，如果一天之内往返于这两地之间，你感觉不到温度的差异；但如果是在冬天，在北京漫天大雪的时候，海南岛仍是和夏天一样炎热，如果一天之内往返这两个地方，单是换衣服就很麻烦，行李箱里必须同时塞上短袖和羽绒服这两种完全不同季节的衣服。

从气候上说，温差小的时候，季风活动弱；温差大的时候，季风活动强。在

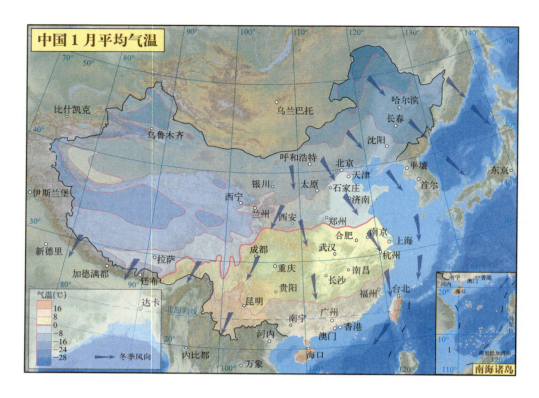

中国1月平均气温

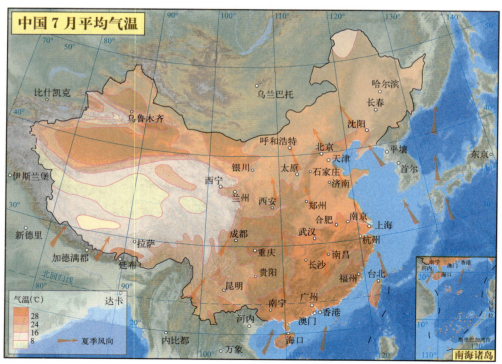

中国7月平均气温

生活中，冬天刮六七级的北风很常见，但你很少听说夏天也有六七级的大风，除非台风，但台风是另一种气候现象，不在季风之列，这里就不讨论了。

于是我们可以得出结论，在一年之中最热的时候，东亚的季风活动也是最弱的时候；当季风活动弱的时候，大气环流的作用就明显了。

生活在长江一带的人都有体会，梅雨季节过后，每当七八月间，大概持续半个月吧，天气湿热，没有一丝风，长久不下雨，这时的天地就像一口大蒸笼，人待在里面极其难受，如果在水边，水中热气蒸腾，更令人窒息难熬。这其中的原因，正是每到这个时候，季风减弱，副高压在这一带占据了主导地位。

刘备正是遇到了这样的天气。

六月（农历，正好是阳历的七月）的长江沿线，暑气逼人。相较于东吴那些长年生活在水边的人来说，从蜀地来的人更难以忍受这种天气的折磨，纷纷要求到山林里扎营避暑。刘备求战无望，也就答应了，让水军也上岸扎营。于是从夷陵往西，几百里的长江，在两岸的山林里，都有蜀军的营帐，而刘备的主力就驻扎在猇亭隔江对岸一带的山林里。

当曹丕听说刘备连营七百里时，说："备不晓兵，岂有七百里营可以拒敌者乎！苞原隰[xi]险阻而为军者，为敌所禽，此兵忌也。"

苞，即苞草，意思是长草的地方；原，平原，平地；隰，低湿的地方，沼泽地；险阻，险要有阻隔的地方，主要是山地。苞原隰险阻就代表了各种地形。禽同擒。曹丕这句话的意思就是，把兵力分散在各种复杂的地形里，万一有突发情况，难以集结，调动不便，很容易被敌人擒获，是兵家大忌！

陆逊也正是从这一点看到了战机。另外，刘备结营的材料都是就地取材，砍伐山中的树木搭成营寨，又地处山林之中，一旦着火逃无可逃。陆逊发现这一点之后，打算用火攻。我们看三国时的三大战役，无一例外都和火有关：官渡之战曹操在乌巢放了一把火，赤壁之战时黄盖借东南风朝曹营放了一把火，刘备连江七百里设营，陆逊也打算放一把火。可以说，火是冷兵器时代的热兵器，其威力不言而喻。

准备妥当之后，陆逊令吴军士兵各执茅草，趁夜突袭到蜀营，顺风（山谷风）放火，然后派朱然、韩当猛插到蜀军的后部（今湖北宜昌隔江对岸），切断蜀军的退路，自率主力攻击蜀军的正面，驻守夷道的孙桓也主动出击，同时派水军切断蜀军两岸的联系。

这就是历史上著名的火烧连营，蜀军一片混乱，仓皇而逃，烧死、战死的不计其数。其中张南、冯习和沙摩柯战死，杜路、刘宁投降，驻守夷陵一带的黄权被吴军切断了退路，不得已北上向曹魏投降，马良（马谡的哥哥）往西南撤退时也被步骘[zhì]所杀。刘备以全军覆没的代价，只身逃回永安城（也叫白帝城，今重庆奉节东），从此一病不起。

这一战，蜀汉全军覆没，吴军本来打算乘胜追击，不料赵云的援军已赶到永安，再加上陆逊担心曹魏攻其后路，于是撤兵。

赵云的援兵只有两万人，刘备的五万大军都化为灰烬，吴军刚刚大胜，士气正旺，应该不会惧怕这两万人，只是三峡的地形特殊，陆逊要攻打白帝城，并没有必胜的把握。

我们常说的长江三峡，正是从白帝城这里开始算起，一直到夷陵。这一段河谷非常狭窄。通常大江大河在穿山越岭的时候，都会留下一片宽阔的河滩地，我们的古人最早在开辟山路的时候，就是沿着这些河滩地前行，久而久之就形成了

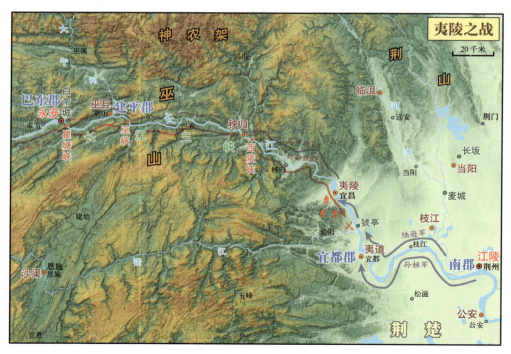

夹江两岸的山路。比如黄河，在经过陕西和山西交界的地方，算是河谷最深的地方了，也留下了两岸的山路。但三峡这里不行，很多地方的河谷十分陡峭，特别是三个峡口（瞿塘峡、巫峡、西陵峡）这里，两岸的山石都是从水底升起直插云霄，完全不具备开辟山路的条件。我们看古人打仗，常用的一个词就是"水陆并进"，水军前进的时候，附近要有陆军的配合，水陆两个兵种互相配合，发挥各自的优势，才能所向披靡。刘备从成都出发，也是到了平坦地带才将两个兵种分开，水陆并进，吴军也害怕。后来刘备让水军上岸扎营，把长江水道的控制权完全交给了吴军，才导致蜀军溃败时无路可逃的惨状。毕竟在古代，水路是最便捷的通道，即使是逆流而上，也比走陆路方便，何况是那么难走的三峡山地。

陆逊没敢打白帝城，正是顾忌到了三峡水路的情况。瞿塘峡的峡口十分狭窄（我们今天从卫星影像上看已经宽了不少，是因为三峡水库的修建抬高了水位），绵延十数里，如果逆水而上，好不容易出了峡口，迎头就是防守严密的白帝城，城头有守军相迎，江面有水军策应，两岸还有伏兵抄后路，想全身而退几无可能。所以，像陆逊这么能忍的人，自然不会冒这个风险，还是退兵的好。

刘备一直驻扎在白帝城不走，这让孙权很害怕。夷陵之战后，曹丕发觉孙权并不是真心归附，于是兵分三路南下东吴，孙权担心刘备趁机卷土重来，和曹魏两面夹击，那东吴就完了，于是又派使者前来求和。这一回，刘备答应了，因为夷陵之战不仅伤了蜀汉的元气，也耗尽了刘备的心力。

在夷陵之战的第二年（223年）四月，刘备病逝于白帝城，临终前托孤于诸葛亮。从此，蜀汉的军政大权转移到诸葛亮手上了。

诸葛亮一上来，就先和东吴修好，不是不想报仇，而是形势所迫，不结好东吴就不足以抗击曹魏。更闹心的是，南中地区也趁机叛乱，诸葛亮知道蜀汉经历这一连串的变故后，不仅元气大伤，而且人心不稳，当前最要紧的是休养生息，所以一直到三年后，才开始对南中用兵。

第二十一章　平定南中

所谓南中地区，其实就是云贵高原（包含今天的云南省、贵州省以及四川省大渡河以南的地区）。南中就是南方的意思，这一带处于巴蜀以南，所以称为南中。在当时，这里生活着众多的少数民族，统称西南夷，其中以孟获打头，各部族都尊他为老大。南中本属于益州，从法理上讲自然归蜀汉领导，刘备死后，孟获率众叛离蜀汉政权，诸葛亮当然不能坐视不管。其实，说少数民族是现在的叫法，在当时，他们在南中地区是多数，汉人才是少数。

所以诸葛亮南征要面对两个问题，一是民族问题，二是地形问题。

南中全是山地，也不产粮，在诸葛亮到达之前，这里还不算农业社会，而是以狩猎为主。对蜀汉来说，南中的战略意义大于现实意义，通过地形我们可以看出，相对于四川盆地，云贵高原具有居高临下的战略优势。东吴已经占据了荆州，完全可以顺着沅江进入沅水，通过且兰、夜郎逐步渗透到云贵高原。假如南中被东吴占有，对蜀汉来说就是致命的威胁。所以，南中的稳定，对蜀汉政权来说具有重大意义。

南中有四郡：越嶲 [xī] 郡（治邛都，音 qióng dū）、牂牁郡（治且兰）、益州郡（治滇池）、永昌郡（治不韦）。除永昌郡外，其余三郡全部参加了叛乱。打头的其实是益州郡的汉族豪强雍闿 [kǎi]，越嶲郡的高定、牂牁郡的朱褒，以及夷人头领孟获都是被雍闿煽动起来的，孟获之所以出名，是因为他在当地夷人和汉人中声望很高。

不管如何，三郡叛乱的核心是益州郡，也就是今昆明一带，雍闿和孟获都驻扎在这一带，而传统由蜀入滇的路线主要有两条：一条陆路和一条水路。

陆路就是五尺道。从今天的地图上看，如果从宜宾到昆明拉一条直线，中间恰好被乌蒙山挡住了，乌蒙山山高水深，行走艰难，不过如果我们留意一下的话，就会发现这条线上正好有两条江，即横江和牛栏江。这两条江都是金沙江的支流，在今云南昭通附近，横江的源头几乎接上了牛栏江的下游，这段距离很短，用一条道路连接起来不是什么难事，于是我们看到，横江和牛栏江几乎就把宜宾和昆明连接起来了。这就是秦时期五尺道的路线，都是沿着河谷铺成的青石路，并不好走。当时秦国的驰道是宽五十尺，五尺道只有其十分之一，主要原因就是在这里修路太难了。

另一条水路比较简单，就是由金沙江转普渡河入滇池。水路更有利于从昆明往北顺水而下，对于从宜宾逆水而上的人来说，因为金沙江的水流太急，这条水路也是凶险万分。

如果要直插敌人的心脏，最好就是沿这两条路直扑滇池。但这两条路线诸葛亮都没有采用，一是这两条路都不好走，二是南中特殊的地理环境和气候，对蜀军来说适应起来还需要一段时日，贸然深入敌军腹地风险太大。

诸葛亮率大军从成都出发，沿岷江到达宜宾后，兵分三路：亲领西路，目标越巂郡；中路李恢，从驻地平夷县（今贵州毕节）出发，目标益州郡；东路马忠，目标牂牁郡。

先说诸葛亮这一路。诸葛亮从僰[bó]道（今四川宜宾）出发，沿金沙江而上，过了大凉山之后，巨大的山体突然展现出一个大缺口，从这个缺口可以直通越巂郡的治所邛都，也就是今天四川省凉山彝族自治州的首府西昌所在地。大多数人知道西昌这个名字是因为这里经常发射卫星，为什么会选西昌作为卫星发射基地呢？是因为这里人烟稀少，海拔高，能见度高。

这个大缺口易守难攻，是兵家最喜欢的地方。诸葛亮知道高定一定会在这里布兵，所以干脆停在卑水（今美姑河）一线不走，想多吸引一点叛军过来，再一举全歼。

高定的主力果然开始向卑水集结，益州郡的雍闿、孟获也率部北上，试图增

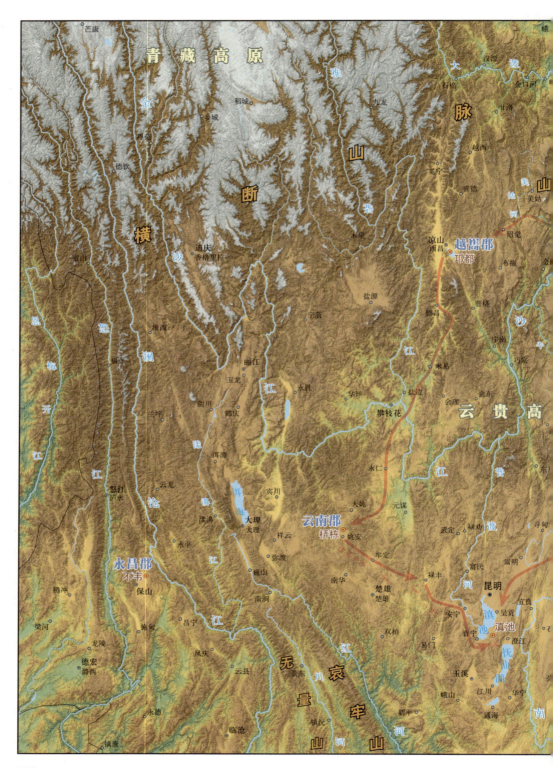

青藏高原

芒康

雅

九龙

大

脉

山

汉源

渡

金口河

甘洛

越西

冕宁

普德

美姑

昭觉

布拖

金

山

断

横

金

沙

江

稻城

乡城

得荣

德钦

通庆
香格里拉

木里

凉山
西昌

越巂郡
邛都

喜德

螺昌

来易

宁南

沙

巧家

东

盐源

碧山

维西

贡山

福贡

怒

江

沪水

兰坪

丽江

玉龙

剑川

鹤庆

永胜

华坪

盐边

云贵高

江

会理

会东

恩

梅

沂

江

怒

江

沧

澜

洱源

宾川

攀枝花

永仁

元谋

普

渡

寻甸

嵩明

东

云龙

漾濞

大理
大理

大姚

武定

禄劝

富民

昆明

宜良

永昌郡
不韦

保山

永平

样云

弥渡

巍山

云南郡
楛栋
姚安

牟定

楚雄
楚雄

禄丰

安宁

河

晋宁

滇池

滇池

呈贡

澄江

抚

川

玉

江

腾冲

梁河

德宏
潞西

龙陵

昌宁

施甸

南涧

南华

双柏

易门

江川

华宁

玉溪

峨山

无

量

江
武东

川

哀

牢

山

河

山

云县

凤庆

临沧

永德

镇康

镇沅

新平

通海

南

江

河

172

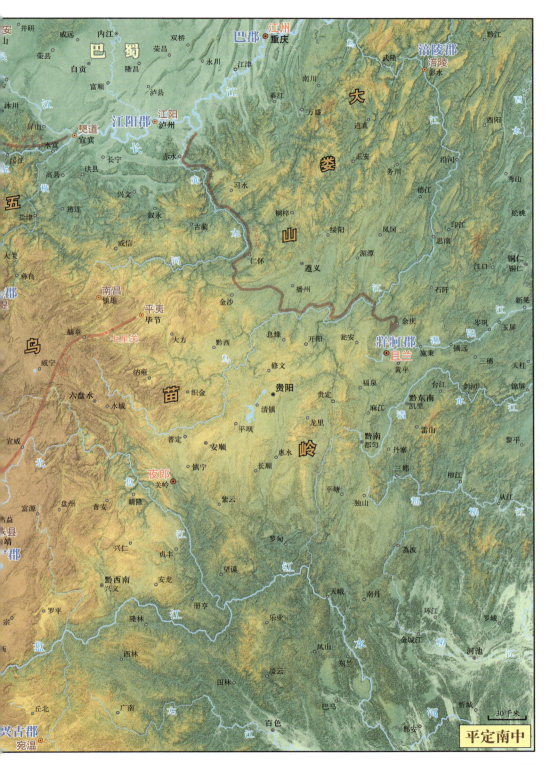

平定南中

173

援高定。结果这时叛军内部出了意外，高定的一个部下，也不知哪根筋搭错了，把雍闿给杀了，这下孟获也不敢前进了，引兵回滇池。

诸葛亮一看引不来更多的叛军，就先打掉了守在山口的这些人，然后领兵挺进到邛都。高定引兵退守邛都，固守顽抗，诸葛亮率大军压境，攻占了邛都，高定最终战死。

消灭了高定所部后，诸葛亮的下一目标就是追击退守滇池的孟获。孟获除了原来自己的队伍外，雍闿的手下也全都归了他，一下子实力大增。

与此同时，马忠在东路顺风顺水，没费什么力气就拿下了牂柯郡。

再说中路的李恢，战斗过程有些波折。

李恢从平夷往南挺进，在到达滇池附近，也就是孟获的根据地的时候，遭到了众多夷人部族的包围。夷人的数量是李恢的好几倍，李恢孤军深入，又不知道诸葛亮那边的消息，形势十分危急。

李恢也是刘备赏识的人，在收服马超的时候，李恢就立过功。刘备称帝后，把李恢派到平夷，镇守南中。在眼下生死存亡之际，李恢果然不负众望，展现了他的聪明才智，他对夷人说："官军的粮食已经吃完了，正打算退兵。我们离开家乡太久，好不容易回来了，不想再回到北方去，正想和你们共谋大事，故而以诚相告。"

李恢本就是益州郡人，出生地就在离滇池不远的俞元县（今云南澄江），所以他这次南下，的的确确是回到了老家。夷人一听，对啊，有道理啊，符合人之常情啊，于是就信了。夷人一信，防备开始松懈，李恢趁机突围，大破夷人。

李恢这一仗，不仅把滇池一带的夷人打散打跑，还占据了孟获的老巢，孟获无路可退。不但如此，李恢还向东联系上了马忠，向西联系上了诸葛亮，三军总算能协同作战了。

蜀汉建兴三年（225年）五月，诸葛亮率大军渡过金沙江，进入益州郡，目标就是孟获。诸葛亮在《后出师表》里说："故五月渡泸，深入不毛，并日而食。"泸水即金沙江，也是长江的上游；深入不毛，就是说这里很荒凉，连草都不长；事实上，云贵高原属于南方，也不缺雨水，不仅有草，而且有原始森林，有野兽，有瘴气，所以这里的"不毛"并不是指不长草，而是这里本就人烟稀少，且大多处于原始社会，以狩猎为生，还不会种庄稼；并日而食就是两天才吃一顿饭，不是不想吃，而是这里的山路崎岖，运粮不便，也不能就地取粮，所以没有粮食吃。诸葛亮这一路，要克服很多困难，而这些困难，都是这里的地形条件险恶所致。

诸葛亮在出发前，参军马谡曾说："夫用兵之道，攻心为上，攻城为下，心战为上，兵战为下，愿公服其心而已。"诸葛亮听从了这一建议，所以当他听说孟获在当地夷人和汉人心目中威望很高的时候，就打算生擒他。

从㭫[lòng]栋（今云南姚安北）到滇池，诸葛亮且战且进，抓了孟获七次，又放了他七次，这就是所谓的"七擒七纵"。孟获最终心服口服，说："公天威也，南人不复反矣！"

武力平定南中只是第一步，要使南中真正稳定，当然不能只听信孟获的一句话，为保南中长治久安，诸葛亮还采取了以下几项措施。

第一，把南中四郡分为六郡。具体做法是，在保留越嶲、牂牁、益州、永昌四郡的基础上，在越嶲和永昌之间设置云南郡（治所㭫栋），益州和牂牁的南部划出兴古郡（治宛温，今云南砚山西北），同时将益州郡更名为建宁郡，把治所迁到味县（今云南曲靖），再加上北部的朱提[shú shí]郡，南中共有七郡。

此前之所以一直没说朱提郡，是因为朱提郡和其他郡不同，它是由蜀汉政府直接管理的，也是蜀汉控制南中的基地。永昌郡虽然没参加这次反叛，但它也是在当地势力的掌控下，只不过一直忠于蜀汉朝廷，和朱提郡的情况还有所不同。朱提郡的辖区原为犍为属国，刘备占有益州后，改为朱提郡。蜀汉在朱提郡设置了㢡[lái]降都督。"㢡降"是招徕、降服的意思，㢡降都督的主要职责就是诸葛亮所提出的"南抚夷越"。第一任㢡降都督是邓方，荆州南郡人。邓方还有一个身份就是朱提郡太守，但邓方的驻地并不在朱提（今云南昭通），而是在南昌（今云南镇雄）。邓方死后，刘备命李恢继任㢡降都督，驻地在平夷（今贵州毕节）。平夷和南昌离得不远，只不过相对来说地理条件好一点。从地形上看，平夷和南昌都没有深入云贵高原的腹地，而是靠近巴蜀盆地的南沿，这正是和㢡降都督的职责有关。如果把驻地设置在高原的腹地，比如朱提，就很容易被敌人切断后路，失去和成都的联系；把驻地放在平夷或南昌，正是为了时时保持和成都的联系，也能更好地控制南中。

诸葛亮把大郡分为小郡就是为了削弱各郡的势力，防止他们再生反心。

第二，不留兵，不运粮。诸葛亮在平定南中后面临两个选择：一是从成都往这里派驻官员，直接控制；二是任用当地人自治。如果从成都往这里派驻官员，当地人刚刚经历过一场战争，父死子伤，心中难免怀有仇恨，就得留下军队保护这些官员的安全，而留下军队就要吃粮食，还得从成都往这里运粮，增加维护的成本。诸葛亮权衡再三，最后任李恢为建宁太守、吕凯为云南太守，孟获也被任命为御史中丞，随诸葛亮回成都。只有马忠是外地人而被任命为牂牁太守，但仍能做到为夷人所敬重。

第三，釜底抽薪，弱化夷人军队。夷人长期生活在山区，身形矫健而又好勇斗狠，擅长野战，虽身披铁甲仍能翻山越岭。如果把这样一支军队留在南中，迟早是个隐患。诸葛亮一箭双雕，把其中的精壮挑选出来调往成都，组成了一支精锐，名为无当飞军，这支军队后来为诸葛亮的北伐事业立下了不少战功。剩下的羸弱士卒如果就地解散，也会给当地留下不安定的因子，于是诸葛亮把这些羸弱士卒配给当地豪强作为部曲（私家军）。这些豪强当然不愿意，养部曲是要花钱的，于是诸葛亮出了一项政策，凡是招这些夷人做部曲的，可以授官，招得多的，官位还可以世袭。花钱养私家军队，还能得到朝廷的官位，豪强们也就乐意了。久而久之，这些豪强就成了蜀汉的地方官，自己花钱养军队维护地方治安，蜀汉省了钱，也维护了当地的稳定。

此外，诸葛亮还从内地引进先进的生产技术，如引进牛耕，以改变南人刀耕火种的落后方式，提高了南中的农业生产力，从而吸引了许多原来以狩猎为生的夷人下山来种田，使南中逐渐进入定居的农业社会，用杨慎的话说就是"渐去山林，徙居平地，建城邑，务农桑"（杨慎《滇载记》）。杨慎是明朝的大才子，中过状元，但命运多舛，三十多岁的时候因为仗义执言得罪了嘉靖皇帝，被发配到云南充军，一待就是三十多年。在云南，杨慎写了大量诗文，其中有一首《临江仙》如下：

滚滚长江东逝水，
浪花淘尽英雄。
是非成败转头空。
青山依旧在，
几度夕阳红。

白发渔樵江渚上，
惯看秋月春风。
一壶浊酒喜相逢。
古今多少事，
都付笑谈中。

这首词被清代毛伦、毛宗岗父子放到了《三国演义》的篇首，真是再贴切不过。杨慎一生坎坷，在写下这首词那一刻，仿佛穿透了时光，看淡了生死。

经过这一系列措施后，南中基本稳定，虽然后来也发生过叛乱，但规模很小，不用诸葛亮亲自动手，李恢、吕凯就把它平息下去了。而且南中地区农业经济的发展，也给蜀汉提供了大量的钱粮，增强了蜀汉的国力。

随着南中的平定，蜀汉已没了后顾之忧，下一步，自然是一心一意对付北方的曹魏了。

第二十二章　第一次北伐

我们先来说说曹丕的事。

曹丕自从当上皇帝后，主要干了三件事，或者说就是一件事，那就是三次南下伐吴。

第一次，是在夷陵之战后（222年）。说好的孙权称臣纳质，称臣孙权做到了，但把儿子送到魏国做人质的事却一拖再拖。曹丕感觉自己被耍了，兵分三路伐吴：东路由曹休、张辽、臧霸出兵洞口，中路由曹仁出兵濡须坞，西路由曹真、夏侯尚、张郃、徐晃率军围攻南郡。在东路，曹军初战大捷；在西路，也差点拿下了南郡；结果，在中路，吴将朱桓重创曹仁，扭转了整个战局。孙权又趁机求和称臣，曹军无功而返。

第二次，是诸葛亮在掌控蜀汉大权之后，遣使和东吴修好，孙权就断绝了和曹魏的关系。曹丕再一次感到被耍了，决定御驾亲征。曹魏黄初五年（224年）九月，大军到达广陵（今江苏扬州），恰逢长江水涨，曹丕临江喟叹，又是无功而返。

第三次，是在曹魏黄初六年（225年）三月。大概是吸取了前一次的教训，曹丕决定用水军来教训东吴。也正是这个时候，诸葛亮见曹魏东去，暂时无暇西顾，趁机南下平定南中。五月，当诸葛亮渡过金沙江准备活捉孟获的时候，曹丕才刚刚到达谯县，八月进入淮河，十月到达广陵。结果，忽然一夜北风寒，河水结冰，魏军的战船冻在河里进不了长江。曹丕又是长叹一声，还是无功而返。

曹丕三次南征都是无功而返，回洛阳后，第二年（226年）就死了（才四十岁），长子曹叡继位。

曹叡才二十一岁，不仅没阅历，当皇帝更是新手。诸葛亮一看机会难得，毅然决定出师北伐。

蜀汉建兴五年（227年）三月，诸葛亮把大军开到汉中，屯驻在沔阳（沔水以北，汉水也称沔水，今陕西勉县东），然后上书刘禅，请求出师伐魏，这封上书就是有名的《出师表》。得到刘禅同意的诏书后，北伐就正式开始了。

蜀汉建兴六年（228年）春，魏延提出，由他带五千精兵，从汉中穿过子午道，直逼长安，可以达到出奇制胜的效果。魏延的理由一是镇守长安的魏国将领夏侯楙[máo]怯而无谋，二是从子午谷到长安不过十日，而魏国调集军队需要二十日。这个说法本身就漏洞百出，就算走子午谷不会遇到伏兵，一切顺风顺水，十天赶到长安城下，在魏国调集大军解围之前，也只剩下十天的时间，长安城不同于一般的小县城，城池坚固，如果十天拿不下长安城，魏国援军一到，切断蜀军的退路，后果不堪设想。众所周知，围城之战是最消耗时间的，夏侯楙再无能，坚守十天也不是问题，并不会像魏延所说的"闻延奄至，必乘船逃走"。

所以诸葛亮没有采纳魏延的计谋，不仅因为这个计划太冒险，而且这与诸葛亮的战略规划不一致。诸葛亮熟读史书，必然了解秦国的发家之路，秦国最早在西犬丘（后来的祁山堡）放马，从一个小部落，逐步平定了陇右之后，才开始向关中推进，诸葛亮正是想走秦国的这条路，先平定陇右，然后向关中推进。

去往陇右需要走祁山道，也是从阳平关出发，向西过今略阳，然后沿故道水和西汉水而上。这一段，和陈仓道相同。不同的是，在走了一段故道水之后继续往西，经下辩（武都郡治所）、建威（今甘肃西和），然后到达位于祁山和西汉水之间的祁山堡。如果再沿西汉水而上，则可以到达上邽（今甘肃天水）。

简单来说，祁山道的大致方向就是溯西汉水而上，但和西汉水并不重合。按常理，诸葛亮从汉中北伐，可以溯西汉水而上，水陆并进。只是西汉水虽然体量够大，但所经之地都是高山深谷，不便行船，何况是逆流而上，这一点和渭水上游的情况类似。所以西汉水对粮草的运输也没有什么帮助，诸葛亮北伐最头疼的粮草问题始终难以解决。

之前我们说到汉中，常常会奇怪，这里明明处于汉水的上游，为什么取名汉中？其实在战国时期，秦惠文王在这里设置汉中郡的时候，汉中的确处于汉水之中游。汉水最早的源头正是西汉水，而不是像后来那样只在秦岭中有个很小的源头。不仅西汉水，故道水也曾经是汉水的支流。之所以会发生这么大的变化，正是因为西汉初年（前186年）的武都大地震，震中就在今陕西略阳附近，造成这一地区的地质结构发生巨大的变化，于是西汉水和故道水都流入了嘉陵江，汉水只剩下来自秦岭的一个小源头。从宏观上看，这个地方发生地震并不奇怪，我们熟知的2008年汶川大地震和2010年舟曲泥石流，也都发生在这一带。如果我们仔细观察一下的话就会发现，这些地方都是处于青藏高原和其周边板块的交界地带，这种地方的特点就是地质结构很不稳定。一般来说，板块的内部比较稳定，板块与板块交界的地带，有的张裂拉伸，有的碰撞挤压，地壳比较活跃，常常是地震多发的地带。

所以我们今天常说故道水是嘉陵江的源头，而西汉水是嘉陵江的支流，感觉

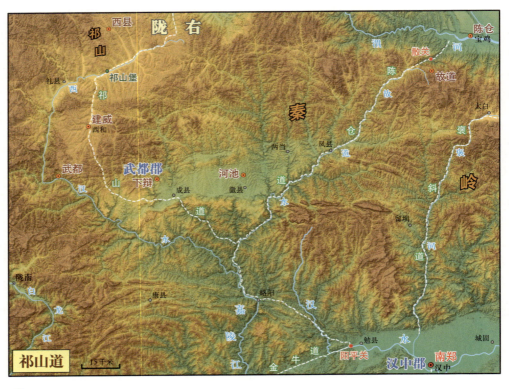

很别扭，原因也正在于此。西汉水比故道水长得多，通常情况下，我们都会认定最长的那条支流为源头，但嘉陵江的情况特殊，西汉水本身的体量就很大，嘉陵江还难以剥夺它的历史地位。西汉水的源头在今天的甘肃天水市境内，天水这个名字来源于汉朝的天水郡，而天水郡在东汉时期曾改名为汉阳郡，正是因为它处于汉水之北（山南水北谓之阳），曹操平定雍、凉二州后，才又改回天水郡。

好了，让我们回到诸葛亮的北伐大业。

通常情况下，曹魏方面判断，诸葛亮也会走秦岭古道，比如陈仓道和褒斜道，这是曹操南征汉中时走过的路，所以诸葛亮采取声东击西的方式，派赵云和邓芝领一支军马作疑兵，摆出要走褒斜道进击郿县的架势，自己则亲率大军向祁山进发。

于是陇右诸郡毫无防备，突然听说诸葛大军到了，天水、南安、安定三郡闻风而降。天水守将姜维正是在这个时候投降诸葛亮的。雍州刺史郭淮则退往陇右的钱粮重镇上邽固守待援。陇右四郡（陇西、南安、天水、广魏）有两郡投降了

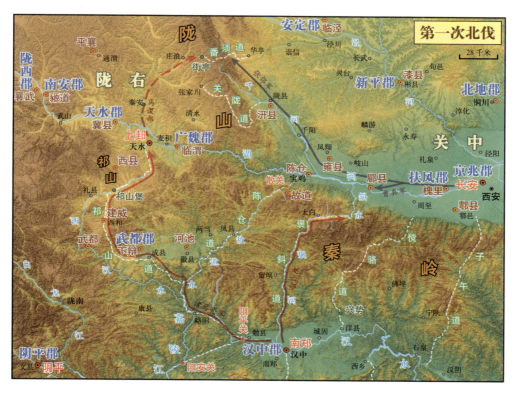

诸葛亮，安定郡更是伸入了关中的北部。一时之间，曹魏朝野震动。

出乎意料的是，曹叡办事沉稳，用兵老练，完全不像一个二十多岁的年轻人，他亲率大军从洛阳驰援，坐镇长安后，分兵拒敌：一面派曹真督军至郿县防御赵云，一面派张郃率军前往陇右抵抗诸葛亮。

曹真是主力，被吸引在郿县，这么看来诸葛亮的诱敌之计是成功的。而张郃要驰援陇右，会走哪条路呢？

从关中到陇右，本来有一条渭水相连，但这里一边是陇山，一边是秦岭，山高水深，百转千回，异常险恶，不管是水路还是沿渭水两岸的山路，都极其难走，对于大规模军队来说，这条路等于没有。

传统的通道是关陇道，顾名思义，就是从关中到陇右的通道。当年秦国从陇右往关中推进的时候，走的正是关陇道。陇山的北段又称六盘山，而南段也称关山。在关陇道下部"几"字形环绕的这部分，顶部相对平整，有一片高山草甸，这就是关山牧场，当年秦人给周王室养马的地方。只是关陇道从陇山腹地穿过，

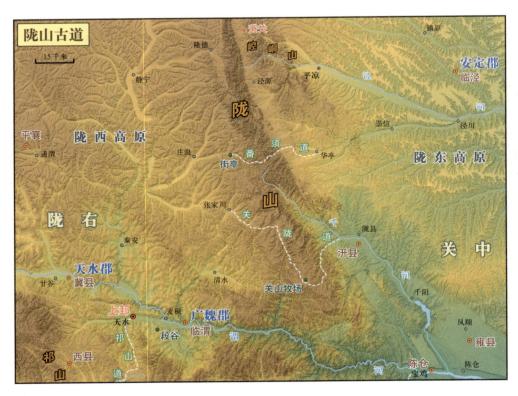

蜿蜒曲折，也不好走。

东汉初年，光武帝刘秀平定陇右时，派了两千人，在关陇道的北方沿今华亭到庄浪一线，伐木破土，开凿了一条新的通道，这就是番须道。番须道开通后，逐渐取代了关陇道的地位，成为兵家必争之地。

诸葛亮听说是张郃来了，料定他必走番须道。而番须道的西端，有一个重要的据点就是街亭。只要守住街亭，魏军就进不了陇右，假以时日，蜀汉可以把陇右全部收服。在派谁去守街亭的问题上，诸葛亮力排众议，让马谡去镇守。马谡一直是诸葛亮的参谋，并没有实际作战经验，诸葛亮不太放心，又派王平为副将，协助马谡。但即使是这样，诸葛亮还是不放心，以防万一，又派高翔领一支军队屯驻在街亭以东的列柳城，魏延领一支军驻扎于街亭之西的山谷。

诸葛亮这样做无疑是有意提拔作为心腹的马谡，让他立些军功以便在军中树立威信，可马谡偏偏不争气。张郃果然领着大军望街亭而来，马谡既没听诸葛亮的安排，也没听王平的劝告，把大军驻扎在一座孤山上，结果被张郃大军团团围住，切断了汲水之道。于是蜀军大乱，马谡弃军而逃。张郃趁势猛攻，蜀军大败，街亭失守。

好在还有王平领兵抵抗，张郃见状，怀疑蜀军有伏兵，没敢追击。最后还是王平收拾残军，向诸葛亮大军处集合。不幸的是，列柳城的高翔军队也被郭淮攻破。魏延呢，被张郃堵在山谷之中，前进不得。高翔与魏延为避免陷入被包围的境地，各自退军。

再说赵云，出褒斜道作疑兵，曹真却一直屯驻在郿县按兵不动，等张郃大败马谡于街亭后，才出兵迎敌。赵云寡不敌众，只好退兵，最后是靠烧掉栈道才阻止了魏军的追击。曹真随即率军北上，攻打投降蜀汉的安定郡。

街亭一失，大好的局面一时扭转，魏军可以源源不断地派往陇右。而这个时候，诸葛亮也只拿下了西县。祁山堡虽小，却一直坚守不降。天水、南安两郡虽降，但还没来得及消化，随时都有可能反叛。更糟糕的是，陇西和广魏两郡一直在顽强抵抗，再加上上邽这个钱粮重镇，还有郭淮据守。再这么耗下去，就有腹背受敌的危险，没办法，诸葛亮只好撤军。汉军一撤，曹真和张郃很快就收复了天水、南安、安定三郡。

回到汉中后，诸葛亮挥泪斩马谡，不仅是因为马谡吃了败仗让北伐成果泡汤，更重要的是马谡临阵脱逃，置军士的生死于不顾，性质十分恶劣。

京剧里有个传统剧目叫《失空斩》，就是失街亭、空城计、斩马谡的合称，故事当然是来源于《三国演义》。除了空城计之外，其他故事的情节基本和历史吻合。故事里的空城计发生在西城，也就是西县。历史上，诸葛亮的确是从西县撤军的，并带走了那里的一千多户人口（人口是最大的资源，生产、运输兵粮都需要人），但并没有摆空城计，对手也不是司马懿。空城计的灵感可能来源于赵云在汉中之战的那次空营计，而司马懿这个时候还在荆州，且刚刚拿下上庸。守上庸的依然是孟达，孟达之前因为关羽之死畏罪投降曹魏。曹丕对他委以重任，将房陵、上庸、西城合为新城郡，让孟达当新城太守。曹丕死后，孟达失宠，诸葛亮趁机引诱，孟达又想投降蜀汉。并不是诸葛亮有多喜欢孟达，他也知道孟达是个墙头草，但孟达把守的上庸和西城是汉中的东部屏障，引诱孟达投降也是为了汉中的安全。司马懿正镇守南阳宛城，先写信安慰孟达，孟达果然又犹豫不决。于是司马懿趁其不备，仅用了八天时间赶到上庸城下，十六天破城，擒杀孟达。

马谡被斩，还有一人因不劝导马谡而受到牵连，这人正是《三国志》的作者陈寿的父亲，时任马谡的参军，受到髡[kūn]刑，就是剃光头，这在讲究"身体发肤，受之父母"的古代，就是奇耻大辱。但作为史学家，陈寿并没有因此而歪曲事实，对诸葛亮的评价还是很客观公正。

这次北伐失败，除了王平因立功（避免蜀汉的重大损失）而升职外，其他相关人等都受到处罚，赵云被降为镇军将军（之前是镇东将军），诸葛亮自降三级，从丞相降为右将军，但刘禅仍让他以右将军行丞相事。

这里正好说明一下三国时期的军职问题，它是独立于官职之外的一套体系。

先从基层说起：五人为一伍，设伍长；十人为什，设什长；五什为一队，设队率（都伯）；二队为一屯，共一百人，设屯将；五屯为一曲，五百人，设曲长；二曲为一部，一千人，设千人督（或为牙将，或为别部司马，刘备投奔公孙瓒时就是别部司马）；五部为一营（约五千人），设校尉；两营为一军（约一万人），设将军。

将军的名头就比较多了，级别也不一样，级别低的只能领一军，级别高的可以领两军、三军甚至全军。

我们可以把将军的级别分为四个梯队。

第一梯队，只有一个，就是大将军，统领全军，比如何进。大将军相当于三军总司令。

第二梯队，有骠骑将军、车骑将军、卫将军。相当于元帅级别的高级军官。刘备称帝后，任马超为骠骑将军，张飞为车骑将军，原因是马超原本就是汉朝的平西将军，根正苗红，而张飞之前的征虏将军只是刘备任命的，不如马超的来路正；卫将军主要负责首都周边的防卫工作，领军不多但地位高。

第三梯队，是四方将军：左将军、右将军、前将军、后将军。相当于军区司令。刘备就曾被献帝任命为左将军。当然献帝给刘备的只是个虚职，并没有军队交给他指挥。

第四梯队，是四征、四镇、四安和四平。相当于集团军司令或副司令。

四征将军：征东将军、征西将军、征南将军、征北将军。

四镇将军：镇东将军、镇西将军、镇南将军、镇北将军。

四安将军：安东将军、安西将军、安南将军、安北将军。

四平将军：平东将军、平西将军、平南将军、平北将军。

四安和四平通常是四征、四镇的辅佐，也就是副手。

同一梯队的，级别也有差别，按上面的排序，依次降低。

这些都是常设职位，称重号将军，除此之外都是杂号将军，也就是第五梯队。杂号将军的地位也有高低，最低的只领一军，相当于军长。名号也比较随意，有时仅仅是作战时用，比如讨虏将军，仗打完了也就撤销了。在杂号将军之下，还有偏将军、裨将军，一般出征时作为将军的副手。

另外，介于将军和校尉之间还有一个中郎将。中郎将原本是统领皇帝的禁卫军的，到三国时就被滥用了，比如赤壁之战时，刘备就任诸葛亮为军师中郎将，周瑜也曾担任过建威中郎将。中郎将有时统领的兵比将军还多。那时的刘备和孙权，因为本身的职位也只是将军，给属下任命的武官级别都不高，总不能超过他们自己吧，所以多用中郎将。一直到他们称帝后，才可以大肆任命武官，所有的将军名号都可以用了。

这次北伐失利，赵云从镇东将军降为镇军将军，就是从重号将军降为杂号将军。而诸葛亮身为丞相，军政大权一把抓，即使是大将军（此时蜀汉还没有大将军，后来姜维担任过此职）也得听他的，所以从丞相到右将军，按大的级别来说是降了三级，如果细分的话，远远不止三级。

综上，将军的名号更像现代的军衔，表明你打仗时可以领多少兵，一年可以领多少俸禄（如果封了侯，这点俸禄可以忽略不计）。真正是不是有实权，或者权力的大小，还是要看具体职务。比如马超，虽然任骠骑将军，实际并没有什么权力；赵云级别虽低，却一直是刘备的心腹。

当然，这里说的只是一般情况，在三国乱世，各方为了彰显自己阵势强大，各种新的将军名号层出不穷，职权变化也很大，在此就不一一列举了。总体来说，蜀汉继承了汉朝的国号，军职的设置也基本和汉朝一致。

三国时一些重要人物的头衔，一般包括官职、军职，功劳大的，还有爵位。比如《三国演义》里刘备三顾茅庐时向书童自我介绍："汉左将军宜城亭侯领豫州牧皇叔刘备特来拜见先生。"左将军是他的军职；宜城亭侯是他的爵位；豫州牧是他的官职；皇叔是他的出身，这是他特有的，一般人没有。那时刘备还在新野县充当刘表的马前卒，有影响力但没实力，说一大堆头衔不过是为了增加自己的分量，好引起书童的重视，结果书童对这些虚名完全不感兴趣，只说："我记不得许多名字。"刘备立即明白，说："你只说刘备来访。"简单明了。其实我们后人何尝不是，历史风云变幻，英雄人物层出不穷，我们能记住的，也只是他们的名字，至于他们的官衔、军衔，又有几个人在意呢！

第二十三章 交州，广州

东吴方面。

当曹丕刚死的时候，孙权自然也不会放过这个机会，兵分两路：一路由诸葛瑾攻襄阳，自己则率大军攻江夏（长江以北曹魏部分）。结果碰到的对手是老狐狸司马懿，大败而还。

同年，交趾太守士燮[xiè]去世。士燮的死，给了孙权一个实质上控制交州的机会，之前交州虽名义上归附，但实权却一直把控在士燮手上。

让我们来回顾一下交州的政局。在整个三国时代，各州郡风起云涌，交州总是置身事外，仿佛是一片净土，这正是跟士燮有关。

士燮的祖上是鲁国人，新莽时代为躲避战乱移居交州，到士燮父亲这一代，已经历六世，成为当地豪族。中平四年（187年），士燮被任命为交趾郡（治龙编，今越南河内东北）太守。时任交州刺史朱符横征暴敛，引起当地越人反抗，被杀。于是交州也乱了起来。但这对士燮来说却是个机会。

士燮上表朝廷，奏请任命其二弟士壹兼任合浦郡太守，三弟徐闻县令士䵋兼任九真郡太守，四弟士武兼任南海郡太守。兄弟四人合力，叛乱很快平息。这样一来，除了最南边的日南郡和最北边的苍梧郡、郁林郡之外，交州七郡有四郡都在士家的掌控之下，士燮成了事实上的土皇帝。

但士燮性格宽厚，为人礼贤下士，中原的士人为躲避战乱前往依附的数以百计，如袁徽、许靖、刘巴、程秉、薛综等。而士燮自己，又沉迷于做学问，为

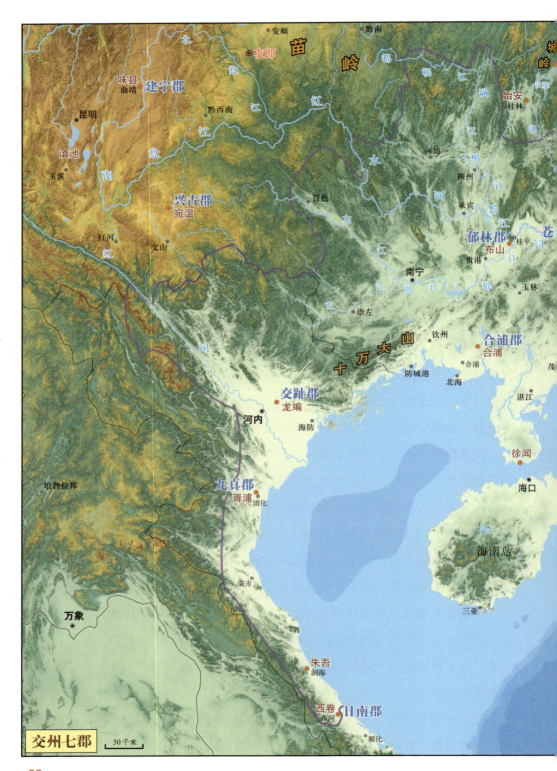

苗岭

坳岭

安顺

黔南

夜郎

柳江

味县
曲靖
建宁郡

始安
灵陵
桂林

黔西南

红江

漓江

河池

柳江

昆明

滇池

柳州

黔江

来宾

玉溪

兴古郡
宛温

百色

郁林郡
布山

苍梧

南宁
邕江

贵港

玉林

红河

文山

左江

红河

崇左

钦州

合浦郡
合浦

十万大山

茂

防城港

北海

湛江

交趾郡
龙编

河内

海防

徐闻

海口

九真郡
胥浦
清化

琅勃拉邦

万象

海南岛

茶市

三亚

朱吾
洞海

西卷
东河

日南郡

顺化

零陵郡
泉陵

桂阳郡
骑田岭
郴县
郴州

万
诸
广
庾
岭
洋
山
大
岭
萌
诸
岭

桂阳

武
夷
山
脉

三沙
闽
江
侯官
福州

赣江
贡
水
赣县
赣州

汀
江
九
龙
江
龙岩

莆田

韩

梅
江

梅州
江

潮州

揭阳
汀
江

蓮
花
山
脉

汕头

泉州

漳州

厦门

龙川
东
江

河源
琴
江

四会
清远

南海郡
番禺
广州
博罗
东莞
惠州

珠
江

云浮
肇庆
佛山

思平

江门
中山
深圳

汕尾

安宁
阳江

珠海
澳门

香港

嘉义

台南
高雄

台
湾
岛

东沙群岛

南　　海

（涨　海）

南　　海

沙群岛
三沙

郁林郡
布山
苍梧郡
广信
南海郡
番禺
台湾岛

南宁
合浦郡
合浦
澳门
香港
东沙群岛
汕头
高雄

河内
交趾郡
龙编
北海

九真郡
胥浦

南
海
海口
三亚

南海

中沙群岛
黄岩岛

三沙

西沙群岛

南　海

（涨海）

南
海

钓鱼岛
马尼拉
民都洛岛

日南郡
西卷
卢容
朱吾

金边
胡志明市

西沙群岛

南沙群岛

斯里巴加湾市

曾母暗沙

古晋

加里曼丹岛

巴拉望岛

200千米

南海诸岛

189

《春秋》作注。在战火纷飞的年月，交州的确成了一片净土。

朱符死后，朝廷派张津为新任刺史。张津的所作所为也是荒诞不经，不久为部将所杀。荆州牧刘表得知此事后，派赖恭接替张津的职位；同时派吴巨出任苍梧太守，接替已病死的原太守史璜。刘表只是个州牧，并没有权力任命这些官员，显然是因为北方压力太大，为自己留条后路。当时曹操也注意到这个问题，为避免刘表的势力在交州蔓延，曹操以朝廷的名义赐予士燮玺印、封号，总督交州七郡。要说士燮还真没有割据一方的想法，立即遣使到许昌朝贡。

后来，吴巨与赖恭发生冲突，吴巨驱逐了赖恭。赖恭跑到零陵，向孙权求救。孙权派步骘为交州刺史，吴巨不听从调遣，被步骘诱杀。士燮率众兄弟归附，被孙权封为左将军。到这个时候，交州名义上归了东吴，但实权仍在士家手里。只是，士燮的官职一直是交趾太守。

在吴蜀之间，士燮始终心向吴国，刘备死后，南中雍闿叛乱，这其中也有士燮的"功劳"。士燮常常派使者去觐见孙权，进献各种香料和细纹葛布，动辄数以千计，其他如明珠、大贝、琉璃、翡翠、玳瑁、犀角、象牙之类的宝贝，以及香蕉、椰子、龙眼等热带水果，无岁不贡。士壹有时也贡献好马数百匹。孙权总是亲自致信，加以厚赏安抚他们。

226年，统治交州近四十年的士燮病逝，享年九十岁。在当时，交州的经济虽然落后于中原，但他在此安享了四十年的太平日子。

士燮所治理的交州，属于汉越杂处的地带，特别是他治理的交趾郡，越人更多。为方便越人学习汉文，士燮为越人创立了最早的"喃字"。越语和汉语毕竟是两种语言，许多词语并不相通，没有对应的汉字表达，喃字就像日文里的假名，用来表达这些纯越语语音，如果用的是汉语词汇（毕竟文化落后的地方没有那么多的词汇，特别是一些表达抽象概念的词汇，需要从汉语引进；我们今天听越南语、日语、韩语，会发现很多词语的发音跟汉语接近，这正是借用了汉语词汇的缘故；由于他们借用的是古汉语，所以跟今天的普通话发音有区别，但和某些地区的方言高度相似，比如闽南话），就直接用汉字表达，这样喃字和汉字就可以混用，形成一种新的文字，就像日文一样。朝鲜历史上也出现过汉谚混用，道理是一样的。注意，文字和语言是有区别的。

在越南历史上，喃字多数时期只用于民间，正式文字一般都是汉字。只有几个短暂的时期，以喃字为正式文字。汉字跟喃字并行于民间，被称为汉喃文。

喃字在 13 世纪越南陈朝时才形成完整的体系，但士燮的开创之举功不可没。迄今为止，士燮在越南人心目中的地位依然很高，称之为"士王"。

士燮一死，孙权感觉机会来了，于是把交州一分为二：交趾（今越南河内东北）、九真（今越南清化西北）、日南（今越南东河）三郡为交州；苍梧（今广西梧州）、南海（今广东广州）、郁林（今广西桂平西南）、合浦（今广西合浦东北）四郡为广州。这是"广州"这个名字第一次出现在历史上。

一分为二的意图很明显，就是要削弱士家在交州的影响，至少广州这部分可以逐渐脱离他们的控制。孙权还安排了两名亲信去接管，以戴良为交州刺史，原交州刺史吕岱改任广州刺史。换句话就是，吕岱原地不动，戴良赴交趾（新交州治所）上任，接管士家的势力。

但士家经营交州几十年，早就把这块地方当成自己的了。士燮的儿子士徽，在父亲死后就接管了交趾。但孙权让他去当九真太守，另派了一位名叫陈时的校尉当交趾太守。这样做的意思就更明显了，就是要把士家在交趾的根基拔掉。士徽不满，于是起兵，自称交趾太守，并派兵驻守在海口，阻止戴良和陈时赴任。

士徽身边有个谋臣，叫桓邻，叩头规劝士徽不要与东吴为敌，而且应该马上去迎接戴良上任。士徽不仅不听，还大发脾气，先把桓邻拷打一顿，然后干脆把桓邻杀了。这种举动真是让人莫名其妙，士徽没有想过，桓家也是当地豪族，而且桓家忠心耿耿地辅佐他父亲几十年，竟然因为几句话就招来杀身之祸。大敌当前，先斩重臣，士徽这一举动很是鲁莽，让原本追随士家的人心寒。结果东吴还没有出手，桓家的人先反了，率兵攻打士徽，士徽闭城不出。桓家连攻几个月也没有攻下，最后和士徽和解，答应和亲，然后撤兵。

原交州刺史、现广州刺史吕岱立即上书请求讨伐士徽。自从 220 年接任步骘之后，吕岱在交州经营多年，对交州的人物风情十分了解，此前把交州一分为二的主意也是他向孙权提出的，这一次，他想彻底铲除士家在交州的势力。

吕岱率三千水军，渡海而来，出其不意，很快到了合浦，与停留在合浦的戴良合兵一处，准备讨伐士徽。

士徽一听吕岱大军逼近，吓得手足无措。

吕岱跟士徽的堂弟士匡是老相识，就让士匡去劝降，并说只要承认罪责，除了丢掉郡守的官职，没有其他的处罚。士徽心想这个结果总比送命强，于是就带着兄弟六人，脱去上衣，赤身出城迎接吕岱，表示认罪。吕岱让他们穿上衣服，然后领兵进驻龙编城。

第二天，吕岱宴请士家兄弟。等宴会上宾客坐满了之后，吕岱突然拿出孙权的诏书，宣布士徽的罪过，然后帷幕之后冲出一帮武士，将士家兄弟按倒在地，全部处死，人头送往武昌（今湖北鄂州）。士匡在劝降一事上立了功，但并没有得到奖赏，相反被贬为庶人。

吕岱的这道鸿门宴，彻底解除了士家在交州几十年的统治地位。从此，士家在交州逐渐凋零。

至于其他家族，像桓家、甘家也相继反抗过，但都被吕岱一一平定下去。

吕岱乘胜追击，继续讨伐九真郡，大军所向披靡，自此岭南才算真正纳入东吴政权直接管控之下。

吕岱因功被升为番禺侯。既然士家势力不再，分而治之也就没有必要，毕竟这里还是地广人稀，于是孙权又把广州和交州合并为交州，仍由吕岱任交州刺史。

吕岱后来还出兵收复了海南岛，虽然这时岛上还是一片蛮荒，但可以避免当地及附近的越人土著以海岛为基地袭扰交州。或许我们会奇怪，吕岱为什么没有出兵最南边的日南郡？这个其实不难解释，因为日南并没有士家的势力，在这之前就已经归顺在东吴名下。我们应该奇怪的是，士家经营交州四十年，为什么没有把日南郡纳入自己的势力范围？北边的苍梧和郁林还好说，因为离东吴近，很容易被东吴渗透，日南在交趾以南，东吴很难直接控制，按理说，作为交趾太守的士燮近水楼台，早就应该把日南纳入自己的势力范围了，为什么一直到吕岱出兵，日南郡都没有成为士家最后的反抗基地？

原因就在于日南和其他郡不同。顾名思义，日南的意思就是在太阳以南，日南郡地处北纬17°左右，在北回归线以南，一年有两个月位于太阳直射点以南，所以称日南。这是其次，最主要的原因是这里生活的土著不是越人，而是占人。

占族人和越族人不同，他们和马来人更接近。当时，占人比越人还落后，《三国志》记载"日南郡男女裸体，不以为羞"，基本处于原始社会，汉王朝的官员直接把他们当作野人。要统治这样的地区，难度相当大。一般越是文明开化的地区，只要搞定了上层，整个地区也就平定了，越是原始的地区，其民众松散，各自为政，要一个一个部落地去征服开化，简直比登天还难，所以这里的土著经常反抗。日南郡是汉武帝时期设置的，当时的治所在西卷县。到东汉末年，南部的象林县发生叛乱，占族聚集了数千人，杀死了汉朝的县令，独立为国。象林县也称象林邑，所以这个独立的国家就称为象林邑国，后来省去象字，称为林邑国。到唐朝，林邑国定都占城，于是又称占城国。其实他们一直自称占婆国。

占城或占婆对我们来说并不陌生，唐朝时所谓的昆仑奴，大多数就来源于占婆国。这里的"昆仑"不是昆仑山，而是"黑"的意思。当然，昆仑奴也不是占族人，而是占婆国西部山地中的黑人土著。另外一个我们熟悉的占稻，学名籼稻，在南方通常称为早稻，正是北宋时期从占城引入的。占稻产量高、耐旱、生长期短，和粳稻配合种植，中国南方的水稻才能形成一年两熟甚至三熟，大大提高了粮食的产量。北方因为水热条件不足，只能种一季粳稻。如果北方人到南方出差或旅游，会发现南方的大米并不好吃，这正是籼稻最大的特点，口感差。其实南方也有和北方一样好吃的大米，那就是粳稻，在南方称晚稻，只不过因为产量低、价格高，普通饭馆里比较少见而已。通常情况下，晚稻的生长期长，产量只有早稻的一半，南方农民在收割完晚稻的时候，富余的粮食并不多，大部分留作口粮了，能拿出来卖的也少。在物质并不丰富的古代，口感是其次的，能吃饱饭才是头等大事，所以占稻的高产量，为中国古代的人口增长和经济发展做出了不可磨灭的贡献。

占婆国地域狭小，为了拓展生存空间，多次侵入日南郡。不过在强大的中央帝国面前，占婆国向北拓展的步伐可谓举步维艰，后来占婆国就开始掉头向南，一直把领地扩展到南部除湄公河三角洲外的所有沿海山地。

这和后来的越南一样。越南独立后，面对北方强大的压力，不停地向南拓展，蚕食的对象就是占婆国。一直到清朝，越南最终吞灭占婆国，不久之后，又占领了湄公河三角洲的大部，才形成今天越南的版图。

占婆国存在了一千多年，其历史远超越南，今天越南境内的占族，正是占婆国人的后裔。

好了，回到我们的话题，士燮没有染指日南郡，是因为当时这个地方太没有吸引力，汉朝还经常把这里当作犯人的流放地，比如窦武死后，其家属就被流放到日南郡的比景县。另外一个，如果士燮真的控制日南郡，不仅要经常面对当地土著的反抗，还要防备南边林邑国的入侵，实在是得不偿失。

还有一个问题，在赤壁之战前，刘备就说"与苍梧太守吴巨有旧"，赤壁之战后，刘备顺利地拿下了荆南四郡（208年），已经与交州接壤，但最终也没染指交州，反倒是让孙权捷足先登，难道刘备不想吗？不是不想，是没时间，也没机会。刘备得到南郡的时候，已经是建安十五年（210年），那时荆南四郡还没有成为熟地，仅仅是归顺了而已，不然刘备也不用自己建一个公安城作为办公地点。紧接着在建安十六年（211年），益州牧刘璋迫于张鲁和曹操的压力，请刘备入川做打手，相对于益州来说，交州太没有吸引力了；无论是经济价值还是战略价值，交州一个州还顶不上南郡一个郡，更别提和益州相比了。

有一种猜测，说刘备和孙权私下达成交易，明确各自扩张的方向，刘备以放弃对交州的争夺作为筹码，来换取南郡。南郡入手，刘备的下一步必然是益州，孙权则经略交州，两家的扩张方向没有冲突。所以在建安十五年（210年），刘备取得南郡，步骘成为交州刺史。而老朋友吴巨就这样被刘备给出卖了。这种猜测的理由就是步骘进入交州地界走的是湘江，而由湘江进入交州的灵渠属于零陵郡，控制在刘备手上。

事实上，孙权在建安十五年（210年）的年中，就派步骘进入交州了，而刘备在同年底才借到南郡。也就是说，在得到南郡之前，荆南四郡形同鸡肋，刘备根本没实力染指交州，在得到南郡之后，再夺取交州其实已经晚了。孙权要进兵交州，刘备是没有理由阻止的，就像周瑜没有理由阻止刘备去抢荆南四郡一样，借路也不过是个顺水人情，毕竟双方刚刚联合打败曹操，正是你侬我侬的时候。吴巨如果早在刘备拿下荆南四郡时（208年）就率众归附，反倒不至于丧命。

第二十四章 石亭之战

我们常说，人不能两次掉进同一条河里，但东吴成功地让曹魏做到了。

上一次赤壁之战的时候，黄盖用诈降之计，烧了曹营；这一次，东吴另一位大将把这个计谋如出一辙地又用了一遍。

这次使诈的是鄱阳郡太守周鲂。周鲂的名字大家可能比较陌生，但我们小时候都看过《周处除三害》的故事：周处的老家，东吴义兴（今江苏宜兴）有三害：水中蛟龙、南山猛虎和横行乡里的他自己，后来周处剑斩蛟龙，只身杀虎，自己也改过自新，于是三害得除。故事的主人公周处正是周鲂的儿子。鄱阳郡是东吴后来从豫章郡里划分出来的，治所在鄱阳湖东岸的鄱阳县。

这时曹魏在江淮的守将是曹休，周鲂派人给曹休送信，说孙权正在找他的麻烦，恐怕有杀身之祸，想投降魏国，请求派兵接应。然后孙权派人假装到鄱阳调查周鲂的各种问题，周鲂也断发请罪，大庭广众之下，搞得路人皆知。于是曹休就轻信了。

鄱阳郡和曹魏的地盘并不接壤，中间还隔着庐江郡，这时东吴已经把庐江郡的治所移到了皖县（也叫皖城）。因此，曹休要想把周鲂接过来，就得穿过庐江郡，理想的会合地点就是皖县。

东吴的庐江郡其实就是大别山东端到长江之间的一条狭长地带，也是连接江东和荆州的通道，曹魏如果趁此机会拿下庐江郡，东吴的领土就会被拦腰斩断，想想都觉得机会难得。所以曹叡很重视这件事，同时命司马懿向江陵方向伫动，以牵制东吴荆州驻军，贾逵向东关方向策应，以牵制东吴的主力。东关就是濡须口东边的关城，濡须口两侧山头上各有一关，东面的称东关，西面的称西关。

东吴黄武七年（228年）八月，曹休率十万大军向皖城进发。与此同时，孙权亲至皖口（今安徽安庆）督战，命陆逊为大都督，朱桓、全琮为左、右督，各领三万兵马沿皖水而上，在皖城等待曹休的到来。庐江一带水网密布，又与长江相连，正是吴军水师最擅长作战的环境，孙权这一仗的目的，就是要在这里歼灭曹魏的有生力量。

这一路上，其实曹休也不是没有察觉到周鲂的投降可能有诈，只是如果就这样退回去的话，会很没面子，无论如何也要得点便宜再走。仗着兵多，曹休依然向前挺进。

九月，曹休到达皖城，与吴军交战，双方势均力敌。曹休一看讨不到便宜，便往回撤军，夜宿石亭一带。吴军趁夜袭营，曹军顿时乱作一团，仓皇逃窜。吴军又趁势掩杀，曹军一路丢弃辎重无数，死伤过万。

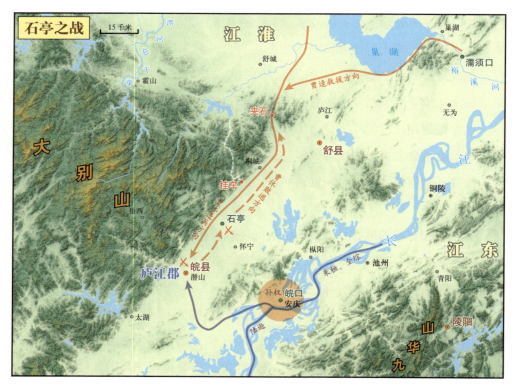

战前，朱桓曾对孙权说，曹休只是仗着皇亲国戚的身份而被重用，本身并不是有勇有谋的名将，所以此战必败，他一败，必然会从夹石、挂车两个地方逃走，这两条路都很狭窄险要，如果用一万兵马去堵住这两条路，就可以将魏军一网打尽，还可以趁势攻占合肥、寿春，据有淮南，进而图谋许昌、洛阳。

朱桓之所以这么说，是因为在庐江通道上，最北端还有东吴的一座重镇——舒县（也叫舒城，不是现在的舒城），舒县原本是东汉庐江郡的治所，城防和驻军都不是一般县城可比。曹休无论是进兵还是退兵，都不会走这里，因为容易被敌军截击。尤其是退兵，舒县一带地形平坦，很容易被人追上，而走山路相对来说好得多，只需一得力干将断后，就可以阻断敌人的追击。这和吕布当年从关中逃跑时选择武关道是一样的道理。再说了，孙权肯定会在舒县部署兵力，曹休如果往这里跑，就会被舒县的守军迎面截住，到时两面夹击，后果不堪设想。在大别山的东端，恰好就有两条狭长的山路通向北方，直达合肥，一条位于夹石，一条位于挂车。挂车的山路相对比较长，更难走一些，而夹石这里只有很短的一段山路，凭借山势，可以轻松绕过舒县的防线，直达合肥。

孙权把这个方案告诉陆逊，陆逊认为不可，本来就敌众我寡，如果再分兵设伏，没有必胜的把握，于是孙权放弃了这个计划。话虽如此，孙权还是派了一小股兵力去夹石堵截魏军。

曹休兵败之后，果然往夹石一线退兵，遇到吴兵堵截，退又不能退，进又不能进，几乎绝望。

再说贾逵，到达濡须口后，发现吴军毫无防备，立即推测到吴军都在皖城集结，曹休孤军深入必然失败，于是水路并进二百里赶到夹石。夹石的吴军本就不多，一看贾逵声势浩大，以为魏国的援军已到，都吓跑了。贾逵占据夹石，曹休这才得救。

石亭之战以吴军大胜而告终。曹休在不久后气死，曹氏宗族的兵权开始转交到了外人（如司马懿）手里。孙权也趁胜利之威在一年后称帝。

因为石亭大败，曹魏只能往东部增兵，加强防守，以免东吴乘胜侵占江淮。诸葛亮一看魏军东去，关中防守空虚，立即组织了第二次北伐。

蜀汉建兴六年（228年）的冬天，诸葛亮出兵陈仓（今陕西省宝鸡市金台区所在位置，不是宝鸡市的陈仓区）。上一次，诸葛亮走祁山失败，褒斜道的栈道又被赵云烧了，所以这次想出其不意走陈仓道。只是魏国的大将军曹真早就料到这一点，在上次蜀军退出陇右之后，就派郝昭重修陈仓城，加强防守。

诸葛亮从陈仓道进入关中，渡渭河，很快抵达陈仓。守陈仓的郝昭虽然只有一千多人，但抱定坚守不出的原则，消耗蜀军。

陈仓道多是栈道，不能走粮车，只能靠民夫肩挑手扛运点粮食，效率很低，时间一长就接济不上。至于大型攻城器械，更不可能通过栈道运进来。所以郝昭算定了，诸葛亮坚持不了多久。

《孙子兵法》说："攻城之法，为不得已。"诸葛亮不是不知道这些，所以他先是派人招降，被郝昭拒绝，然后开始攻城，结果不出魏军所料，打了二十多天也没打下。

陈仓城位于渭河北岸的一条狭道上，本身地势险要，易守难攻，诸葛亮如果绕城而过，很容易被截断粮道，这个时候，魏国的援军也快到了，诸葛亮只好退

兵回汉中。魏将王双于心不甘，想乘胜追击，结果中计被杀。

来年（229年）春天，诸葛亮又组织了第三次北伐。

诸葛亮先派人进攻武都郡和阴平郡。这两个郡居住的主要是羌、氐部落，属于魏国统治比较薄弱的地区，但对汉中和蜀地的安全意义重大。当然，魏国也不会坐视，雍州刺史郭淮立即引兵来救。诸葛亮亲自领军驻扎在建威，本想牵制郭淮。郭淮根本不敢和诸葛亮交战，直接退兵了，于是蜀汉顺利地得了二郡。因为此次功劳，刘禅趁机恢复了诸葛亮的丞相职务。

诸葛亮安抚了当地的羌人、氐人之后，留兵据守，自己又回到了汉中。

自从孟达被司马懿杀死后，汉中的东面很危险。汉朝时的汉中郡包括汉中盆地、安康盆地和上庸盆地，其中汉中盆地的中心在南郑（今陕西汉中），安康盆地的中心在西城（今陕西安康西），上庸盆地实际由两块小盆地组成，因此有两座中心城市：上庸和房陵。西城、上庸和房陵一直在孟达手中，是南郑东部的屏障，孟达投降魏国后，名义上归顺，实际上是土皇帝，对蜀汉的威胁倒也不大。

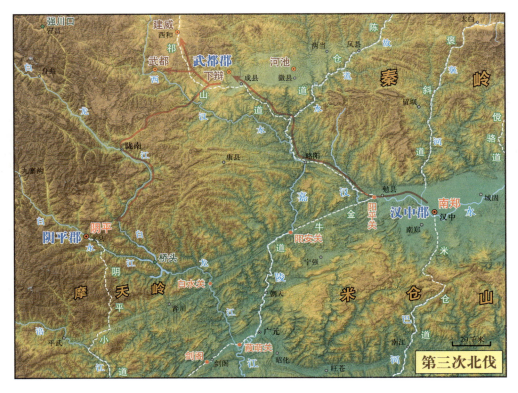

第三次北伐

但在司马懿杀死孟达后，西城、上庸和房陵就直接归魏国统治，对汉中（蜀汉的汉中仅剩南郑一带的汉中盆地）就形成了直接的威胁。

所以诸葛亮回汉中后，修筑了两座城池：汉城和乐城。汉城即是沔阳（汉水也称沔水，因位于沔水以北而得名），乐城即是城固。这两座城池一东一西，正好位于汉中盆地的两端，目的就是保卫汉中的中心城市南郑。

其实南郑这个名字比汉中的历史更悠久。早在春秋时期，郑国的开创者郑桓公死后，也是犬戎攻占关中的时候，郑国（今陕西省渭南市华州区）也遭沦陷，举国搬迁，大部分宗室迁往中原，筑新城，取名新郑，一部分国人南逃至今汉中这里，取名南郑。南郑一直是汉中郡或汉中府的治所，只不过当我们有了地级市这个概念之后，有必要为原来的县名留一个去处，于是就有了南郑县（后来又改为南郑区），位于汉中的南面。相同的例子还有陈仓，当宝鸡市占据了原有的陈仓古城时，原来的宝鸡县就继承了陈仓这一古老名称（宝鸡县即今宝鸡市陈仓区）。

这里多说一句，地级市和地区不同。地区和以前的郡或府一样，不会覆盖驻地的县级行政机构，原有的县名也同时存在；但地区变成地级市后，原有的县级行政机构就没了，县名也经常会一同消失。比如，黄冈原本是个地区，驻地在黄州市（县级），当黄冈地区变成黄冈市后，黄州市就不存在了，顶多保留一个黄州区，但相对县级政府而言，区的独立性就差了很多，区名也很容易被市名给掩盖。20世纪80年代大量"撤地设市"后，很多古老的县名从地图上消失，不得不说是个遗憾。

所以在三国时期的地图上，我们可以看到有三个和春秋时期郑国有关的地名：关中东部的郑县（今陕西渭南华州）、中原的新郑（今河南新郑）和汉中的南郑（今陕西汉中）。

就在诸葛亮加强了汉中的城防之后，魏国果然开始反扑了。

曹魏太和四年（230年）七月，魏军兵分四路：一路由曹真亲领，由子午道进发；另一路，由司马懿率领，从宛城出发，溯汉水而上，与曹真相约在汉中东端会合；第三路，由张郃率领，走褒斜道，直插汉中的北部；第四路，郭淮从天水，费曜从陈仓，同时进攻武都郡。

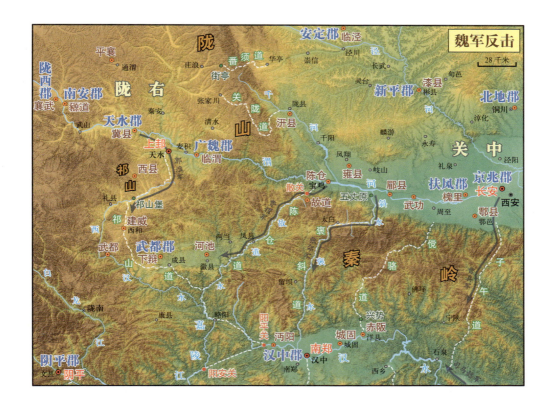

诸葛亮驻军于城固、赤阪，加强城防，准备迎敌。

魏国的这次主动出击是由曹真发起的，他刚升任大司马，升司马懿任大将军。曹真本想趁新官上任立一件大功，却不料人算不如天算，赶上了一场大雨。这场雨持续了三十天，栈道断绝，山路毁坏。曹真走了一个月，才走了一半的路程。前锋夏侯霸先一步到达汉中，在兴势（今陕西洋县北）附近的山谷中扎营，结果被当地百姓发现了，报告给蜀军，蜀军立即出动，夏侯霸被围，直到后方的主力赶到才解围。

司马懿逆汉水而上，也到达了汉中东部一带，只是面对蜀军的防线，也难以往前推进。

张郃这一路的情况，史书没有记载，不过这时褒斜道的栈道应该还没修好，张郃根本到不了汉中；或者一边修复栈道一边前进，那样时间更长，一时也难以赶到。

武都一线，魏延、吴壹大破郭淮、费曜，取得大胜。

总体来说，蜀汉这次面对曹魏的四路大军，防守很成功。

到九月，曹叡下诏撤军，四路大军无功而返。

说是第三次北伐，其实主要是防守，真正的北伐并没有开始。这一次取得了武都和阴平两郡，其目的也是为进兵祁山打通道路。

所以在蜀汉建兴九年（231年）春，诸葛亮进兵祁山，开始了第四次北伐。

鉴于蜀道艰难，而粮草又是行军打仗的关键，历史记载，这一次，诸葛亮开始用"木牛"运粮，后来（也就是第五次北伐）又用"流马"。至于"木牛流马"到底是什么，历来众说纷纭，莫衷一是。这个问题讨论不清，我们也就不讨论了，总之是诸葛亮发明了一种运输工具，能提高运粮的效率，《诸葛亮集》中对其有详细的描述，但因为没有图纸，现代人也无法复制出来。

我们还是来说诸葛亮的这次军事行动，他先派兵包围了祁山堡，然后在祁山堡以东修建了卤城作为蜀军的大本营。

魏国方面，因曹真病故，曹叡改派司马懿为统帅屯兵于长安，领张郃、费

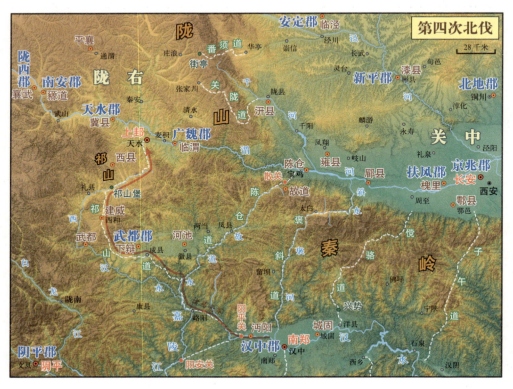

曜、戴陵、郭淮等人拒敌。

在战略方面，张郃与司马懿的想法不一样，张郃认为应该分兵拒敌，一部分进陇右防守诸葛亮，一部分屯兵于郿县，防止蜀军从秦岭古道偷袭。但司马懿认为，分兵不如合兵有利，于是命费曜、戴陵领四千精兵前往上邽防守，自己亲率大军救祁山。

不管是对远道而来的蜀军，还是对长途跋涉的魏军，在陇右这个地方对阵，与其说是拼兵力，不如说是拼粮食。所以当诸葛亮听说魏军日夜兼程、翻山越岭奔袭陇右时，就留下王平继续攻打祁山堡，亲率主力北上攻打上邽。上邽一时难下，诸葛亮就让士兵到附近的麦田里割麦，既为取粮，也为瓦解敌方军心。

司马懿还没赶到祁山，听说诸葛亮去攻打上邽了，立即掉转马头，回援上邽。结果在上邽以东遇上诸葛大军，但司马懿没敢轻举妄动，只是凭险固守，拒不出战。上邽城本来就坚固，加上敌人援军已到，诸葛亮只好引兵回卤城。

司马懿跟到卤城，仍是登山掘营，与蜀军对峙，并不求战。他的想法是，蜀

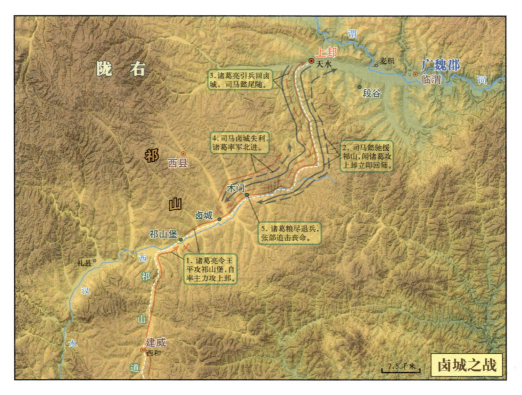

卤城之战

军远道而来，粮草运输不便，就这样相持下去，蜀军必然会因缺粮而退兵。

但张郃不这么看，他认为蜀军远来，孤军深入，又缺少粮草，必然想速战速决，所以应该正面诱敌，然后分奇兵包抄蜀军的退路。

司马懿不听，魏军将领多次请战，他也不准，众将十分不满，嘲笑他"畏蜀如虎"，司马懿依然无动于衷。

五月，司马懿终于耐不住众将的请求，让张郃从南面攻击王平，亲率大军从正面攻击诸葛亮。诸葛亮派魏延、高翔、吴班迎击，大破魏军，斩甲首三千。甲首，指甲士的首级，也就是穿盔甲的人的首级，能穿盔甲的一般是军官，最小也是个伍长，不是普通士兵。司马懿损失惨重，只好后撤。诸葛亮顺着河谷北进，目标依然是上邽。

到了六月，阴雨连绵，路不好走，蜀军粮草接济不上，负责督运粮草的李严派人向诸葛亮道明原委，请求撤军。诸葛亮不得已，只好班师。

这个时候，司马懿见敌军退去，忙命张郃追击。张郃认为"围师必阙，归师勿遏"，但军令难违，只好追击。

诸葛亮每次退军，都会暗设伏兵，以防敌军袭击后路。上次杀了王双，这次同样，当张郃追到木门道时，两旁高处万箭齐发，张郃膝盖中了一箭，重伤而亡。司马懿强令张郃出击，无疑是个阴谋，从此以后他在军中大权独揽，只可惜魏国损失了一员大将。

第四次北伐又是无功而返。但让人万万没想到的是，其结果全是因为李严在背后捣鬼。

李严和诸葛亮一样，也是刘备的托孤重臣，只不过诸葛亮为主，他为辅。但这一次，刘备看走了眼，李严的人品的确不敢恭维。

早在第一次北伐之前，诸葛亮就想调李严到汉中镇守，但李严推托不去，还要求诸葛亮从益州划分出五个郡设为巴州，让他担任巴州刺史。这分明是想割据一方，诸葛亮当然没有答应。此前李严还怂恿诸葛亮"宜受九锡，进阶称王"，这分明是要让诸葛亮篡位，受到诸葛亮的严厉驳斥。第三次北伐的时候，曹魏三路大军逼近汉中，诸葛亮让李严率两万兵马赴汉中支援。李严不想调离江州，于是放出传言，说司马懿已经用高官厚禄来诱降他了。诸葛亮明白他的意思，于是表李严为骠骑将军，又表其子接替江州的防务，李严这才北上。

诸葛亮不是不知道李严的人品，之所以一忍再忍，是因为北伐大业尚未完成，不好挑起内斗。没想到的是，李严不但不感激，反而得寸进尺。这次北伐中，李严负责运送粮草，雨天路不好走，粮草供应不上，李严就派人送信给诸葛亮，道明原委，让诸葛亮撤军。诸葛亮也答应了，结果等诸葛亮撤军回来，李严怕诸葛亮怪罪自己督办粮草不力，反咬一口，故作惊讶说：军粮充足，怎么撤兵了呢？更可气的是，他还上书刘禅，说诸葛亮退兵是诱敌深入，借此掩盖自己督办粮草不力的过失。

诸葛亮终于忍无可忍，回到成都后，直接将李严前后的手书给刘禅看，一切真相大白，李严无话可说，只能低头认罪，最后被贬为庶人，流放梓潼郡。

蜀汉接二连三地北伐，耗费巨大，尤其是粮草损耗严重。为了下一次的出征，诸葛亮急需休整，这一休整，就是三年。

第二十五章　秋风五丈原

相对蜀汉的频频北伐，东吴这边却少有举动。石亭之战胜利一年后，孙权在武昌（今湖北鄂州）登基称帝，国号为吴。早在221年，当刘备在成都称帝的时候，孙权不甘寂寞，就把鄂县改名为武昌，取"以武而昌"之义，大造宫舍，为日后称帝做准备。石亭之战后，229年，孙权终于有了底气，正式登基称帝。至此，严格意义上的三国鼎立才算正式形成。但这个时候，我们所熟知的三国英雄已经凋零得所剩无几了。

同年九月，孙权又把都城迁回了建业，留陆逊辅佐太子孙登驻守武昌。

此后五年，东吴对魏国没有任何军事行动。一直到234年，诸葛亮组织第五次北伐，请求东吴这边配合一下，孙权才领兵进攻合肥。

蜀汉建兴十二年（234年）春天，经过三年的劝农讲武的准备，诸葛亮兵出斜谷，同时派人到东吴，希望孙权能同时出兵，牵制曹魏。

褒斜道离汉中最近，是秦岭古道中最便捷的通道，但同样难走，最关键的是运粮困难。所以这一次，诸葛亮出了斜谷之后，在五丈原安营扎寨，并在这里屯垦，做好与魏军长期作战的准备。

孙权这边还真响应了，又集结了十万大军进攻合肥。为什么说"又"？好像每次孙权只要凑够了十万人就会去打合肥，然后每次都是无功而返。这次也一样，曹叡亲自驰援江淮，孙权一看，还没打就退兵了。所以诸葛亮这边实际还是孤军奋战。

与诸葛亮对阵的还是司马懿。司马懿说："亮若勇者，当出武功，依山而东，若西上五丈原，则诸军无事矣。"武功水即斜水，今称石头河，司马懿认为，诸葛亮如果东出斜水，兵向长安，那才叫勇敢，如果西上五丈原，那就没事。诸葛亮从褒斜道而来，没有攻城器械，根本没想直接去打长安，长安的城防比陈仓强百倍，陈仓都一时难下，何况长安！而且引兵向东，很容易被敌人切断粮道，诸葛亮不会冒这个风险。

为阻止诸葛亮前进，司马懿在渭水南岸扎营，采取的战术还是当缩头乌龟，想把蜀军的粮食耗尽，粮尽而兵退。

五丈原是一个很小的黄土塬，位于渭水和斜水的交汇处。诸葛亮兵出斜谷，首先要保证粮道的安全，所以在屯兵五丈原的同时，派孟琰驻扎在斜水的东岸。结果有一次斜水猛涨，隔断了孟琰和诸葛亮的联系，司马懿立即出兵攻击孟琰。诸葛亮一面派人架桥，一面命弓弩手向魏军射箭。司马懿一看桥快架好了，又缩了回去。

魏将郭淮却认为，诸葛亮屯兵五丈原，目标是北原。众将不以为然，郭淮又说："若亮跨渭登原，连兵北山，隔绝陇道，摇荡民、夷，此非国之利也。"北原即是渭河北岸黄土塬的泛称，也即今天的积石原的一部分。北山指的是岐山。如果我们观察一下关中的地形就会发现，从五丈原到岐山这一段是整个渭河平原中最窄的地方。郭淮的意思是说，诸葛亮的目标根本不在斜水东岸，而是北原，如果诸葛亮占据北原，继而把势力扩展到北山，那么就把关中和陇右的联系切断了，到时陇右再来个诸郡反叛，后果不堪设想。司马懿这才醒悟过来，忙派郭淮去守北原。郭淮立即到北原去修筑防御工事，还没修完，蜀军果然来了，郭淮拼死防守，蜀军无功而返。

争夺北原不成，诸葛亮只能向司马懿决战，在决战中再寻找机会，结果司马懿就是不出战。无论蜀军如何挑衅，司马懿就是闭营不出。为了激怒司马懿，诸葛亮还派人给他送去了一套女人衣服，司马懿也笑纳。但众将不能忍，纷纷要求出战。司马懿无奈，只好假意上书曹叡请战，曹叡也明白，便派辛毗持节来到大

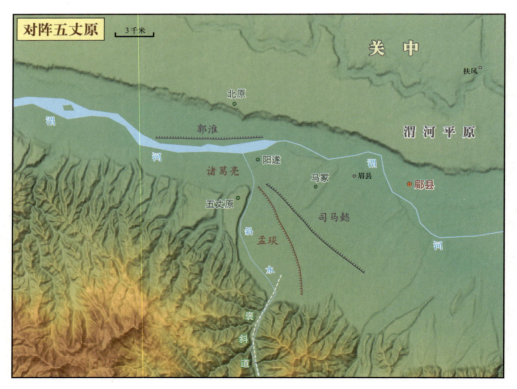

对阵五丈原

营，禁止出战，司马懿还假装很生气。

姜维以为是因为辛毗的到来，所以魏军不再出战。诸葛亮却一眼就识破了，说"将在外，君命有所不受"，这个道理司马懿不是不懂，只不过做做样子给部下看而已。

这样一来，不管蜀军再用什么办法，司马懿都可以名正言顺地坚守不战了。

秋八月，诸葛亮积劳成疾，与世长辞，一代贤相就此陨落。

杨仪和姜维遵照诸葛亮的遗嘱，秘不发丧，整顿军马撤退。

司马懿猜想诸葛亮已死，率军追击。姜维击鼓整军，做出进击状。司马懿又以为是蜀军的诱敌之计，怕中埋伏，急忙退兵。于是蜀军从容退入斜谷，这才讣告发丧。司马懿这才知道诸葛亮真的死了，但为时已晚。

诸葛亮五次北伐，均以失败告终，其中最重要的原因，就是粮道艰难。在历史上，除了韩信"明修栈道，暗度陈仓"成功从汉中反攻关中外，还没有第二个成功的例子。诸葛亮也深知蜀道之难，特别是穿越秦岭的这几条古栈道，即使是军队能不畏艰难勉强穿过，但运粮太难，更别说攻城器械之类的物资。所以，作为一种战略进攻，从汉中北上袭击关中的方式并不可取。相反，从陇右进攻就好得多，一是这里地势相对平坦，二是曹魏在陇右的统治相对薄弱，而且一旦拿下陇右，陇右的粮食也足以自给，不用时时从成都转运。所以我们看到，诸葛亮的主要战略目标始终在陇右，而祁山堡又是西汉水边上的一个重要堡垒，它直接关系着祁山道的安全，所以五次北伐又说成是五出祁山，再加上第三次北伐后曹魏的一次主动进攻，而后蜀汉反击，于是就有了六出祁山的说法。

我们可以大致总结一下五次北伐的得失。

第一次北伐可以说是成果最大的一次，结果因为马谡失街亭而功败垂成。这一次北伐让我们看到，陇右的人对曹魏的统治并不满意，人心思汉是普遍现象。这也是诸葛亮主张先取陇右的原因之一，这里羌人、氐人多，之前跟随过马超，马超反曹而投汉，所以这里的羌人、氐人对蜀汉多有亲近感。

第二次北伐兵出陈仓，可以说主要是为了配合东吴而出兵。不过从这次出兵也可以看出，诸葛亮第一次穿越秦岭直接进入关中，却连个小小的陈仓县城都没拿下，以诸葛亮的机智和谋略，应该说不至于此，原因只有一个，诸葛亮没有攻城器械，攻城也只能是围而不攻，逼迫敌人投降，结果郝昭早有准备，粮草充足，反倒把诸葛亮的粮草耗尽，诸葛亮只好退兵。从这次北伐可以看出，秦岭古道不仅运粮艰难，还有比运粮更难的运送攻城器械难题，没有粮食和器械就算过了秦岭，想攻城略地就难了。即使是随军带上工匠，要打造全套完整的攻城器械也需要花费很长的时间，那样的话，非战斗人员增多，粮草更是个问题。

所以第三次北伐的时候，诸葛亮还是走陇右，先拿下武都、阴平二郡，为下一步进攻陇右做准备，同时加强汉中防守。曹魏也是看到汉中有可乘之机，主动进攻，结果无功而返。这也让我们看到，无论蜀汉还是曹魏，只要是主动进攻的一方，因为要穿过道路艰难的秦岭，都会面临辎重运输的难题。因为没有大型攻城器械，所以攻城很难，带再多的兵也无济于事，又因为粮草运输困难，难以持久，只要对方坚守不出，时间一长只好退兵。

第四次北伐其实是第三次北伐的延续。曹魏这边的主将换成了司马懿，司马懿对付诸葛亮只有一招，那就是坚守不出，消耗对方的粮草。最终因李严督运粮草不力，诸葛亮只好退兵。

第五次北伐，诸葛亮在五丈原屯田，基本解决了粮草问题，可以与曹魏打一场持久战。这个时候，诸葛亮仍然无法解决攻城的问题，更别说奔袭长安了，所以他需要等待时机，此时只要附近有一座城池投降，这个问题就得以解决。如果没有城池投降，能消灭曹魏的有生力量也行。至于郭淮认为诸葛亮会去顺势取北原、切断关中和陇右的联系，那只是他的猜测，按诸葛亮一贯谨慎用兵的思路推测，取北原，跨渭水是有可能，如果要完全切断陇右和关中的联系，把兵力部署到岐山，战线太长，反而容易暴露自己的弱点，给敌人可乘之机。其实只要占领北原，就已经给陇右守军造成心理上的压力，战略目的已经达成，假以时日，不信岐山以西的这些守将不动摇。第五次北伐，不会再因为粮尽而退兵，但天不假年，我们没能看到后来的那一幕，也只能是各种猜测了。

有些人认为，诸葛亮北伐的失败，原因在于他的才能主要在内政方面，军事能力不行。对此，我们可以拿司马懿来比较，司马懿的军事能力大概没有人会怀疑，他取上庸时果敢迅猛，孟达还没有反应过来怎么回事就已经人头落地。像司马懿这种深谙兵法的人，在面对诸葛亮的时候，也只能坚守不出，何况其他人？

这是战术层面，在战略层面，我们可以看一看刘备的发家史，在遇到诸葛亮之前，刘备从二十四岁参军讨伐黄巾军开始，打了二十四年的仗，最终流落新野，没能据有一州一郡；有了诸葛亮的辅佐后，仅仅一年，就在赤壁打败曹操，有了立足之地，再五年，又拿下益州，实现了三分天下，这其中的功劳，不言而喻。我们还可以横向比较一下，三分天下的曹、刘、孙能在乱世中崛起，都是人中龙凤，但相对而言，刘备的发家之路最为艰难，事因难能，所以可贵。曹操是西园八校尉之一，本身有一定的人脉，再加上家族势力的支持，成功的可能性比较大；孙权更是捡了他哥哥孙策的便宜，接班时文有会稽太守、武有讨虏将军的头衔在身，再加上他哥哥留下的一众人才，做个守成之主是不难的；而刘备呢，白手起家，既没有官场上的人脉关系，也没有家族势力作为支撑，全靠一帮志同道合的兄弟朋友在支撑，如果他不是礼贤下士、以诚相待，在英雄纷争的乱世，早就消失在历史的长河之中，还谈什么三分天下！更难得的是，诸葛亮对刘备也是忠心耿耿，我们还是拿司马懿做比较，司马懿在魏国的权势远远不及诸葛亮在蜀汉的权势，但我们知道司马懿后来篡了权，诸葛亮要想篡权远比司马懿容易得多，可是他没有，反而是"鞠躬尽瘁，死而后已"。所以说，刘备与诸葛亮能留下一段君臣佳话，是因为这种关系常人难以做到。

所以，北伐失败不是因为诸葛亮的军事才能问题，而是地理的问题。秦岭古道难走，运粮更难。走陇右是个无可奈何的选择，这里虽然也是高山深谷，但比穿越秦岭好得多，只是路线变得更长了。不管是走陇右还是秦岭，诸葛亮始终都会面对一个无法解决的问题，那就是道路难走、运粮困难。所谓兵马未动，粮草先行，一旦粮草不济，这仗就没法打了。粮草还可以人挑肩扛或者用独轮车（据说这就是诸葛亮发明的"木牛流马"）勉强维持，攻城器械的运输对道路的要求就高了，至少需要用车，也就是需要一车宽的道路。粮草都难以保障，攻城器械就不用说了。所以我们看到，几次北伐，就连小小的祁山堡也没拿下。历史也证明，从汉中进攻关中的战略路线并不可取，诸葛亮之后，除姜维外，历代兵家再也没人敢尝试。

当然，还有一个更重要的原因，是实力的差异问题。全国十四州（司隶校尉部算一州），曹魏独占十个半（幽、冀、兖、青、徐、豫、凉、雍、并、司隶校尉部和半个荆州），东吴也据有两个半（扬州、交州和另半个荆州），而蜀汉仅仅只占有一州（益州），诸葛亮以一州之力频频北伐，让拥有十倍之力的曹魏时时警惕不敢松懈，普通人哪有这样的胆气！但就算诸葛亮倾尽全力，也仅此而已，毕竟以一抵十，如果不能出奇计快速取胜，时间一长，彼此的套路都熟悉了，最后就是拼实力。而实力，在三国之中，蜀汉恰恰是最弱的一方。

按照诸葛亮在隆中时的规划："天下有变，则命一上将将荆州之军以向宛、洛，将军身率益州之众出于秦川"，意思就是，要想北伐曹魏，需要从荆州和汉中两个方向同时进攻，荆州方向攻打宛城、洛阳，汉中方向攻取秦川（关中），而荆州因为地理上的优势，可以大规模用兵，是主攻方向，汉中因为秦岭道路艰险，作为策应。但等到诸葛亮北伐时，荆州已经丢失，单从汉中北伐，也只能是知其不可而为之了。

第二十六章　司马弄权

诸葛亮一死，三国的英雄时代也就基本结束，后面只剩下姜维一枝独秀，再加上邓艾、钟会两个配角。不过姜维这时候还年轻，资历尚浅，一直要到十九年后才能代表蜀汉出征。在这十九年中，三国之间少有战事发生，多数时候都在忙于内部的权力交接。

我们先来说蜀汉。

诸葛亮去世前，把军事大权交给了杨仪、费祎、姜维，让魏延断后。诸葛亮的本意是，如果魏延不愿意就算了。但杨仪也不是省油的灯，而且与魏延一向不和，等诸葛亮去世后，就命费祎去试探魏延的意思。魏延勇猛过人，也一向骄傲自大，对诸葛亮并不服气，所以他说："丞相虽然亡故，不是还有我吗？相府的官员回去办理丧事就可以了，我继续领导北伐，怎么能因为一个人的死就阻碍国家的大事？何况我魏延是什么人，怎么能听他杨仪的，干断后这种事情！"

但杨仪领着大军已经撤退，魏延一看很生气，于是日夜兼程，赶在大军的前面，走过之后把栈道都烧了，然后等在褒斜道的南口攻击大军。杨仪派王平前去抵挡。王平在阵前骂道："丞相刚去，尸骨未寒，你们怎么能这样！"魏延手下的军士一听，作鸟兽散，只剩下魏延和他的儿子带着几个人逃往汉中。杨仪派马岱追击，斩了魏延。杨仪趁机灭了魏延三族。

回成都后，刘禅按诸葛亮的遗愿，命蒋琬为尚书令，总揽国家朝政。姜维任右监军。杨仪本以为自己资历比蒋琬老，才能也比蒋琬强，这次回军成都又立了大功，会成为诸葛亮的接班人，没想到刘禅只给他一个中军师的职务，连个部属都没有，只是个光杆司令，于是常出怨言。有一次他对费祎说："丞相刚死的时候，我如果领兵投奔魏国，怎么会落到今天这般田地！真是追悔莫及啊！"费祎把这些话上报给刘禅，于是杨仪被贬为庶人，流放到汉嘉郡。都这样了，杨仪还不老实，又上书毁谤别人，朝廷派人去捉拿他，杨仪一看情况不妙就自杀了。

不久，蒋琬升任大将军，姜维任司马，费祎接替尚书令的职务。

蒋琬主政十二年，基本是萧规曹随。军事并不是他的特长，还需仰仗姜维。但蒋琬并不主张用兵，而主张休养生息。蜀汉连年征战，也确实疲惫不堪，因此在蒋琬主政的十二年里，出现了少有的"边境无虞，邦家和一"的局面。

蜀汉延熙元年（238年），司马懿率军讨伐辽东的公孙渊，刘禅令蒋琬率兵进驻汉中，等待时机与吴国夹击魏国。蒋琬认为，以前诸葛亮多次北伐，不管是走秦岭还是陇西，最主要的问题就是路不好走，于是在汉中大造舟船，准备顺汉水而下攻击魏国的魏兴（治西城，今陕西安康）和上庸二郡。这一主张遭到朝中大多数人的反对，水路进攻固然容易，万一不成，想退回来就难了。这个计划还没实行，蒋琬病重。也幸亏没有实行，且不说孙权这个盟友会不会临阵退缩，单说沿秦岭这一路汉水，山路狭窄，水流湍急，如果不能一举成功，很难说不会重蹈夷陵之战的覆辙。

蒋琬死后，费祎继任。姜维升迁为卫将军。费祎的政策和蒋琬没什么区别，还是休养生息，发展经济。一心继承诸葛亮北伐大业的姜维按捺不住，多次请兵出战，费祎每次给他不超过一万人，让他去折腾，还说："我们和丞相差得远着呢，丞相尚且不能北定中原，何况是我等！不如保国治民，守好社稷，等待能人出现再去继承大业，不要抱侥幸取胜的心理，否则后悔莫及。"

姜维自从担任司马以来，多次入陇西作战，其间还打败过郭淮、夏侯霸。陇西的羌人、氐人人心思汉，姜维也借机煽动他们背魏降蜀。但这些只是小成果，姜维想趁势占据陇西时，却处处被费祎掣肘。

蜀汉延熙十二年（249年），魏国内部发生动荡，司马懿杀了曹爽，夏侯霸心里很不踏实，投奔了蜀汉，刘禅拜夏侯霸为车骑将军。第二年，姜维再次率军攻打西平（治西都，今青海西宁）时，俘虏了一位名叫郭修的魏国将领。

蜀汉延熙十六年（253年），费祎主持蜀汉岁首大会，郭修也参加了。郭修趁费祎喝多了，刺杀了费祎，自己随后也被侍卫砍死。

费祎死后，姜维升任大将军，统管三军。所以有人说，这个郭修根本不是什么魏国降将，而是姜维暗中培养的一名刺客，目的是除掉费祎这个绊脚石。不管这种猜测是真是假，总之，姜维终于可以扛起北伐的大旗，继承诸葛亮未竟的事业了。

再说东吴。

作为与曹刘同时代的人物，孙权只比诸葛亮小一岁，但诸葛亮死时，孙权已经掌权三十五年，此后又活了十八年，总共在位五十三年，其在位时间比当时很多人的寿命还长。在位时间太长，致使孙权老年开始犯糊涂，把东吴拖入了万劫不复的境地。

东吴赤乌四年（241年），太子孙登去世。这一年，孙权将近六十岁。这件事情对孙权的打击很大，于是他做了一个匪夷所思的决定：立三子孙和为太子，同时鲁王孙霸的待遇和太子一样。这么做也许是因为前太子孙登的突然去世，让孙权猝不及防，所以他觉得多一个太子备份比较保险。但这无疑告诉大臣们，将来谁当皇帝还不一定，于是大臣们纷纷站队，分为两派，陆逊、顾谭、吾粲、朱据、诸葛恪等人支持太子，而步骘、吕岱、全琮、吕据和孙弘等人支持鲁王。

也有很多大臣看到了问题，纷纷上书劝诫孙权，说这样下去势必演变成内斗，但孙权不听。

令人惋惜的是，陆逊也在这场内斗中被逼自杀。

也许是孙权感觉到了事态的严重性，如果就此下去，东吴会被严重割裂，赤乌十三年（250年），孙权做了个更匪夷所思的决定：废了孙和，赐死孙霸，改立第七个儿子孙亮为太子。孙亮为人聪明，也是孙权仅剩的嫡子，可问题是孙亮年纪太小，当时只有八岁。年纪太小，难以震慑住东吴那帮如狼似虎的大臣，无疑又埋下了动荡的因子。如果孙权有时间还行，把孙亮扶上马再送一程，也许能避免很多问题。可惜孙权第三年就死了，临终前托孤于大将军诸葛恪。诸葛恪是诸葛瑾的长子，也是诸葛亮的侄子。孙亮登基时也不过十岁，吴国的军政大权就掌握在诸葛恪手上了。

魏国内部的变化最大，实际大权落到了司马氏手里。

司马懿早在赤壁之战前就加入了曹操的阵营，几乎和诸葛亮加入刘备阵营同时。但在曹操手下，司马懿一直是个无足轻重的角色。曹丕时代，司马懿才开始得到重用。曹丕死时，司马懿是托孤大臣。所以到了曹叡时代，司马懿手上才有了实权。在和诸葛亮对阵中，特别是宗室曹真死后，曹魏的军权就落到了司马懿的手里，这个时候距他加入曹魏阵营已经过去了二十多年。在这二十多年的时间里，诸葛亮从初出茅庐到五次北伐，完成了他一生中最辉煌的功业，而司马懿的事业才刚刚开始。

和诸葛亮对峙时，司马懿只有一招，那就是瞅准了诸葛亮粮草不继，坚守不战，靠耗尽对方粮草而取胜。所以在和诸葛亮的对阵中，我们看不到司马懿多少军事才能，真正展示他军事才能的是在随后平定辽东公孙渊势力的过程中。

在三国乱世，我们一直把目光集中在魏、蜀、吴的对阵中，但有一股势力，从汉末一直延续了将近五十年，这就是辽东的公孙氏。

公孙度原本出身寒门，在汉末动乱的时候，正好担任辽东太守。当中原诸侯纷纷抢占地盘的时候，僻居辽东的公孙度也趁机扩展自己的势力，一方面打击地方豪强，另一方面不停地征讨附近的乌桓和高句丽，还把扶余（也称夫余）纳为自己的属国。高句丽是扶余王子朱蒙遭排挤后，于西汉建昭二年（前37年）南下建立的，因最早建都在玄菟郡的治所高句丽（也称高句骊，今辽宁沈阳东），故名。元始三年（3年），高句丽把都城迁到丸都（今吉林集安），此后四百多年都没有变过。

公孙度一直想独霸辽东，只是面对中原诸多强大势力，还不敢公然自立，表面上仍选择屈从。当时袁绍据有河北，公孙度选择屈从于袁绍。因为袁绍要对付中原的曹操，也想有个稳定的后方，所以双方一拍即合。

公孙度死后，把位子传给了长子公孙康。

不久，曹操统一北方，公孙康杀了袁绍的两个儿子，选择屈从于曹操。曹操北征乌桓，因为道路难走，自觉是侥幸取胜，也无力再征辽东，主要是担心南方的刘表和江东的孙权乘虚袭击后路，所以也乐得公孙康的投诚，他并不想在辽东耗费精力，而是需要全心全力对付南方。

辽东毕竟是苦寒之地，人烟稀少，公孙氏虽然在辽东称王称霸，但和袁绍、曹操相比，可以说是不堪一击。表面屈从、事实独立，是公孙氏最好的选择。

后来曹魏将大量的心力都花费在吴、蜀身上，无暇北顾，致使公孙氏一直在辽东偷偷发展，甚至和东吴暗通款曲，图谋夹击曹魏。

公孙康死后，因为两个儿子年纪太小，众人便推举其弟公孙恭即位。公孙恭因为身患疾病，不得已切掉了下身，成了阉人，身体也虚弱，无力治理辽东。公孙康的儿子公孙渊长大后，逼迫叔叔让位，还把他囚禁起来了。

靠着祖孙三代的经营，此时公孙渊的日子比他爷爷好多了，势力已达朝鲜半岛。于是公孙渊开始不安分，想公然叛魏自立。

那时孙权刚刚称帝，于是公孙渊打算暂且向东吴称臣，以求得外援。孙权也是一时得意忘形，刚刚称帝就有人不远千里来投诚，于是不顾众人反对，答应了，派使者携带大量珍宝远赴辽东，封公孙渊为燕王。从东吴到辽东，中间隔着曹魏的广大地盘，吴使当然不能走陆路。这时东吴的海航技术已经发展起来，所以他们走的是海路，从长江口过黄海、渤海直达辽河口。

公孙渊没想到孙权这么看重自己，既害怕曹魏的讨伐，又舍不得这些珍宝，于是留下珍宝，杀了吴使，把人头献给曹叡，以表忠心。这一下把孙权气坏了，想出兵讨伐又隔着茫茫大海，在大臣们的劝说下，也只好吃个哑巴亏。

公孙渊自以为聪明，但反叛之心已经昭然若揭。只是曹叡这个时候还忙着应对诸葛亮的北伐，无暇北顾，所以明面上拜公孙渊为大司马，封乐浪公，还让他继续持节任辽东太守。等诸葛亮一死，曹叡总算腾出手来，派幽州刺史毌丘俭以征召公孙渊进京（洛阳）述职为由，出兵辽东。公孙渊公然叛魏，出兵相抗。两军相持日久，赶上连日暴雨，辽水大涨，毌丘俭无功而返，兵回右北平郡。

这一下，公孙渊更是得意忘形，自立为燕王，定都襄平（今辽宁辽阳），并再次向东吴称臣，希望得到外援。

第二年（238年）正月，魏明帝曹叡命太尉司马懿出兵征讨辽东。

司马懿亲率四万大军，从京师洛阳出发，经孤竹，越碣石，翻过燕山，六月到达辽水。公孙渊派了几万人马，依辽水下寨，绵延二十多里，深沟高垒，迎击司马大军。

司马懿一看，前有辽水阻挡，如果强行渡河，必然吸引敌军聚集，最后形成消耗战，在敌众我寡的情况下，肯定吃亏，于是采用声东击西的策略，在辽水

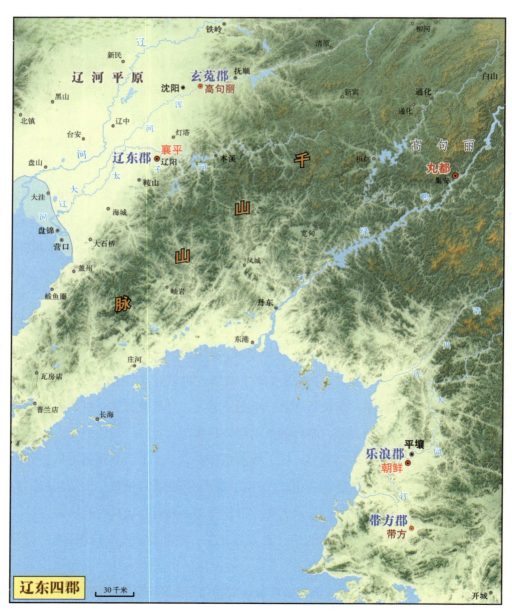

南部大张旗鼓佯攻敌营，然后偷偷从北部渡过辽水，逼近襄平。司马懿断定，公孙渊在辽水阻击，是想打持久战消耗自己的粮草，粮草耗尽自然就退兵。但这一次和上回不同，毌丘俭也从右北平发兵协助，从辽西到华北平原的道路畅通，因此司马懿的粮草不是问题，反倒是公孙渊消耗不起。魏军逼近襄平，也不是要攻城，所谓攻城之法，为不得已，司马懿的目的在于围城打援，消耗公孙渊的有生力量。而围城打援，当围其必救，襄平是公孙渊的大本营，公孙渊一见襄平危险，果然派大军驰援，司马懿逐个击破，连连大捷，然后慢慢围城，继续给公孙渊要攻城的假象，好让公孙渊继续送人头。

和上次毌丘俭进兵时同样的事情出现了，又是连日大雨，辽水暴涨，魏军心生恐惧，担心退路被阻断，成了背水之战，于是有了退却之意，而且已经有人开始迁营了。为了稳定军心，司马懿杀了几个违抗军令而迁营的，安抚了军心。这时，公孙渊的军队趁着大雨，出城打柴牧马，安然自若，完全无视附近围城的敌人。有魏将请求出战，司马懿不允，他怕把敌军吓跑，还是故意慢慢围城，就是想把敌人困在城里，消耗他们的粮草。也和上回一样，远在洛阳的朝廷百官听说又是雨大敌强，纷纷请求退军。但这一回，曹叡却没有下诏，他坚信司马懿能成功。

过了一个多月，雨停了，大水渐渐退去。魏军也完成了对襄平的包围，开始昼夜攻城。这时城里已经粮尽，死伤甚多。公孙渊很害怕，派人请降。司马懿斩杀使者，还发布檄文严厉斥责公孙渊。为表诚意，公孙渊想送儿子来当人质，司马懿一概拒绝。公孙渊走投无路，带着几百人从城南突围，司马懿派兵追击，最后在梁水（今太子河）边上杀死了公孙渊。于是襄平城破。

入城后，司马懿下令屠杀十五岁以上男子七千多人，并收集尸体，筑造京观。京观是古人炫耀武功的一种方式，即把敌人的尸体堆积在一起，封上土，筑成一座高冢。京，即高大之意。司马懿又把公孙渊任命的公卿以下官员共两千多人全部斩首，还释放了被公孙渊囚禁的公孙恭。

随后，辽东、带方、乐浪、玄菟四郡相继平定。在原定的一年期限内，司马懿胜利班师，困扰曹魏数十年的辽东问题至此彻底解决。

平定辽东后，朝廷原本想让司马懿去镇守关中，刚到河内郡的时候，曹叡突然不行了，急召司马懿进京托孤。曹魏景初三年（239年），曹叡逝世，曹芳继位，大将军曹爽和太尉司马懿辅政。新皇帝曹芳才八岁。很显然，这时魏国的权力在司马懿和曹爽手上。作为宗室的曹爽当然不愿与司马懿分享权力，于是处处排挤司马懿，一步步把司马懿架空，逐步独揽朝政。

司马懿当然不会就此善罢甘休。曹魏正始八年（247年），司马懿以生病为由，辞职回家。曹爽信以为真，于是对他放松了警惕。

曹魏正始十年（249年）正月，小皇帝曹芳已经十八岁，去高平陵（曹叡之墓）祭奠时，曹爽及手下一帮亲信随同。高平陵在箕山西端的山脚下（今河南省汝阳县大安乡工茹店村东南），已经出了洛阳盆地，与洛阳相距近百里，皇帝出行随从人员多，走得又慢，还需要翻山越岭，这一去，一时半会儿回不来。

司马懿瞅准时机发动政变，他首先以郭太后的名义下令关闭各个城门；然后率兵占领城南的武库，并派兵把守住洛水浮桥（洛水从洛阳以南流过后与伊水汇合，洛水浮桥是从洛阳往南的必经之地）；最后，还是以郭太后的名义，命令

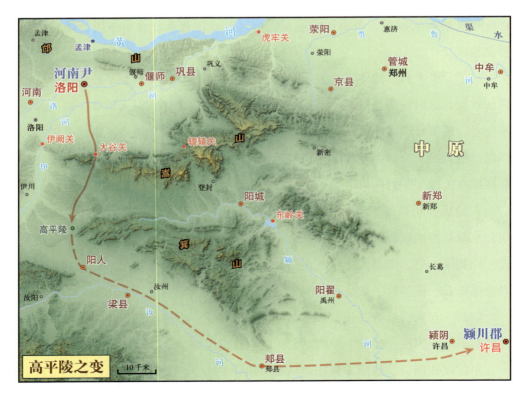

高平陵之变　10千米

司徒高柔代理大将军，占据曹爽营地，太仆王观代理中领军，占据曹羲营地。这位郭太后，是曹叡的皇后，曹爽专权时被软禁在永宁宫，曹芳也不是曹叡的亲儿子，是养子，所以郭太后也不是曹芳的亲妈，但曹芳和郭太后的关系并不坏，毕竟有母子名分，只是面对曹爽的专权，年幼的曹芳也没办法。所以我们知道，郭太后之所以支持司马懿的政变，是出于对曹爽的恨意，司马懿这才顺风顺水地把事情办成了。

司马懿完全掌控京师洛阳之后，就给魏帝曹芳写了一封信，先是历数曹爽的罪状，然后说，只要曹爽投降，仍不失侯爵身份，否则军法从事。

这封信自然是先落入曹爽之手。曹爽一看吓坏了，一时惶恐不知所措，也没敢把信的内容告诉曹芳，只是把曹芳的车驾移到伊水岸边，筑营防守。

司马懿担心曹爽挟天子相抗，于是派人来劝降，再三强调只是免去官职，不会要了他的性命。

这时大司农桓范从城里逃了出来，投奔到曹爽帐下，劝曹爽到许昌去。桓范的意思是，从高平陵到许昌，不过两天两夜的路程，许昌是曾经的首都，有宫室可以落脚，有武库足以武装军队；再加上手上有皇帝曹芳，可以挟天子调集各方军队围攻洛阳；还有一点，大司农本身就是管钱粮的，所以曹爽不用担心粮草的问题。

曹爽想了一夜，觉得妻儿老小都在洛阳，自己就算投降，无非是丢了官职，做个富家翁也不错，于是选择投降。曹爽没有想过，如果他从未掌握大权，这种可能性倒是有，只是现在就算他再胸无大志，司马懿对他也不会放心。

皇帝一行回到洛阳后，司马懿先是派人把曹爽软禁在家，不久之后就以谋反的名义灭了他三族，连带着桓范也被杀。同为宗室的夏侯霸因为害怕被牵连，投奔了蜀汉。曹家的祖上本姓夏侯，西汉时，著名的开国功臣曹参曾给手下的一位夏侯将军赐姓曹，于是这一支夏侯氏改为曹姓，曹操即是这一支的后代。

司马懿清除了以曹爽为首的曹氏宗族势力后，逐步掌控了曹魏政权。

一年后，镇守寿春的王凌发动兵变，声讨司马懿。司马懿出兵讨伐，王凌自知不敌，于是投降，在押解洛阳的途中自杀，后被夷三族。

不久，司马懿病死在洛阳，比孙权还早一年。

第二十七章　姜维北伐

《三国演义》里说姜维九伐中原，实际上历史记载有十一次，前后二十多年，当然讨伐的也不是中原，主要是陇右。

在成为蜀汉的大将军之前，姜维北伐了五次。

第一次北伐：

蜀汉延熙元年（238年），姜维随大将军蒋琬驻扎在汉中的时候，就多次率偏师西出陇右与魏军交锋。

第二次北伐：

蜀汉延熙七年（244年），这次其实是防守反击。当时曹爽刚把司马懿架空，想要立些军功树立威信，亲至长安，挥军攻入汉中，守汉中的是王平，兵力不足，姜维和费祎前往支援，大败曹爽。

第三次北伐：

蜀汉延熙十年（247年），这时蒋琬已死，费祎掌权，姜维也跟着升了一级。这一次的起因是雍凉地区的羌人、氐人背魏降蜀，姜维领兵接应，和郭淮、夏侯霸大战于洮水以西，接回了几个羌、氐部落，并把他们迁到了蜀地。相比诸葛亮，姜维的足迹更广，已经深入到青藏高原的东端，这也是他熟悉羌人、氐人生活习性的缘故。

第四次北伐：

蜀汉延熙十二年（249年），正是"蜀中无大将，廖化作先锋"的时候，姜

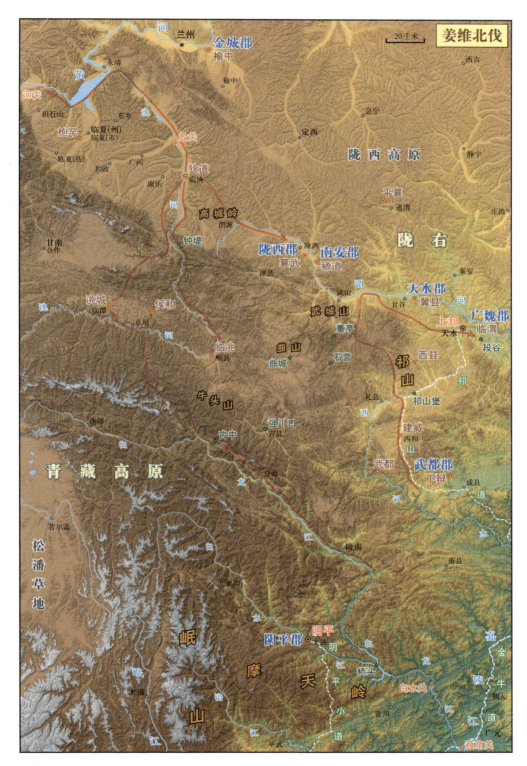

姜维北伐

黄 河
兰州
金城郡
榆中
永靖
榆中
河关
积石山
东乡
枹罕
临夏(州)
临夏(市)
洮
西吉
临夏(县)
广河
和政
康乐
狄道
临洮
陇西高原
奏宁
定西
静宁
陇 右
平襄
通渭
庄浪
甘南
合作
高城岭
渭源
钟堤
河
陇西郡
襄武
陇西
南安郡
豲道
渭
天水郡
冀县
河
泰安
洮城
临潭
卓尼
侯和
漳县
武山
甘谷
武城山
董亭
石营
上邽
天水
广魏郡
临渭
段谷
临洮
岷县
曲山
曲城
西县
祁
祁山
青藏高原
牛头山
沓中
强川口
谷昌
礼县
西
祁山堡
逿部
舟曲
白
龙
建威
西和
山
松潘草地
若尔盖
江
陇南
武都
汉
武都郡
下辩
成县
道
康县
水
江
九寨沟
岷
江
白
阴平郡
文县
阴平
白
龙
桥头
嘉
金
陵
牛
朝天
江
松潘
洮
水
平
江
白水关
青川
道
岷
山
江
摩
天
岭
小
道
江
广元
平武
葭萌关

223

维一人身兼统帅、大将、救兵、先锋等角色，与众多魏将作战。

一开始，姜维派廖化去取洮城（今甘肃临潭），自领大军进兵陇右，在曲山（今甘肃岷县东百里处）筑了两座城，名为曲城，并派了两名将领驻守，然后开始联合附近的羌人、氐人进攻附近的郡县。姜维之所以选择在曲山筑城，是因为魏国在这里统治薄弱，而且这里对天水、陇西、南安等郡具有居高临下的优势，如果把这里经营好，可以作为攻占陇右的基地。

魏国的征西将军郭淮知道曲城离蜀地遥远，运粮困难，如果长久围困，可以不战而克，于是采用围城打援的策略：命雍州刺史陈泰、讨蜀护军徐质、南安太守邓艾包围曲城，切断交通和水源。眼看曲城的蜀军被困，姜维只好领兵救援，结果到牛头山（岷县东南，洮河南岸）时，被陈泰挡住去路，一时难以挺进，又听说郭淮亲领大军已到洮水，企图切断他的退路，忙又率军撤回。曲城因为孤立无援，最后投降魏军。这时，郭淮开始向西反击羌、氐各部，并留邓艾屯兵于白水（今白龙江）北岸，以防蜀军反攻。姜维闻讯，让廖化别去洮城了，就在白水南岸扎营牵制邓艾，自己率重兵北上，奔袭洮城。要说邓艾还真是姜维的克星，立即识破了姜维的意图，连夜抢占了洮城。姜维一看大势已去，只好撤兵。

第五次北伐：

蜀汉延熙十三年（250年），姜维再次出兵陇右，联合羌、氐部落，攻取魏国的西平郡（今青海西宁）没成功，抓获一位名叫郭修的魏国中郎将回了成都。正是这个郭修，后来刺杀了费祎。

前五次北伐，规模都不大，因为姜维手上的兵权有限。费祎死后，无人掣肘，姜维开始频频北伐。

第六次北伐：

蜀汉延熙十六年（253年），吴国太傅诸葛恪兴师伐魏，姜维也乘机率数万人出兵石营（曲城以东），包围南安郡。结果久攻不克，最后粮尽退兵。

第七次北伐：

蜀汉延熙十七年（254年），魏国司马师刚掌权，地位不稳，内部一片混乱。

属于魏国的狄道（今甘肃临洮）长官李简不想侍奉司马氏，于是偷偷向蜀汉请降。姜维趁机出兵，李简果真献城。姜维占了狄道，然后发兵围攻陇西郡的治所襄武（今甘肃陇西南），魏国守将徐质反击，蜀军先锋大将张嶷战死。本来这次出兵，很多人怀疑李简是诈降，只有张嶷坚信，姜维才出兵的。姜维率军随后赶到，斩杀徐质，算是替张嶷报了仇。魏军败退，姜维乘胜追击，又攻破河关（今积石山北黄河南岸）、临洮（今甘肃岷县）两城。奇怪的是，姜维并没有分兵守城，而是把河关、临洮、狄道三个县城的百姓都迁入蜀地，然后撤兵了。其实仔细想想也不奇怪，这里土地贫瘠，粮产有限，养不活那么多军队，如果要守城，还需从蜀地运粮，这里的粮道比祁山还难，与其这样，还不如把这里有限的资源（人口）拿走，借以削弱对方的力量。

第八次北伐：

蜀汉延熙十八年（255年），司马师病亡，魏国又是一片混乱，姜维趁机和夏侯霸一道出兵。八月，姜维到达枹罕（今甘肃临夏西南），然后向狄道进军。姜维出兵陇右，经常沿白水往西，然后北上，从西往东迂回作战。这是因为越往西，魏国的势力越弱，而姜维对羌人、氐人的民风很熟，所以对他来说越有优势。魏国方面，征西将军郭淮已死，接替他的是陈泰，而王经则继任了陈泰原来雍州刺史的职务。陈泰命王经进驻狄道，并且让王经等他从陈仓赶来后再夹击蜀军。但王经不听，擅自出兵迎击蜀军，结果姜维在故关（狄道北）大败王经，魏军损失数万，王经只剩万余人退守狄道。姜维乘胜围攻狄道城。魏国新任的大将军司马昭一看情况不妙，命邓艾为安西将军，与陈泰并力抗蜀。陈泰与邓艾会合后，并没有沿渭水和洮水而上，而是出其不意地绕过高城岭（今甘肃渭源西北），到达狄道东南方向的土山上。这里地势高，可以通过放火或击鼓与城内呼应，一时间守狄道的魏军士气大振。姜维想仰攻土山没有成功，又听说陈泰要截断蜀军的退路，于是从钟堤（狄道南）方向撤军。

第九次北伐：

蜀汉延熙十九年（256年），因为上一次大胜仗，姜维被正式任命为大将军。魏国方面，陈泰被调到东线对付吴国，守陇西的是邓艾。这一次，姜维兵分两路，和汉中都督胡济（王平死后此人继任）约好在上邽（今甘肃天水）会合。一开始姜维走的是祁山道，按照以前诸葛亮的路线，沿西汉水而上，到达源头后，再往北不远就是上邽，结果姜维刚到祁山，就听说邓艾有准备，于是改从董亭方向去攻南安郡。邓艾又是快人一手，派人抢先占据武城山，凭险固守。从祁山到南安郡，武城山是必经之地，姜维见已经失了地利，就算强攻也难取胜，于是顺渭水东进，还是把上邽作为目标。在段谷，姜维遭遇了邓艾的主力，双方一场恶战，胡济也没有按约定赶来，姜维独力难支，最后大败而回。这是姜维北伐以来最大的败仗，因为这次失败，姜维请求自贬为后将军，行大将军事。

第十次北伐：

蜀汉延熙二十年（257年），魏将诸葛诞联合东吴在淮南起兵反叛司马昭，司马昭把关中的兵力调往淮南，关中兵力空虚，姜维趁机出兵关中。在秦岭四条古道中，姜维选择了最难走的傥骆道。傥骆道是汉中通往关中距离最近的通道，因为秦岭在这个地方最窄，当然也是最险的，其间要翻越五六个分水岭。我们知道，古人开道一般都沿着河谷，一是借水势开山，二是方便取水。生命离不

姜维出兵关中

开水，大军翻山越岭，饿几天不会要人命，但如果脱水就有生命危险。比如褒斜道，是由褒水和斜水的河谷组成，中间只有一道长约五里的缓坡离开了水源，所以不用担心缺水的问题。而傥骆道是由西骆谷水、黑水、湑水、酉水、傥水等流经的众多河谷断续组成，其中几乎有一半的路程离开了水源。十三年前，曹爽大军就是从傥骆道进兵汉中的，结果因为缺水，不仅士兵，就连运输粮草的牛马也渴死了不少，再加上蜀军在各个谷口设伏，曹军最终大败而归。

这一年冬，姜维兵出骆谷，到达沈岭一带。在沈岭的北边山脚，魏国有一个据点，名为长城，当时魏国在这里囤积了大量粮草，而且防守薄弱，听说姜维到了，魏国守军惶恐不安。魏国的征西将军司马望（陈泰也去了两淮）和安西将军邓艾担心姜维袭击长城，立即前往长城合兵据守。姜维出了谷口，就是芒水（今黑河），在这里依山扎营。司马望、邓艾也依水下寨。两军隔水相望，姜维多次挑战，魏军因兵力不足，坚守不出。

两军长期对峙，相持不下。到了第二年的三四月间，姜维得到消息，诸葛诞败亡，这意味着魏国从江淮腾出手来了，很快就会派大军来支援西线，于是退兵。回成都后，刘禅再次任命姜维为大将军。

姜维连年北伐，在战术上赢的多、输的少，可是在战略上却没有什么成效，陇右仍然在魏国手上，蜀汉的边境线并未往前推进一步，更重要的是，连年北伐对蜀汉的国力消耗巨大，军民都很疲惫，于是蜀国不再轻易对外用兵，而把重点放在汉中的防守上。

当年魏延镇守汉中的时候，在汉中周围的各个山口都设有据点，部署兵力，魏军来犯很难进入汉中盆地。这个方法后来王平也沿用了，但这个方法有个弊端，就是消耗兵力过多，在蜀汉国力鼎盛时期可行，但到了现在，当蜀汉的国力日渐衰微时，就有些吃力了。于是姜维提出了"敛兵聚谷"的策略。

所谓敛兵聚谷，就是把汉中周围的一些据点都撤掉，这样能省不少兵力，重点放在汉（沔阳）、乐（城固）两座城上。如果魏军来了，翻过崇山峻岭到达汉中盆地，没有大型攻城器械，攻城不下，又因为粮道不便，坚持不了多久自然粮尽退兵，这时是敌军士气最低落的时候，再发兵出击，可获全胜。简单点说就是坚壁清野，用游击战把敌人拖疲，再趁敌人退兵时追击；以前是拒敌于汉中之外，现在是把敌人放进来，同时拉长敌人的补给线，等敌人疲态尽显仓皇退兵的时候再从后方掩杀，以图全歼敌人。毛泽东的游击战术"敌进我退、敌驻我扰、敌疲我打、敌退我追"和这有异曲同工之妙。

总之，姜维这个新方法，第一可以省却蜀汉布防的兵力，第二可以更多地消灭敌人的有生力量。蜀汉朝廷也觉得这个方法不错，便命汉中都督胡济退守延寿（葭萌关），命王含守乐城，蒋斌守汉城。只是姜维没想到，如果敌人的兵力占有绝对优势，把汉中盆地挤得满满当当，游击战就无从谈起，反而让汉中门户大开。后来司马昭正是钻了这个空子。

第十一次北伐：

蜀汉景耀五年（262年），距离上一次北伐五年之后，姜维再次北伐，攻入洮阳（洮城）境内。魏将邓艾抓住姜维孤军深入、补给困难的特点，抢占有利地形，在侯和（洮城以东，今甘肃卓尼东北）布下兵马，以逸待劳阻击蜀军。双方激战后，魏军反攻，蜀军大败，姜维只得退回沓中（今甘肃舟曲西北）。

这是姜维第十一次北伐，也是最后一次北伐。相对于军事上的失利，另一个更严峻的问题正在等着他。

姜维虽然继承了诸葛亮的衣钵，但在蜀汉朝廷中的地位和诸葛亮没法比。诸葛亮在世时，军政大权一把抓，刘禅虽不是傀儡皇帝，但基本上没什么权力。在蒋琬、费祎掌权的时代，这种状态也基本延续。但任何皇帝都不希望自己手上没权，诸葛亮在世时，刘禅无话可说，一切听从相父的安排，算是心服口服；蒋琬、费祎继任后，因为是诸葛亮一手安排的，刘禅也不敢不听。这里面还有一个人，就是董允，也是《出师表》里提到过的人，他和诸葛亮、蒋琬、费祎合称蜀汉四相，但董允的职务是侍中。侍中统管宫中禁军，地位也非同小可。董允为人正直，经常反对刘禅的不正当行为，刘禅对他也非常忌惮。等董允死后，刘禅就没有什么可怕的人了，于是开始胡作非为起来。历来所有的皇帝，都不愿意被架空权力，如果是个能干皇帝，就亲自参与政事或军事，以保障自己大权不会旁落；如果是个无能的皇帝，只能通过太监去干涉大臣的行为，借以达到权力的制衡。刘禅就属于后者，他靠重用太监黄皓来达到其目的。

黄皓一开始对董允也非常忌惮，董允在位时，他的职位一直不高。等董允一死，陈祗接任，不仅没有压制黄皓，还与他勾结，于是黄皓开始参与政事。

陈祗死后，黄皓从黄门令升为中常侍、奉车都尉。中常侍是皇帝的侍从，传达皇帝诏令，掌理文书，奉车都尉掌管皇帝的车驾。黄皓身兼二职，出则奉车，入则侍奉左右，成为皇帝的亲信，于是开始专秉朝政，网罗关系，打击异己，就连刘禅的弟弟刘永都因为他的谗言而与刘禅疏远，以致兄弟俩十多年不能相见。还有诸葛亮的儿子诸葛瞻居然也站到了黄皓一边。

可以说，到这个时候，蜀汉的朝政已经是乌烟瘴气了。而姜维常年在外打仗，根本没有机会参与朝中的政事，也没有人脉关系，其地位岌岌可危。

最后一次北伐前，姜维见黄皓越来越肆无忌惮地把持朝政，就上表刘禅建议将黄皓处死。刘禅没同意，推托说黄皓不过是一个小人，不用在意，还让黄皓向姜维谢罪。等姜维北伐失败，诸葛瞻和董厥等人就上表刘禅，说姜维好战无功，致使蜀汉疲弊，要求剥夺姜维的兵权，改任益州刺史。姜维这才感觉到黄皓能量的广大，不敢回成都，请求在沓中种麦。沓中地处高寒，土地贫瘠，说是种麦，实为避祸。姜维知道，一旦丧失兵权，下一步等待他的将会是什么。

一直以来，姜维不是在北伐就是在北伐的路上，经略之地无非就是汉中和陇右，魏国对他一直很忌惮，就连邓艾也不例外，所以一直处于防守态势。但沓中已经远离了汉中和陇右，姜维这一出走，给了魏国一个天大的机会。

第二十八章　吴宫内斗

先说一下魏国的情况。

司马懿掌权后，魏国发生了三次反对司马氏的兵变，三次兵变都发生在寿春，所以史称淮南三叛。当然，说他们叛乱是站在司马氏的立场来说的，实际上真正叛魏的正是司马氏，这些反叛司马氏的人都是曹魏的忠臣。

除了第一次王凌兵变被司马懿镇压下去外，随后又发生了两次。

第二次兵变是毌丘俭和文钦发动的。

司马懿死后，长子司马师继续掌权。曹魏嘉平六年（254年），李丰、夏侯玄（夏侯霸堂侄、曹爽表弟）以及张缉等人图谋推翻司马师，改立夏侯玄为大将军辅政，但事情败露，三人都被杀。魏帝曹芳对此感到不平，引起司马师的不满，于是司马师在数月后废了曹芳，改立曹髦。曹髦这时才十四岁，年纪小，当然好控制。这接连发生的两件事，让驻守寿春的镇东将军毌丘俭和扬州刺史文钦非常不满，于是起兵反叛。

曹魏正元二年（255年），毌丘俭和文钦进兵项城。司马师亲领大军讨伐，先命一支兵马抢占南顿，挡住毌丘俭和文钦的去路，深沟高垒，坚守不战；命其他人慢慢向项城合围，并让邓艾诱敌。毌丘俭和文钦前进不能，想撤退又担心寿春被袭，左右为难。要命的是，军中将士的家属都在北方，时间一长，军心动摇，部队开始溃散，只有在南方新招的士兵还在卖命。这个时候，毌丘俭见屯驻在乐嘉的邓艾兵少，于是派文钦攻击邓艾。可是等文钦到达时却发现司马师的大军也来了，知道中计，于是撤退。司马师命人追击，文钦败退。毌丘俭一见文钦败退，于是连夜逃走，部众一时四散而逃。毌丘俭本人逃到慎县时中箭而亡。毌丘俭曾协助司马懿平定辽东，战功卓著，却没想到最后死在司马氏手中。文钦回到项城看到大军已经溃散，寿春又被诸葛诞占领，于是逃往东吴。当初事发时，东吴也派兵到寿春支援，但等东吴兵到，诸葛诞已占领寿春，只好退兵。

第三次兵变的发起者正是这位诸葛诞。

诸葛诞是诸葛亮的远房族弟，效力于魏国。在这次平叛中，诸葛诞因功升任征东大将军，但其实内心很不安，因为他也是忠于曹魏的一分子。

毌丘俭、文钦之叛平息后，司马师在班师途中因为眼疾痛死，弟弟司马昭接任。司马昭为了铲除支持曹魏的势力，打算逼反诸葛诞，就征召他入朝为司空。

诸葛诞得到消息后十分害怕，知道这一去是什么结果，于是在曹魏甘露二年（257年）杀害扬州刺史乐綝[chēn]。与此同时，诸葛诞还把长子派到东吴当人质，请求援兵。其实这正是司马昭想要的结果，眼看诸葛诞的叛心已经坐实，于是亲率二十六万大军讨伐。魏军屯兵丘头后，兵分两路，一路由王基、陈骞领军包围寿春，一路由石苞、胡质、州泰南下抵挡东吴的救兵。东吴的援军里就有上次投降的文钦，他和唐咨、全怿等人趁魏军的包围圈还未形成时突入寿春城中。结果没想到的是，文钦等人进了寿春，却未能突围出来。另两路吴军也被魏军击破，后方还被魏军烧了粮草，吴军无力再战，被迫退兵。

诸葛诞没等到援兵，被困寿春，部将蒋班和焦彝劝其专攻一方突围，诸葛诞没听，还想杀了二人，结果二人出城投魏。接着，司马昭采用钟会的计谋，又诱降了诸葛诞的几名部将，诸葛诞感到事态不妙。

文钦一直坚信东吴救兵必至，但最终也没等到，便和诸葛诞一起突围，结果失败，死伤惨重，只好再撤回城内。此时城内粮食消耗殆尽，已有数万人出城投降。文钦想把城里的北方人都放出去，只留吴国士兵据守。北方人家在北方，无心抗敌，接二连三地投降很动摇士气；另外，人少了，也能减少粮食的消耗。但这些北方人都是诸葛诞的部下，诸葛诞不仅不听文钦的意见，还杀了文钦。文钦的两个儿子听说父亲被杀，于是也投降了司马昭，并得到了司马昭的封赏。这一下，寿春军民斗志彻底崩溃。最终司马昭在曹魏甘露三年（258年）二月攻克寿春，诸葛诞兵败出逃，被魏军击杀。第三次兵变失败。

经过三次兵变，司马氏已基本清除了朝廷里拥护曹魏的势力，为日后的篡位铺平了道路。当然，对这一切看得最真切的还数魏帝曹髦，所以他说："司马昭之心，路人皆知。"

曹魏甘露五年（260年），曹髦已经二十岁，终于忍无可忍，带着几百名侍卫杀向司马府，结果被人告发，反而被杀身亡。事后司马昭另立曹奂为帝。曹奂手上已经没有任何权力，实际是个傀儡。

再说东吴的情况，自从孙权死后，孙亮即位，诸葛恪、孙峻、滕胤辅政。

在孙权刚死的时候，司马师趁东吴政局未稳时大举南下，从荆州和江淮两路攻吴，诸葛恪率吴军反击，大获全胜。孙亮因此加封诸葛恪为丞相，诸葛恪一时权倾朝野。但这次胜利也让诸葛恪产生幻觉。

东吴建兴二年（253年）春，诸葛恪准备出兵伐魏。众大臣认为东吴刚刚经历了一场大仗，军士疲惫，国力不支，需要休整。但诸葛恪不顾众人反对，征发二十万人攻打合肥新城。

合肥新城是魏明帝曹叡时期的征东将军满宠修建的，在合肥城以西十五公里处。合肥城因为靠近南淝河，连通巢湖，对吴国的水兵有利。新城正是规避了这一缺点，离南淝河远，这样东吴的水军就不能沿水路直接攻到城下，水军一旦上岸，就失去了优势。自新城建成以来，东吴至少三次投入十万以上的兵力攻打合肥新城，均未成功。

到了新城，诸葛恪开始布兵围城。魏国守新城的只有三千人，苦战一个多月，死伤过半。但即使是这样，诸葛恪也没能把新城拿下，于是下令强攻。眼看城池将陷，魏军守将来了个缓兵之计，向吴军诈降，然后连夜修补城防工事，继续死守。吴军日渐疲惫，再加上天气太热，喝的水也不干净，有超过一半的士兵开始拉肚子，或得了脚气，死伤随处可见。当各营军官把这个情况报告给诸葛恪时，诸葛恪认为他们撒谎，扬言要处死他们，于是没有人再敢如实禀报。

新城久攻不下，诸葛恪很生气，脚气也见长。有一位叫朱异的将军提了点建议，诸葛恪大怒，就夺了他的兵权；都尉蔡林几次献策，诸葛恪就当没听见，于是他直接投奔魏国去了。

魏国的援军知道吴军这边已是毫无斗志，于是命司马孚、毌丘俭率军急进，合击吴军。诸葛恪被迫退兵，仓皇之间，吴军士兵有生病的，路上跑丢的，当场倒地而亡的，被魏军捕获的，大呼小叫，惨不忍睹，而诸葛恪却安然自若，一副事不关己的样子。

诸葛恪在江边待了一个月，又想到寻阳去屯垦，主要是新吃败仗，就这样回去感觉很没面子。直到东吴朝廷召他回去的诏书一道接一道地送来，他才慢悠悠地起兵返回。从此，东吴百姓对诸葛恪大失所望，怨恨的情绪也由此而生。

同年八月，诸葛恪回到建业，首先把中书令叫来骂了一顿，然后把他出征后朝廷任命的官员全部罢免，换成自己的亲信。而且，他的脾气越来越大，动不动骂人，还时时想着进攻青、徐二州。

当初孙权挑选托孤大臣的时候，本来没有看中诸葛恪，觉得他刚愎自用，是孙峻的力荐，诸葛恪才有了机会，而且位居众位托孤大臣之首。现在，孙峻看到诸葛恪人心尽失，觉得自己的机会来了，于是和吴主孙亮合谋，摆了一道鸿门宴，召诸葛恪进宫，杀了他，随后夷三族。

孙峻升任丞相大将军，掌控吴国军政大权。同年，孙峻为巴结孙权长女全公主孙鲁班，赐死了废太子孙和。

孙峻掌权时，正赶上魏国的第二次淮南兵变，吴军没救上毌丘俭，正好接上了文钦。

东吴五凤三年（256年），在文钦的怂恿下，孙峻北上伐魏，途中病死，堂弟孙綝继任。

孙綝掌权后第一个消灭的就是对他地位威胁最大的滕胤、吕据，而后升任大将军。

孙綝在任时，赶上魏国的第三次淮南兵变。孙綝不但没救出诸葛诞，还临阵斩了一员大将。回建业后，孙亮已经开始亲政，于是责问他。至此，孙綝和孙亮的矛盾开始激化。

东吴太平三年（258年），孙亮本想谋杀孙綝，结果走漏了消息，反被孙綝围困。孙綝废黜了孙亮，改立琅邪王孙休为帝。孙休即位后，加孙綝为丞相。

至此孙綝权倾朝野。

　　孙休比孙亮机灵，他不但给孙綝加官，还给孙綝一家子全都封了侯，平时没事也给些赏赐，以此防止孙綝做出什么过激的行为。一次，有人告发孙綝意图谋反，孙休就把告发人交给孙綝发落。孙綝把告发人杀了，事后想想觉得不对劲，开始害怕，就跟孙休说想去武昌（今湖北鄂州）屯驻。孙休一开始答应了，马上有大臣反对，说如果这样的话会造成国家割裂。孙休便和张布密谋，想一举解决孙綝。于是在这年冬天十二月初八，也就是腊八节，借腊祭之日，孙休也摆了一道鸿门宴，杀了孙綝，随后夷三族。

　　孙休认为孙峻、孙綝是家族的耻辱，将两人从族谱上除名，改称故峻、故綝。孙休还说，诸葛恪、滕胤、吕据原本无罪，只是受了孙峻、孙綝兄弟残害，他为此感到痛心，希望能为他们改葬，并加以祭祀，因受他们牵连而被流放的人，都可以回来了。

　　孙休正位后，东吴总算回到了正常轨道。只是，历史留给东吴的时间也不多了。孙休的出现，仿佛就是吴国的回光返照。

第二十九章　邓艾灭蜀

姜维出走沓中，蜀汉的主帅不在汉中，这给了魏国可乘之机。

曹魏景元三年（262年）冬，司马昭召集文武大臣商议伐蜀事宜，包括邓艾在内的群臣都反对，认为蜀国的防线没有漏洞，只有钟会赞同。于是司马昭一面命青、徐二州开始造船，还让驻守利城（今江苏连云港）的唐咨造浮海大船，做出要大举伐吴的架势；一面令钟会进驻关中，谋划伐蜀事宜。

远在沓中的姜维一眼就识破了司马昭的声东击西之计。263年，姜维上表刘禅，说钟会在关中治兵，肯定是对蜀汉有所图谋，应当让张翼、廖化他们分别去防守阳安关和阴平桥头，防患于未然。但黄皓崇信鬼神，请巫师卜了一卦，巫师告诉他，不会有敌人来。黄皓把这话告诉刘禅，刘禅就把姜维的表章押下，不予理睬，其他的大臣毫不知情。

曹魏景元四年（263年）八月，魏国征召十八万兵马，分三路南下攻蜀：征西将军邓艾率三万多人，自狄道杀向沓中；雍州刺史诸葛绪同样率三万多人，从祁山向武都、阴平桥头方向挺进；镇西将军钟会亲率十多万人，同时从褒斜道、傥骆道、子午道穿越秦岭进入汉中。

司马昭这一招十分狠毒。狄道位于沓中的正北方，从狄道可以顺洮水而上，在临洮（今甘肃岷县）登陆后，翻过牛头山就是沓中。很显然，邓艾的任务就是正面攻击姜维。从沓中顺白水（白龙江）而下，就是白水关，从白水关北上就是汉中，南下就是巴蜀盆地，诸葛绪进兵桥头，就是要截断姜维的退路。这一南一北，意图全歼蜀军的主力于关外。而汉中这里，自从姜维采取"敛兵聚谷"的策略以来，守军很少，钟会有十多万人，双方兵力悬殊，而姜维的主力在外又不能支援，"敛兵聚谷"的方式就不管用了，司马昭瞅准的正是汉中守兵少而主帅在外的这个漏洞才毅然发动进攻的。

刘禅得到消息后，也着急了，忙命廖化增援姜维，又派张翼和董厥到阳安关防守钟会。阳安关位于金牛道之中，大概刘禅也感觉到了，汉中保不住，那么就

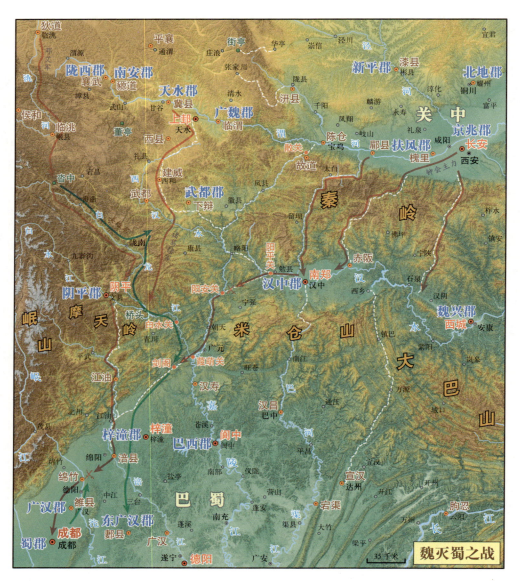

要保住第二道防线阳安关。

汉中的防守按照姜维"敛兵聚谷"的方针，其实就是没有防守，所有的兵力都退守汉、乐二城，原先设置在各个栈道出口的据点，包括阳平关，都没有设防，所以魏军很轻松地进入了汉中盆地。九月，钟会进入汉中后，派李辅进攻乐城（城固）的王含，荀恺进攻汉城（沔阳）的蒋斌，另派胡烈去攻阳安关。

从汉中到成都平原，有五个关口：阳平关、阳安关、白水关、葭萌关、剑阁。阳平关是防守汉中的，本身这次也没设防，我们先忽略。另外还有两个关，白水关和葭萌关，之前在刘备攻蜀时提到过，也不是一夫当关、万夫莫开的关口，因为它们要同时防守两个方向的进攻：白水关要防守阳安关和白水上游两个方向，葭萌关要防守阳安关和白水关两个方向。这种关口在敌方人数足够多的时候，敌人完全可以留下一部分人包围关城，主力则绕城而过。所以，蜀汉的这次防守，主要在金牛道，重点就在阳安关和剑阁。

驻守阳安关的是蜀将傅佥，原本坚守不出，魏军无可奈何。傅佥有个部将名叫蒋舒，因为前不久的一次降职一直怀恨在心，便鼓动傅佥出战。等傅佥出战后，蒋舒就投降了魏军，傅佥最终战死沙场。于是阳安关就这么丢了。阳安关城里囤积了大量的粮食，魏军远途奔袭，又穿越秦岭，本来运粮困难，这下粮食问题暂时得到了缓解。于是钟会留下两万兵力围住汉、乐二城，亲领其余大军南下，直逼剑阁。

再说姜维这边，如果应对失策，很可能全军覆没。

姜维当然不会坐以待毙，当邓艾率大军南下时，他已得知魏军进入汉中，担心阳安关有失，剑阁独木难支，于是且战且退，先退驻阴平，计划先沿白龙江而下，到白水关时再北上驰援阳安关。但魏国将领诸葛绪已经从祁山到达了阴平桥头。阴平桥头处于白龙江和白水江的交汇处，正好切断了姜维的退路。姜维往来陇右几十年，对这里的地形十分熟悉，于是在快到桥头的时候，虚晃一枪北上，做出要攻击诸葛绪后部的架势。诸葛绪担心自己的后路反被切断，于是后退三十里。姜维马上回军南下，穿过了阴平桥头。当诸葛绪发觉上当时，想追已然来不及。姜维一路向东，途中遇上了正北上救援的廖化、张翼、董厥等。听说阳安关已失，于是众人合兵一处，退守剑阁。

剑阁，也称剑阁关，在唐以后称为剑门关。剑阁夹在两座峭壁之间，西边是小剑山，东边是大剑山，中间是一条狭窄的阁道，故称剑阁。剑阁关城是诸葛亮任蜀汉丞相时修筑的，诸葛亮第一次北伐回军路过这里时，发现这里山高谷深，易守难攻，便修关一座，成为防守成都的最后一道大门。

钟会率大军到了剑阁，面对天险雄关，钟会先致书姜维劝降，姜维不作回应。钟会于是攻关，结果久攻不下。十月，眼看粮草不继，钟会便意图退兵。

谁知在这个时候意外发生了。

邓艾追击姜维，到了阴平之后，便上书说，可以走阴平小道取涪城。

阴平小道就是从阴平（今甘肃文县）翻越海拔两千多米的摩天岭，先到江油，再到涪城。这里是羌人、氐人的居住区，人迹罕至，山高路险，十分难走，平时根本没有人把这里当作一条路，所以蜀汉在这里也没有设防。不仅是在汉朝，即使到了今天，这里依然是人口稀少的地区。从阴平沿白水江往上，约五十公里的地方，就是今天著名的九寨沟风景区。九寨沟之所以能保留下这么原始纯

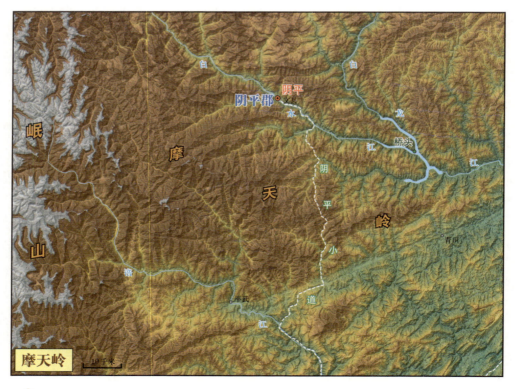

净的山水风光，正是因为这里地形复杂，人迹罕至。

邓艾的意思是，如果从这条小路到达涪城，就到了剑阁的后方，那时姜维如果回援，那么攻剑阁的钟会就没有压力；如果姜维不回援，他可以直取成都。

邓艾本想与诸葛绪联合经江油避开剑阁，直取成都。但诸葛绪以自己只受命攻击姜维为由，拒绝了，领军向东与钟会会合。没想到钟会以畏懦不前为由，告发了诸葛绪，诸葛绪被押往洛阳，钟会就此吞并了他的部众。

十月，邓艾率三万军队从阴平出发，穿过七百里地的无人区，一路凿山通道，造阁架桥。要穿过这片无人区，不仅是行军困难，粮草运输更是难上加难。在克服了种种难以想象的困难后，邓艾终于率军抵达江油（今四川江油北）。江油处于崇山峻岭之中，地形也很险要，但守江油的马邈万万没想到魏军突然从天而降，以为神助，不战而降。

本来魏军到这时已经是人困马乏、疲饿交加，如果江油守军据险固守，魏军的结果还真不好说。大概他们做梦也没想到这么容易就拿下一城。有了这个落脚点，魏军得到补给后，立即麾兵南下，直指涪城。

刘禅听说江油失守，派诸葛瞻领军抗击邓艾。从江油到涪城，还有一段山地险路，尚书郎黄崇就劝诸葛瞻要抢占险地据守，不要让敌人进入平地。诸葛瞻犹豫不决，于是邓艾很快穿过山路，进入了平地。诸葛瞻率军到涪城迎敌，结果前锋被邓艾大败，大军退守绵竹（今四川绵竹东）。

邓艾先是遣使招降诸葛瞻，诸葛瞻怒斩使者。于是邓艾派儿子邓忠和师纂两人，从左右两面夹击蜀军，不料大败而回。邓艾大怒，扬言要杀了两人，命两人再战，将功补过，结果这一回大破蜀军。诸葛瞻、张遵、黄崇等人战死，邓艾占领绵竹。下一步，就是进攻成都了。

姜维一直在剑阁坚守，听说诸葛瞻兵败，担心成都有失，立即引军南下。

姜维一撤军，剑阁形同虚设，钟会立即入关，而后率大军南下，一面进驻涪城，一面派人追击姜维。

蜀汉的大部分兵力都在姜维手上，成都的兵很少。当听说魏军突然从天而降时，士兵们早已吓得不知所措。有人建议逃往南中，有人建议投吴，有人建议降魏。十一月，刘禅出城投降，迎邓艾进城，同时传令姜维等人向魏军投降。

至此，蜀汉灭亡。

姜维到达郪县时，接到刘禅投降的诏书，于是率廖化、张翼、董厥等人向钟会投降。

姜维本以为蜀汉就此不复存在，在看到了钟会的野心以及钟会和邓艾的矛盾后，心里又燃起了一丝希望。于是他计划先鼓励和帮助钟会反叛司马昭，再找机会除掉钟会，最后重新扶刘禅上台，恢复蜀汉。钟会为了扩张自己的势力，也极力拉拢姜维，两人一时好得不得了。

邓艾在这次伐蜀的战斗中立了奇功，开始忘乎所以，以天子的名义大肆封赏官职，还把绵竹作战中死亡的魏国士兵和蜀国士兵一起埋葬，做成京观，借以夸耀自己的武功。邓艾和钟会都是优秀的将领，入蜀之后都严格约束属下，没有给蜀地人民带来灾难，这是事实，但邓艾却常把这个挂在嘴边，对蜀地官员说，如果不是碰上他，他们早被杀死了。邓艾还说，姜维是一世豪杰，只是碰上了他邓艾才穷途末路，有一股"既生瑜，何生亮"的得意。

这些，都成为钟会置邓艾于死地的把柄。作为这次伐蜀的主帅，钟会被邓艾抢了头功，于心不甘。好在有姜维向他投降，钟会也算立了一功，就迫不及待地向司马昭表功。

注意，邓艾是以天子曹奂的名义大肆封赏，而钟会则是向司马昭表功。钟会是朝臣，懂政治，邓艾长期担任边关守将，于军事很娴熟，对政治却不敏感。

十二月，朝廷封邓艾为太尉，进钟会为司徒。

邓艾的心思已放在伐吴上。灭蜀之后，他就向司马昭进言，一方面，大战之后军士疲惫需要休息，但应乘胜利之威，大造船只，虚张声势，作出伐吴的架势；另一方面，厚待刘禅，封为扶风王，给他钱财，派人服侍，让吴主看到投降也是不错的选择，这样一来，东吴就可以不战而降了。

邓艾的这些建议本没有错，可问题是他没有替司马昭考虑过，曹魏费三代（曹操、曹丕、曹叡）之力，司马家也费了两代三人（司马懿、司马师、司马昭）之力，都没有平定蜀汉，而他邓艾仅凭一人之力就建此奇功，毕竟司马昭还不是皇帝，如果再让邓艾伐吴成功，那他司马昭在朝堂上还有什么威信！

于是司马昭让监军卫瓘告诫邓艾：此事应上报皇帝，不宜马上实行。显然是在找借口推托。

邓艾再次上言，强调机不可失；还拿出古人的例子，意思是将在外，只要是有利于国家的事，可以独断专行，如果等朝廷的命令，恐怕错失良机。

钟会很合时宜地向司马昭密报，说邓艾已有谋反的端倪。于是司马昭下令逮捕邓艾，押送回京，钟会进驻成都。

这时的钟会，手下有魏、蜀军队合计二十多万，时机已经成熟，于是准备借郭太后的名义举兵反叛。这位郭太后就是曹叡的郭皇后，她的名气就是被三国后期各种政变兵变借大的：司马懿高平陵之变借她的名，司马师废黜曹芳借她的名，司马昭把死后的曹髦废除皇帝身份也是借她的名；还有她死后，毌丘俭、文钦在淮南举兵借她的名；这次钟会兵变又是借她的名。

钟会的计划是，派姜维出兵斜谷，攻占长安，这也是姜维多年的夙愿；然后再由关中水陆并进，攻占洛阳，进而夺取天下。

只是，司马昭对钟会早有戒心。他先派贾充领一万兵马进入汉中占据乐城，然后亲率十万大军进驻长安。钟会得知消息后，知道司马昭已经对自己起了疑心，于是提前行动。他的想法是，如果成功，可以谋取天下，就算不成，也可以学刘备据有巴蜀。

钟会把蜀地所有的魏军召集到原蜀汉的朝堂，给郭太后发丧，并向大家出示废黜司马昭的所谓太后遗诏，要求众将起兵。但是众将不从，于是钟会扣押了他们。姜维趁机劝说钟会杀掉这些将领，心里却想，等钟会杀了他们，再伺机杀掉钟会，这样一来蜀地魏军就成了没有将军的散兵游勇，不堪一击，然后他就可以恢复汉室了。钟会犹豫不决，结果消息走漏，这些将领的属下串联在一起，蜂拥而至，杀入蜀宫。双方在宫城内外发生激战，姜维、钟会手下只有亲兵几百人，寡不敌众，最终战死。姜维一死，蜀汉就算彻底亡了。

钟会死后，魏军无人约束，到处烧杀抢掠。混乱之中，姜维的妻子儿女被杀，原蜀汉太子刘璿，蜀汉官员张翼、蒋斌、蒋显、卫继等人也被杀。关羽一家被庞德的儿子庞会灭门。邓艾的部下想追上囚车，迎回邓艾，结果卫瓘指使田续杀掉了邓艾父子，连师纂也被杀。卫瓘曾参与钟会诬陷邓艾的阴谋，担心事情败露，所以趁乱杀邓艾以灭口。因为此时邓艾身上有谋反的罪名，所以远在洛阳的儿子们也被杀，孙子辈和女眷被流放到西域。最后还是卫瓘约束诸将，成都的混乱才算平息。

邓艾作为入蜀的首功之人，其偷渡阴平一战，堪称中国战争史上的典范。而他自己却在平蜀后惨遭陷害，还祸及子孙，其谋反的罪名，一直到晋帝司马炎时代才得以平反。

蜀汉灭亡后，刘禅被封为安乐公，迁往洛阳。一天，司马昭设宴款待刘禅，还有原蜀汉的官员陪同。席间歌舞助兴，演奏蜀中乐曲，蜀汉旧臣们想起亡国之痛，个个垂泪，只有刘禅怡然自若。司马昭看到后，便问刘禅："安乐公，颇思蜀否？"刘禅答道："此间乐，不思蜀。"

第三十章　三国归晋

在姜维死去的同年，东吴的孙休也死了。当邓艾兵临城下的时候，刘禅曾向东吴求救。孙休也确实派出了救兵，只不过吴军刚到汉水，刘禅就投降了。

孙休死后，大臣濮阳兴和张布违背了他的意愿，迎立孙休的侄子孙皓为帝，但二人很快就被孙皓找借口处死，而孙休的朱皇后和太子随后也被逼死。孙皓继位初期，政治清明；不久之后，孙皓志满意得，沉溺酒色，专于杀戮，变得昏庸暴虐，完全是个亡国之君的样子。

孙休死后的第二年，即265年，司马昭在洛阳病逝，其子司马炎继位。三个月后，司马炎代魏称帝，国号晋，史称西晋。

西晋继承了曹魏和蜀汉的版图，统一天下只剩东吴这一块了。但西晋从立国之后，并没有按照原来邓艾所设想的那样立即伐吴，而是等了整整十五年，这又是为什么呢？

其一，吴国坐拥扬、荆、交三州，实力远在蜀汉之上。而且吴国的水兵很厉害，西晋作为北方政权，最缺的恰恰就是水军，打造战船、训练水军需要时间。

其二，西晋要打的是一场纵贯南北、横跨东西的大仗，需要准备足够的战略物资，以及挑选合适的军官。

其三，此前曹魏无论是从荆州还是两淮攻击东吴，都没讨到便宜，这一回西晋吸取教训，打算从巴蜀进军，巴蜀处于长江上游，对荆州和江东具有地理上的优势，而蜀汉刚刚收归己有，还需要采取各种安抚政策，把巴蜀这块生地养成熟地，这同样需要时间。

我们来看看西晋做了哪些准备工作。

从西晋泰始五年（269年）开始，司马炎即着手筹划伐吴大业。首先是政治上，厚待刘禅和诸葛亮等人的后代，巩固在巴蜀的统治。其次，对吴国实际分化瓦解政策，动摇其军心民心。经济上，大力屯田，安定边防，积攒粮草；军事上，优选将帅，调整部署：令羊祜督荆州，镇守襄阳；卫瓘都青州，镇守下邳。

最重要的，从泰始八年（272年）开始，任王濬[jùn]为益州刺史，在巴蜀大造战船，训练水师。王濬所造的战船，长一百二十步（约一百米），可载两千人，上面建有楼台木城，船上可以骑马。

咸宁二年（276年）十月，西晋伐吴的准备工作基本完成。征南大将军羊祜奏请伐吴，说伐吴的条件已经成熟。羊祜的战略部署是，因为吴国的兵力部署特点是荆州弱、江东强，所以第一步，在江淮一带以牵制敌人为主，集中水陆主力攻占荆州，特别是夏口以西这些东吴统治相对薄弱的地区；第二步，拿下荆州后，再从荆州和江淮两个方向合围江东。司马炎接受了羊祜的建议，但由于西北鲜卑人起兵反晋，后方不稳，加上太尉贾充的反对，便拖了下来。

咸宁三年（277年）七月，以王浑督扬州，另派司马亮接替王浑督豫州。

咸宁四年（278年）十一月，羊祜去世，杜预继任督荆州。

东吴方面，面对晋军的虎视眈眈，大臣们深感忧虑，建议孙皓加强防务。尤其是镇守建平郡（治所巫县）的吾彦发现大量碎木顺长江漂流而下，料想晋军在大造船只，将从巴蜀发兵，请求加强防备。陆逊的儿子陆抗也上书，解释建平（巫县）、丹阳（秭归）、西陵（夷陵）一带防务的重要性。但孙皓根本听不懂这些，认为有长江天险，晋军无力攻吴，因此不修内政，不加防务，暴虐如故。

地理方面，吴国拥有交州全部，交州在东吴后方，实力较弱；扬州吴国有绝大部分，只有江淮一小部分在西晋手上；荆州吴国实际只有半个，江夏郡的江北部分、南阳郡的全部，以及南郡的襄阳在西晋手上。所以双方的战场主要在扬州和荆州，而荆州又在扬州的上游，只要先拿下荆州，然后顺江而下，再配合江淮的军队，就可以对江东形成合围之势。

咸宁五年（279年）冬，大战正式拉开序幕，司马炎采用羊祜生前拟订的计划，发兵二十万，由贾充任总指挥，分六路进攻吴国。

第一路，由司马伷指挥，从下邳向涂中（涂水中部）方向进军，任务是到达建业（今江苏南京）对岸，对吴国的首都形成威压之势；

第二路，由王浑指挥，从寿春向横江渡口进军，任务是打到江边，占领渡口，等王濬的水军到达后，水陆并进攻占建业；

第三路，由王戎指挥，从安城（豫州治所）向武昌（今湖北鄂州）方向进军，目标是孙权称帝时的沿江重镇，这一路需要翻越大别山，路线与今天的106国道基本重合，虽然有一段山路，但山南也是西晋的地盘，不用担心被吴军迎山伏击；

第四路，由胡奋指挥，从新野（曹魏荆州治所）向夏口（今湖北武汉）方向进军，和第三路一样，目标也是占领东吴的沿江重镇，为王濬的水军保驾护航，同时防止后勤补给线被吴军切断；

第五路，由杜预指挥，从襄阳向江陵方向进军，目标是先取江陵，为王濬出

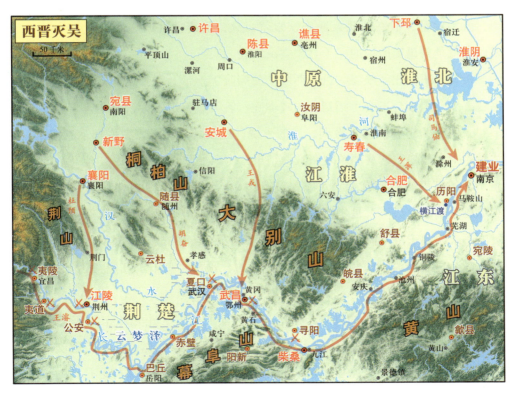

三峡打开通道，然后沿长江南下，经湘江，过灵渠，入漓江，平定交州；

第六路，由王濬指挥，从巴蜀顺江而下，直达建业（今江苏南京）。

这次西晋伐吴兵分六路，其中有四路兵向荆州，只要拿下荆州，吴国不亡也难。说是六路，其实还是三条线：西边的巴蜀、中部的荆襄和东部的两淮。三线六路的大军同时出击，彼此配合，互为支应。同时我们也看到，西晋吸取了曹操的教训，曹操在荆州对抗孙刘联盟时只有一路大军，而西晋则是三线六路大军同时进攻，令吴国顾此失彼。

王濬的这一路水军，贯穿始终，与其他的陆军都有交集。所以我们就顺着王濬的路线去看看这一场大仗。

咸宁五年（279年）十一月，王濬率水军从成都出发，由岷江入长江，顺江而下，经江州（今重庆），入三峡，攻破丹阳（秭归），进入西陵峡口，发现吴军用铁索拦截大江，用铁锥倒插在江心。对于吴国的这一手，晋军早有准备，他们用几十个大木筏，上面布满草人，个个披甲执仗，像真人一样，然后把这些木筏投入水中，顺水而下，铁锥就被木筏带走了。对于铁索，王濬准备了巨大的火炬，浇上麻油，放在船头，遇到铁索就点火，最终把铁索烧断了，船队畅通无阻。这就是刘禹锡所说的"千寻铁索沉江底"。

接着，王濬出了峡谷，进入西陵（原夷陵）一带。看到这里，我们不禁想到夷陵之战，王濬会不会重蹈刘备的覆辙呢？答案是肯定不会，西晋灭吴之战准备多年，就是为了吸取前人教训。远的不说，就说曹操父子，曹操单从襄阳南下，结果赤壁之战惨败，曹丕单攻两淮，结果三次南征都是无功而返。

刘备打夷陵时只有一条水路，没有策应。刘备的军队虽然从水路而来，但实际还是陆军，只不过是坐船而来，而吴国的水军素来善战，所以刘备被堵在夷陵出不来。而王濬不同，晋军的战船又高又大，吴军的战船一撞就翻，根本不用打，军心早已崩溃。而此时，从襄阳下来的杜预已经拿下了江陵，这才是关键，吴国水军失去后援，更是无心恋战。

也许是吸取了刘备的教训，王濬到达西陵的时候，正是咸宁六年（280年）的正月，一年中最冷的时候，火烧连营的事不会发生。当然选择冬天进攻，也是从全盘考虑，西晋的军队主力是北方人，夏天南方太热，北方人受不了。

同年（280年）二月，王濬一连攻下西陵、夷道几座城池，顺利到达江陵与杜预会合；随后，继续沿江而下，到达夏口（今湖北武汉武昌），协助胡奋攻夏口，夏口投降；接着到达武昌（今湖北鄂州），配合王戎夺武昌，武昌也望风而降。

这样一来，荆州基本拿下，于是王濬麾师继续东进。

我们再来看看东线的战况。

东线的情况比较复杂，因为这里靠近吴国的都城建业，吴国的重兵都部署在这里。

东线有两支军队，琅邪王司马伷的任务主要是屯兵建业江北的涂中（涂水中部，东晋及以前滁河称涂水），牵制建业的军队，使吴国首都的驻军不能参与前线作战。所以我们只说王浑。

咸宁六年（280年）正月，王浑率十几万大军向横江方向挺进，同时派李纯进攻高望城，另派一支分队攻击寻阳（今湖北武穴东北）。

从采石矶到建业城

8千米

全椒
栖霞
丹阳郡　建业　南京
高望城
江淮
滁
乌江
长
淮
含山
历阳　和县
马鞍山
横江渡
采石矶
江东
巢湖
巢湖
裕溪河
丹阳
于湖　当涂
濡须口
江
姑溪河
石臼湖

247

横江也称横江渡，位于今安徽和县东南的长江边上，是一个渡口。这个渡口其实就是春秋时伍子胥进入吴国的渔邱渡，只不过时移事易，换了个名字而已。由此可见，虽然七百多年过去了，从江淮到江东的最佳渡江位置依然没变。而高望城位于建业西南与之隔江相对，从横江到高望城一线，是去往江东最好的渡江地点，项羽兵败时的乌江渡也在这一线。很显然，王浑的目的是占据这个渡江的有利场所，为攻打建业做准备。从这里我们也看到，西晋吸取了曹氏父子在江淮战线的教训，曹操喜欢走西边的合肥一线，而曹叡则喜欢走东边的广陵（今江苏扬州）一线，这次西晋选择了在二者中间突破，也让东吴原有的布防效果大打折扣。

到了月底，李纯已击败吴军，占领了高望城，王浑挺进至横江，另外一支军队在寻阳也打了胜仗，建业的形势岌岌可危。

吴主孙皓得知王浑率大军南下的消息后，忙命丞相张悌率丹阳（此时丹阳郡治所为建业）太守沈莹等人领三万人渡江迎战，以防止晋军渡江。

吴军的精锐水师在太湖，张悌领着这三万精兵，经胥河入长江，到达采石矶（今安徽马鞍山西南）的时候，沈莹分析说，晋军这次南下的关键在水师，而水师肯定会路过这里，所以应该在这里等晋国的水师决战，而不是渡江去找晋国的陆军；如果能打败晋国的水师，晋国就没有能力渡江了。

张悌却认为，吴国的军心早已涣散，如果等晋国水师一到，大家心中惶恐，到那时部队恐怕都跑光了，还不如趁水师没来，过江打一仗，就算战死沙场，也是为国牺牲，死而无憾；如果胜了，再南下迎击水军，士气正旺，肯定能打赢。

张悌其实心里也知道，以三万人对抗对方十几万人，赢的可能性极小，何况放弃自己擅长的水上作战，跑到陆地上和对方的骑兵作战，赢的希望就更加渺茫了，只能说他已经做好了必死的准备。

不管怎么说，张悌过江了，在历阳正遇上王浑的部将张乔。张乔只有七千兵马，于是张悌将他包围，张乔请降。副军师诸葛靓（诸葛诞的小儿子）劝张悌趁机消灭他们，张乔的投降分明是缓兵之计。张悌没听，他想打大仗，不想在这七千人身上耗费时间，于是接受张乔的投降后继续前进。不久张悌就与王浑的主力相遇，沈莹率先出击，不仅没讨到便宜，还损失了两员大将，于是撤兵。晋军乘机追杀，吴军大败。这个时候诈降的张乔又从背后杀来，吴军四散而逃。诸葛靓收集了几百败兵逃回江东，张悌不肯逃走，与沈莹等战死。三万多精兵，死了近八千，其余都逃散一空。

这样一来，王浑彻底控制了江北沿线以及沿江的渡口，只等王濬的水师一到，就可以水陆并进攻占建业了。

这时有人向他建议，吴国上下军心已经瓦解，应该趁此机会直捣建业，东吴必降。但王浑却认为晋帝只命他出兵江北，如果擅自渡江就是违背君命，即使胜了，也难以获赏，但如果战败，罪过就大了。原来晋帝司马炎的诏令是，王濬拿下建平郡后，出了三峡受荆州的杜预节制，目的是先在荆州站稳脚跟；到了建业受江淮的王浑节制，目的是水陆并进合围江东。但王浑不知道的是，王濬拿下西陵（夷陵）后，名声大振，杜预根本没管他，反而直接给他写信，说他应该去攻打建业，建立不世之功。《孙子兵法》说："将在外，君命有所不受。"王浑的教条主义最终让他后悔终生。

三月，王濬的水师到达采石矶。快到建业时，王浑派使者令王濬停船，去他军中商量渡江事宜，王濬却扬帆而去，使人回报王浑说："风利，不得泊也。"意思是说，风太急，停不下来。当然，这只是借口，他要抢头功。

船到高望城附近时，孙皓才派游击将军张象率一万水军迎敌。张象一看王濬的兵甲布满长江，旌旗遮天蔽日，立即投降。孙皓又派陶濬领两万人前往迎敌，结果两万人在出发前一夜逃散一空。

王濬的水师有八万之众，战船沿江排开绵延百里，吴军早已没了斗志，孙皓只能出城投降，于是吴国灭亡。

至此，三国归晋。

后来，司马炎召见孙皓。孙皓上殿行礼，司马炎赐座，说："朕给你准备这个座位已经很久了。"孙皓说："我在南方也给陛下准备了一个座位。"没想到一语成谶，三十多年后，永嘉之乱，西晋灭亡，琅邪王司马睿渡江南下，建立东晋，都城正是曾经东吴的首都——建业（后改名为建康），孙皓在南方给司马炎准备的座位，最终让他的侄子坐上了。

西晋疆域图(281年)

235千米

坚昆

伊　列

阿斯塔纳

新西伯利亚

科布多

乌里雅苏

热兹卡兹甘

卡拉干达

康

塔什干

撒马尔罕

大　宛

杜尚别

乌孙

比什凯克

伊犁

伊塞克湖

赤谷

塔城

伊犁

匈　呼　得

乌鲁木齐

鲜

凉

喀布尔

弗楼沙

白沙瓦

伊斯兰堡

月

坎大哈

拉合尔

疏勒

喀什

莎车

干闐

和田

姑墨

龟兹

库车

西域长史府

精绝

且末

若羌

海头

鄯善

吐鲁番

高昌

哈密

敦煌郡

敦煌

酒泉郡

酒

葱茈羌

阿里

象

雄

格尔木

青海湖

（贵

海得拉巴

新德里

斋浦尔

氏

北回归线

霜）

天

孟买

那格浦尔

兰

坎普尔

加德满都

日喀则

廷布

拉萨

发　羌

那曲

玉树

昌都

墨脱

迪庆

密支那

大理

永昌郡

宁

曼德勒

骠

内比都

清迈

西双版纳

达卡

加尔各答

吉大港

孟加拉湾

图　例

古		今	
🔴洛阳	都城	⭐北京	首都
◉襄阳郡	主要城市及州驻地	★太原	省级行政中心
西晋 丁令	政权、部族	◦洛阳	地级行政中心
	河流	◦若羌	县级行政中心
	政权部族界		国界
	州界		河流

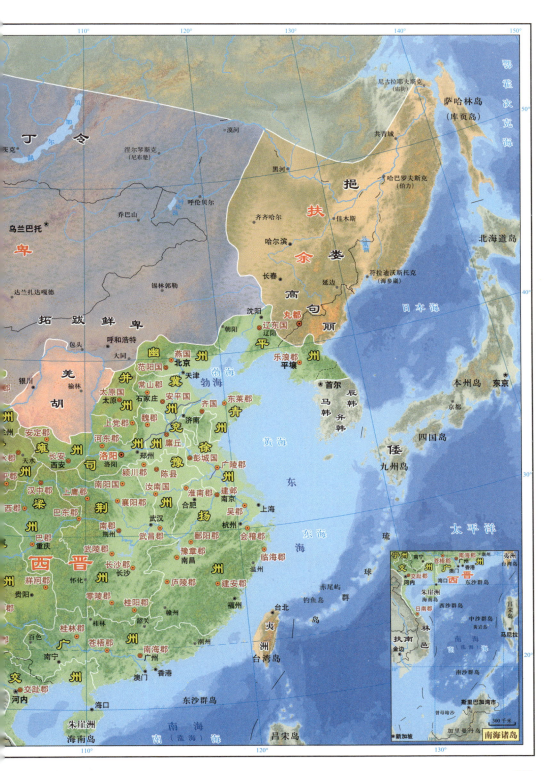

丁　令

尔
布
加

笑克

涅尔琴斯克
(尼布楚)

漠河

乌兰巴托

乔巴山

呼伦贝尔

尼古拉耶夫斯克
(庙街)

萨
哈
林
岛
(库页岛)

鄂
霍
次
克
海

50°

黑河

共青城

哈巴罗夫斯克
(伯力)

北海道岛

卑

达兰扎达嘎德

锡林郭勒

齐齐哈尔

扶
余

佳木斯

40°

哈尔滨

拓　跋　鲜　卑

银川

包头

呼和浩特

大同

榆林

胡

羌

长春

延边

高
句
丽

沈阳

丸都

辽东国
辽阳

符拉迪沃斯托克
(海参崴)

日本海

本州岛

东京

京都

50°

40°

州

安定郡

太原国
太原

石家庄

燕国
范阳国
北京

幽
州

朝阳

平
州

乐浪郡
平壤

首尔

辰韩
马韩　弁韩

并
州

冀
州

天津

渤海

勃海

东莱郡

青
州

济南

倭

四国岛

九州岛

30°

长安
西安

雍
州

天水

汉中郡

上庸郡

洛阳

司
州

郑州

上党郡
河东郡

魏郡

兖
州

廪丘

彭城国

豫
州

陈县

颍川国

汝南国

徐
州

广陵郡

建邺
南京

黄海

东

海

东海

琉

球

群

赤尾屿

钓鱼岛

台北

夷

洲

台湾岛

太平洋

30°

梁
州

巴东郡

巴郡
重庆

南郡
荆州

襄阳郡

武昌郡

武陵

荆
州

武汉

淮南郡
合肥

吴郡
杭州

上海

扬
州

鄱阳郡

豫章郡
南昌

临海郡
温州

会稽郡

西晋

群舸郡

贵阳

怀化

长沙郡
长沙

零陵郡

桂阳郡

益
州

庐陵郡

建安郡
福州

赣州

韶关

南海郡
广州

潮州

20°

百色

桂林郡
桂林

广
州

苍梧郡

南宁

交
州

河内

交趾郡

朱崖洲
海南岛

海口

澳门

香港

东沙群岛

南　海
(涨海)

吕宋岛

20°

251